洛克菲勒家族传

王健平 著

ROCKEFELLER FAMILY'S BIOGRAPHY

华中科技大学出版社
http://www.hustp.com
中国·武汉

图书在版编目(CIP)数据

洛克菲勒家族传/王健平著.—武汉:华中科技大学出版社,2019.6
(全球财富家族传记系列)
ISBN 978-7-5680-5136-1

Ⅰ.①洛… Ⅱ.①王… Ⅲ.①洛克菲勒(Rockefeller,John Davison 1839—1937)—家族—传记 Ⅳ.①K837.120.9

中国版本图书馆CIP数据核字(2019)第067526号

洛克菲勒家族传
Luokefeile Jiazuzhuan

王健平 著

策划编辑:	亢博剑 娄志敏
责任编辑:	肖诗言
责任校对:	张会军
封面设计:	三形三色
责任监印:	朱 玢

出版发行:华中科技大学出版社(中国·武汉)　　电话:(027)81321913
　　　　　武汉市东湖新技术开发区华工科技园　　　邮编:430223

印　　刷:湖北新华印务有限公司
开　　本:710mm×1000mm　1/16
印　　张:17.5
字　　数:249千字
版　　次:2019年6月第1版第1次印刷
定　　价:39.80元

本书若有印装质量问题,请向出版社营销中心调换
全国免费服务热线:400-6679-118　竭诚为您服务
版权所有　侵权必究

前言

圣诞节是纽约最繁华、最忙碌的时候。从11月末开始，每条街道、每家商店，都忙碌地张灯结彩，迎接一年一度欢庆时分的到来。

为了这个节日，纽约市每年都会派出专人，赶赴周边各地，如选美般找到一棵最完美的圣诞树。这棵树必须高大挺拔、枝叶茂盛，同时还要生长匀称。一旦确定之后，这棵幸运的树木就会被运到洛克菲勒中心的无线电娱乐城大门前，随后被挂满数万盏彩灯，再被饰以一个光芒四射的水晶"星星"。

11月29日，夜幕降临后，点灯活动如同小型狂欢般展开。先是由来自全美的艺术家们表演节目，组成欢快的前奏。到晚上9时，气氛达到顶点，来自全世界的数万民众齐声喊出倒计时，一瞬间，火树银花绽放在欢呼和尖叫声中。在场的贵宾大声宣布，纽约正式进入了庆祝圣诞和新年的日子。

此时此刻，每一双眼睛尽收美好景色，人人都沉醉在不知今夕何夕的幸福感之中。但如果他们能将目光从这里暂时移开，远眺整个街区，就能看到十几栋摩天大厦高耸入云，既带着不可动摇的传统气息，又焕发着勃勃的生机，默默地守护着纽约市第五大道的这片节日气氛。并没有多少人会想到，他们脚下的这片"城中之城"，与一个著名的家族曾经有那样紧密的联系，它曾经被他们视作骄傲与荣耀。

这个家族，就是本书的主角——洛克菲勒家族。

巨富财团

洛克菲勒,是美国历史上实力最强的财团之一,由约翰·戴维森·洛克菲勒创建。1863年,老洛克菲勒在克利夫兰开办炼油厂,1870年他组建标准石油公司,通过合法手段基础上的巧取豪夺,很快垄断美国的石油工业,获得巨额利润,并投资金融业和制造业,经济实力发展迅猛。

在1935年,洛克菲勒财团的资产总额仅66亿美元,至1960年增长至826亿美元,其后又继续获得了巨大发展,1974年资产总额增长到3305亿美元。美国最大的石油公司有16家,其中有8家属于该家族旗下。洛克菲勒创建的石油帝国及其继承者,始终是全世界石油行业中最大的企业。

由此,该家族前三代成员中,最不缺乏的就是亿万富翁。

祖父老约翰·洛克菲勒白手起家,创办了标准石油公司,垄断全美90%以上的炼油、输油量以及25%的原油开采,因此被称为"世界石油大王"。

父亲小约翰·洛克菲勒继承了父亲的衣钵和财富,建立了洛克菲勒基金会,并苦心孤诣一手打造出洛克菲勒中心。

第三代以戴维·洛克菲勒为代表,他虽然个人名义下只有32亿美元财产,却通过种种有形无形的关系,控制了花旗银行、大通曼哈顿银行、曼哈顿地产(例如著名的世贸双子大厦、洛克菲勒中心)、标准石油公司、洛克希德·马丁军火公司、诺斯罗普·格鲁曼军火公司这些市值数千亿美元的超级国际企业。

因此,无论洛克菲勒家族是否刻意低调隐藏实力,或者其家族后代是否选择走上不同的人生道路,人们都理应清楚,他们是当之无愧的豪门,始终代表着能够影响美国乃至全球政治经济发展的一群人。

托拉斯巅峰

无论他们自己是否承认,洛克菲勒家族最重要的成功良机,都来自于老约翰·洛克菲勒创建托拉斯的设想和行动。

托拉斯(Trust),企业垄断组织的高级形式之一,由许多生产同类商品的企业或产品有密切关系的企业合并组成,旨在垄断销售市场、争夺原料产地和投资范围,加强竞争力量,以获取高额垄断利润。参加的企业在生产、商业和法律上都丧失独立性。托拉斯的董事会统一经营全部的生产、销售和财务活动,领导权掌握在最大的资本家手中,原企业主成为股东,按其股份取得红利。

19世纪末以来,美国的托拉斯迅速发展。而老约翰·洛克菲勒与其标准石油公司的崛起恰逢其时。作为冷静理智的企业家,老洛克菲勒表现出独特的双面性。一方面,他过着清心寡欲的私生活,没有不良嗜好、衣食简朴,从不寻欢作乐,即便是最痛恨他的敌人,也找不到他的私人丑闻。但另一方面,他凭借灵活高超的手段、冷酷无情的作风,不断吞并美国的石油企业。当1884年洛克菲勒将其掌控的企业定名为标准石油公司时,它已经是全世界最大的石油企业,随后一系列的吞并,让这家公司成为全美无与匹敌的石油垄断巨头,并进一步赢得了欧亚的庞大市场。标准石油公司雄霸一时,标志着托拉斯时代的到来。

实际上,洛克菲勒家族经营的托拉斯石油帝国,有其相当独特的经营方式。在标准石油托拉斯中,老洛克菲勒允许各分公司的主管自行经营,但任何超出5000美元的支出都需要经过核准;整个托拉斯通过一个委员会加以经营管理,委员会每天午餐时都要到纽约百老汇街26号聚会商谈,决定事情。正如老洛克菲勒所说:"我们的惯例在于,没有共识前,不采取任何重要行动。"因此，标准石油托拉斯并非由洛克菲勒家族独裁，而是可以看作是围绕在该家族周围一群公司的集合体，它们必须紧密相连，但又各自独立。在这种新式托拉斯的管理体系下，标准石油托拉斯的运营，依靠各自企业高层主管组成的委员会，再由洛克菲勒家族选定的固定人员加以辅助。不同的委员会成员分别管理制造、生产、运输、出口如润滑油和桶罐等容器及国内市场维护等业务。

这种如同分封制度的企业经营模式，如果没有外来干涉，几乎可以形成超稳定的结构，持久地延续下去。然而，正所谓树大招风，过于集中的生产形式和利润分配，招来了全美从政府到民间的不满，各种针对洛克菲勒的诉讼与调查不断发起，老洛克菲勒与他的企业，也在很长时间内被描绘成吸血的魔鬼，富有远见的批评家则为垄断对自由市场可能造成的威胁感到忧心忡忡。1911年，美国联邦法院依据1890年的《谢尔曼反托拉斯法》，裁定标准石油托拉斯解散，老洛克菲勒苦心经营的偌大帝国，被分解成为34个独立公司。由此，现代石油行业的蓝图，才徐徐铺设在人们面前。

政商之网

如果洛克菲勒家族仅凭其依靠经营托拉斯而获得巨富的历史，至多也只会因为财产庞大而被人们记住，无从成为历史上最独特的家族。事实上，之所以"洛克菲勒"会成为人类商业史上声名显赫的IP之一，在于他们远非单纯的商业家族，而是凭借无形的政商人际关系，影响了美国和全世界。

早在老洛克菲勒经营早期，他就意识到建设强大人脉的重要性。老洛克菲勒以削价竞争、贿赂政界、威胁铁路业者、断绝对手必要耗材（如油罐车、油桶、油管）、收购破产公司等手段去有效打压对手。但与此同时，他也会采取种种方式拉拢对方，在市场竞争上压制对手后，洛克菲勒反过来会向对方提出和解，并开出优于市价许多的价钱收购对方资本，可能是现金，可能是股票。如果对方拒绝，他就逼对方破产，后在拍卖中低价抢下资本。如果对手选择和平妥协，反而能过上殷实的富家翁生活，甚至在日后可以成为标准石油的个人大股东。

游刃有余的用权手段，催化出不可一世的托拉斯帝国。而在帝国被拆解之后，如此的权谋基因以新的形式体现在老洛克菲勒的孙辈身上：纳尔逊·洛克菲勒先后直接服务于杜鲁门、艾森豪威尔、福特等总统，他在纽约州州长位置上连任四届，并在副总统任上退休；戴维·洛克菲勒则成为活跃于国际政坛的银行家，一生拜会了全球数十位重要的领导人，其中包括赫鲁晓夫、铁托、周恩来、卡斯特罗、阿拉法特、巴列维国王，其涵盖之广、交往之深、影响之远，绝非普通企业家所能企及。

更为重要的事实是，洛克菲勒家族的政商人脉关系网，并非只是个人之间的交往情谊那样简单。这个家族拥有培养和资助了无数政治家、商人、科学家、文艺家的洛克菲勒基金会、芝加哥大学、洛克菲勒大学等。几乎决定了美苏冷战后期外交政策的亨利·基辛格，就是洛克菲勒基金会一手栽培的得意门生，更不用说遍布全美各个阶层的精英。正是通过如此强大的人际关系网，洛克菲勒基金会先后资助了备受争议的"节育运动"和"转基因革命"，深刻影响了美国政府的相关政策。

正因如此，即便在公开财富榜上很难找到洛克菲勒的名字，人们依然有理由相信，这个家族始终通过人们难以耳闻目睹的"暗网"，在影响着人类历史命运的走向，以便创造出他们最愿意看到的世界图景。

家风传承

古语有云,"富不过三代"。然而,洛克菲勒家族已经走过了近两个世纪的发展历程,第六代即将登场。虽然继戴维·洛克菲勒之后,该家族再未出现名声斐然的重要人物,但开枝散叶之下,却涌现出了文化、艺术、科学、医疗、法律、商业等行业的诸多精英,从未出现过一个"败家子"。茫茫百年,他们究竟是如何做到的?这与其父祖开创的家风有着密切关系。

从老洛克菲勒的童年开始,家族子女接受到的教育就是崇尚节俭、创造财富。戴维·洛克菲勒出生时,虽然他家已有亿万财产,可是父亲小约翰·洛克菲勒在儿女的日常零用钱方面却十分"吝啬",他规定,儿女们的零用钱因年龄而异:七八岁时每周30美分;十一二岁时每周1美元;十二岁以上者每周2美元。零用钱每周发放一次。上大学后,子女们零用钱金额也与一般人家的孩子不相上下。除了零花钱外,如有额外开支,则需要向父亲申请。

为了培养儿女正确的财富观,小洛克菲勒会给每个孩子发放小账本,要他们记清每笔支出的用途,每次领钱时,账本必须交他审查。

这样少的零花钱,自然难以满足自幼出入名校的儿女。小洛克菲勒也为他们创造了"挣钱"的实践机会。戴维·洛克菲勒很小的时候,就知道自己可以从家庭杂务中挣钱,打苍蝇、捉老鼠、劈柴、拔草,都有不同的报酬,完成它们,既能够让自己获得金钱的奖励,也获得成就的快乐。

在这样的氛围中,家族的子女学会了节制并控制欲望。他们自幼就懂得为了心中的目标去自律和奋斗,即便在收获之后也能明智地花钱。这种观念在他们成年之后,体现在整个家族对慈善的热衷上:祖父创立了洛克菲勒基金会,投入十几亿美元;父亲将一生超过半数的财产用于慈善;孙辈则在有生之年捐赠了近20亿美元……从兴建联合国大厦、北京协和医院，到解决全世界各地的环保问题、人种问题、难民问题，再到创办艺术博物馆、捐赠无价的艺术品，各种慈善行为和公益活动中，都能看到洛克菲勒家族的身影。

从某种意义上说，洛克菲勒家族的优良家风，不仅受到老洛克菲勒从母亲精神世界中继承的宗教理念的影响，更融进了他们经历财富帝国幻灭之后的大彻大悟。在老洛克菲勒晚年平静地接受托拉斯必须被拆分的那一刻开始，他就意识到巨富永远无法被个人和家族所占有，而小洛克菲勒则更是带着或多或少"赎罪"的心态，积极奔走于"大萧条"时期，以决然的态度和坚韧的毅力推动慈善行为，兴建洛克菲勒中心去解决就业问题，推动经济的发展，甚至不惜为此赔上半数身家。没有对社会发展与个人命运高屋建瓴的认识，洛克菲勒家族很难保持如此的财富观、教育观，也不可能在波澜起伏的近现代，昌盛平安地度过近两个世纪。

今天，斯人已去，祖孙三代的传奇故事，于2017年伴随戴维·洛克菲勒的去世，最终落幕。在辉煌的洛克菲勒中心，每个圣诞点灯之夜，终有结束的那一刻。当灯火逐一熄灭，喧嚣在耳边渐渐消散，当星斗慢慢淡去，新的朝阳会在纽约城天际线上露出金色光芒。人们应铭记这个家族的姓氏，更应深入去了解他们所秉持的信条、所走过的道路。

目 录

第一章 拒绝贫穷，天赋权利（1839—1858 年）

/ 001

亿万富翁的平民父母 // 002
人生，从赚钱开始 // 005
求学难，求商更难 // 009
克利夫兰最年轻的记账员 // 011
梦见了阶层跨越 // 015
合伙公司开张 // 018

第二章 时代号角，财富潮头（1858—1869 年）

/ 023

第一笔生意就亏本 // 024
战火中攫取财富 // 027
油区里的艰难一步 // 031
投身炼油前线 // 035
脱出合伙制束缚 // 039
发展良机 // 043

第三章 上帝之名，垄断之道（1870—1881 年）

/ 051

紧握铁路大亨的手 // 052
打响运费战争 // 055
标准石油公司登场 // 059
南方开发公司 // 063

在抗议声中崛起 // 067

"蔷薇,我只要一枝独秀" // 071

第四章　石油帝国,雷霆之力（1873—1895 年）

/ 079

彻底兼并之路 // 080

为称霸全美而努力 // 084

管道争夺战 // 088

迷宫般的石油帝国 // 093

将触角伸向海外 // 098

开创者急流勇退 // 102

第五章　巨人绝唱,垄断史上的纪念碑（1896—1912 年）

/ 107

反垄断风暴中心 // 108

谢尔曼法案 // 112

巧妙的金蝉脱壳 // 117

顶层的制裁 // 122

终见瓜分结局 // 126

与"七姐妹"联袂起舞 // 130

第六章　权力传承,王位迎来新主宰（1913—1923 年）

/ 135

"王储"初登基 // 136

折戟股市 // 139

不惧挑战摩根 // 143

基金会名垂青史 // 147

科罗拉多噩梦 // 151

入主大通银行 // 155

目 录

第七章　大战略之路（1923—1939 年）

/ 159

海外石油远征军 // 160

当洛克菲勒来到中国 // 163

印第安纳之争 // 167

镀金时代终结 // 169

钉上最后一颗铆钉 // 172

英雄的黄昏 // 175

第八章　与世界共舞（1940—1954 年）

/ 179

年少冒险之路 // 180

统治洛克菲勒中心 // 182

第三代掌门人 // 185

到南美去 // 188

进军华盛顿 // 190

在二战的烽火中 // 193

坎坷仕途 // 196

第九章　"五骑士"名扬寰球（1953—1972 年）

/ 201

二次起落 // 202

幕后的操纵者 // 204

亚洲公使 // 209

致力于环境保护 // 212

逆势而行的兄弟 // 214

合并大通 // 220

第 十 章　政商关系（1954—1973 年）
/225
在冷战中 // 226
在克里姆林宫 // 229
重返北京 // 231
平衡中东 // 234
四任纽约州长 // 237
冲击总统宝座 // 240

第十一章　共克时艰（1974—1995 年）
/245
最后的家族君王 // 246
向萧条宣战　// 247
雄心勃勃的三年计划 // 250
在纽约的天际下 // 252
引领"国际主义"旗帜 // 254
向艺术致敬　// 256

尾　　声　恒久豪门（1995—2017 年）
/259

参考文献 // 265

第一章
拒绝贫穷,天赋权利
(1839—1858年)

亿万富翁的平民父母

世上有千万对不相配的夫妻，亿万富翁约翰·戴维森·洛克菲勒的父母恰好是其中一对。

洛克菲勒的父亲名叫威廉·艾弗里·洛克菲勒。他的祖先发源于法国南部，后来因为参加宗教改革，被驱逐到莱茵河畔，18世纪20年代，又移居到美国新泽西州，先后和德国人、英国人联姻。

继承了多国血脉的威廉身高体壮、头脑灵活，绰号"大比尔"。他精于骑射，天生善饮，驰骋时可击落飞鸟，一次能喝下将近两斤烈酒。最重要的是，威廉的生意手段十分了得。他贩卖食盐、皮毛、草药和杂货，过着四处周游的浪荡生活。

1835年，他来到离家乡不远的纽约州摩拉维亚城外的奈尔斯镇。他穿着色彩鲜艳的衣服，用琳琅满目的小商品、令人心动的花言巧语，吸引了农村姑娘伊莱扎。伊莱扎此时正值豆蔻年华，她红发碧眼、身材苗条，活泼可爱。由于宗教信仰的关系，她的家庭刻板、传统、虔诚，威廉的出现给她带来了不一样的人生体验。

1837年2月18日，不顾父亲的反对，伊莱扎和威廉在一位朋友家举行了结婚仪式，随后二人回到了威廉的家乡里奇福德镇。

整个镇子的人都在谈论这场不般配的婚姻，大家觉得，是威廉·洛克菲勒看中了女方家150英亩的土地，这场婚姻，与其说是姻缘巧合，不如说是预

第一章 拒绝贫穷，天赋权利（1839—1858年）

谋已久。这场婚姻确实将两个人品迥异的年轻人捆绑一处，开启了两人长年不和的家庭生活，也铸就出子女们的矛盾性格。

1838年，伊莱扎为威廉生下了第一个孩子露西。同时，威廉也没有闲着，他还和前任管家南希有了私生女克罗琳达。

1839年7月8日夜里，一个男孩诞生在家中的卧室，他就是约翰·戴维森·洛克菲勒。几个月后，家里又有了另一个私生女克妮莉亚。未来美国商业历史的传奇人物，就这样夹在两个私生姐妹之间，出生在道德不佳的家庭环境中。

两年内，家里多了四个婴儿，威廉对金钱的渴望顿时放大。刚结婚时，他在山里开了一家锯木厂，同时还做生意，买卖盐、皮毛、马匹和木材，试图安定下来。寒冬季节里，威廉经常凌晨4点就带着从北欧移民来的工人们，到白雪皑皑的森林中伐木，到天黑时分，才将伐下的木材，用马拉雪橇运到河边堆起来，等待春季时分编成木筏，顺流运到出售地点。

然而不久后，他还是重操旧业，成为游商。他在夜色的掩盖下，像亡命之徒那样偷偷出门，谁也不知道他去做什么、何时回来。当他不在的时候，家人们就只能去小杂货铺赊账，伊莱扎根本不知道什么时候才能还清欠款，只能节俭度日，并用"浪费令人贫穷"之类的格言来教育孩子们。

幸运的是，威廉总是能回来。他经常参加一系列射击比赛，然后拿回高额奖金；他善于吹嘘忽悠，能用离奇高价卖掉廉价小首饰……每当威廉回来时，他总是鲜衣怒马的模样，手里挥舞着钞票，满脸得意的笑容，消除了镇里关于他被捕的谣言。如此情景，一次次消除了伊莱扎的担忧，却无法维持她内心的浪漫情怀。她忧郁地对表妹叹息说："你看天上的月亮！威廉此刻会不会也在看着它？"

伊莱扎是个好妻子。丈夫长年不归，家里只能依靠她照看孩子、经营农场和操持家务，她因此而倍感孤独。总体来说，洛克菲勒家的人可谓乡野山民，他们嗜酒如命，爱串门聊天，喜欢寻欢作乐，道德观念现实。威廉的一个弟弟同伊莱扎家的女佣私奔，跑去南达科他州改名换姓地生活；他的另一个弟弟则酗酒度日，甚至与人打赌自己能从镇子里走回家而一路上滴酒不沾……

除了婆婆露西，伊莱扎在家中几乎没有可亲近的人。因此，即便对于越来越暴躁好斗的"小三"南希，伊莱扎也有着出人意料的包容，直到威廉将南希和私生女打发回了娘家。

三年过去了。约翰·洛克菲勒逐渐成长。在邻居眼中，他虽然不算穷孩子，但依然缺乏照管，成天穿着破衣烂衫，看起来又脏又饿。约翰·洛克菲勒日后回忆起来说："我记得很清楚，在里奇福德的屋前，不远处有一条小河流过，我总要小心地避开河流。我还记得母亲在里奇福德时的模样，还有奶奶住在半英里开外的山坡上。"

约翰·洛克菲勒对当地还有另一面印象，他后来说："想到如果一辈子都待在里奇福德，我就感到不寒而栗。那里的男人们打打猎、钓钓鱼、喝一点威士忌，一辈子无所追求。这其实是因为他们缺少宗教信仰的关系。"

母亲伊莱扎也不愿意洛克菲勒在这里长大，更何况他又有了弟弟。伊莱扎希望孩子们能摆脱洛克菲勒家吵闹麻烦的亲戚们，而和传统稳重的娘家人接近。她开始和丈夫商量，是否能搬离里奇福德。

威廉也厌倦了镇上人对他的眼红与谣言，他开始计划购买新居。

威廉从来不相信银行，他在家里挖了个地窖，专门储藏自己"行商"赚来的钞票。有人曾见过这个地窖，里面放着一叠叠不同面额的钞票，全都被麻绳捆扎起来，就像农家的木柴。

1843年，威廉带着家人离开这里，到了纽约州摩拉维亚镇定居。他用地窖里的钱，买下一栋7间房的农舍和周围92英亩土地，足足花费了2400美元。

此时他才30多岁，和同龄人相比，可谓家业有成。伊莱扎也很高兴，因为在这里，她终于感到生活有了些许的不同。

人生，从赚钱开始

在摩拉维亚，威廉俨然是一位遵纪守法的富裕公民，他花钱大手大脚，穿着时髦的衣服，骑着高大的骏马疾驰而过。他还对镇上的公共事务十分热心，例如选定了镇上学校的位置，带头为建设校舍捐钱。此外，他还当上了该镇戒酒委员会的主任。这种热心公益的精神，后来也传给了儿子。

然而，当威廉离家远行时，他干的事情就不那么光彩了。他经常驾着满载货物的马车，来到艾奥瓦州和伊利诺伊州的边界销售。由于那里是印第安人聚居地，而印第安人将聋哑当作神奇力量的象征，于是他干脆装聋作哑来骗取他们的同情和信任。不过，杂货生意赚得毕竟不多，于是他又找了一份更有利润的生意：卖"特效药"。

威廉每到一个地方，总是会拜访并贿赂那里的报社总编，第二天，当地报纸上就会出现人物介绍："威廉·艾弗里·洛克菲勒，医术高明，专治绝症，到此行医济世。"有着这样的头衔，威廉到处推销他用草药自制的各种"万灵药"，他在人们面前侃侃而谈，装模作样地将不同草药配方的功能吹得活灵活现。为了让大家相信，他还特意叮嘱药物的使用禁忌和方法。在那个年代，落后愚昧的放血疗法、催泻疗法还在大行其道，人们为了避免痛苦，自然愿意相信这些药物。而威廉也就顺理成章地将诊疗费提高到25美元，足足是当时人均月工资的两倍。

有了"行医"之道,威廉更加不屑于做农活。他专门雇人在家里照顾农场,伊莱扎则会分配些家务让孩子们做。在母亲的影响下,约翰喜欢干农活,课余时间里,他砍柴、挤奶、打水、侍弄菜园、去镇上买东西、在家中无人时照看弟妹……年少的劳动经历磨炼了他,让他能够经受以后的创业艰辛。

威廉手头的钱越来越多,但他并不满足,又打起了投资股票的主意。

那时,美国的经济联系日益紧密。为了防止道路泥泞不堪影响交通,各州都开始在路面上铺设原木或碎石,尤其是纽约州,河道密布,为了连接水路,木面道路大受欢迎。威廉看好这项事业,于是投资购买了道路公司的股票,并开始重新关注起木材生意来。

威廉的好运未能持续。铁路很快在美国普及,木面道路即将被历史淘汰。道路公司的生意一落千丈。持有大额股票的威廉,几乎走到了破产的边缘。

经济上的失意让威廉"破罐破摔"。1849年,他涉嫌强奸家中的黑人女佣,被当地治安官盯上。窘迫之中,他被迫决定卖掉摩拉维亚的宅子和农场,举家迁到纽约州奥斯威戈的村庄。后来,亲戚们越过了阿巴拉契亚山,集体迁移到宾夕法尼亚州,威廉决定效仿,在1853年带着全家,登上了西行列车,迁居到伊利湖畔的克利夫兰。

威廉知道,宾夕法尼亚州(简称宾州)的佃农比例已经达到了50%,而城市附近的土地,早就被农庄主们分割殆尽,他们这样的新移民,更是不可能有什么机会。为了孩子们的前途着想,同时也为了从西迁的移民手中赚到更多的钱,他将目标放到了新兴的克利夫兰。此时,约翰·洛克菲勒刚满14岁,他的人生图卷就这样跟随父亲,向世界徐徐展开。图卷上的第一笔,就是如何赚钱。

基因的力量是强大的,更何况很早就开始的耳濡目染。早在八九岁时,

第一章　拒绝贫穷，天赋权利（1839—1858年）

威廉就让洛克菲勒去给家里选购柴火，他教会儿子怎样选实心和顺直的木头，凡是带杈和朽烂的，一根也不能要。洛克菲勒就是在这些家务中，学会了精打细算。

随后，洛克菲勒又无师自通地学会了赚钱。

当他还是个孩子时，就会按磅买来糖果，然后分成几小份卖给兄弟姐妹，赚取少许零花钱。7岁那年，他尾随一只野火鸡走进森林，等它摇摇摆摆走开后，就从鸡窝里偷出小火鸡，带回家喂养卖钱。母亲为了支持他做这笔生意，还专门提供奶酪喂小火鸡。第二年，鸡群真的得以扩大了。洛克菲勒非常高兴，从不放过观察它们成长的机会。等卖掉长大的火鸡后，他就将自己赚到的硬币，存放到壁炉架上的蓝瓷碗里面。

不久后，他将自己积攒的50美元全部贷给了周围的农民，利息是每年7.5%。第二年，他拿回了本金以及3.75美元的利息。当父母要求他到地里帮工时，洛克菲勒提出要收取每小时0.37美元的工价，出人意料的是，他竟然将每天的做工时间都详尽地记录在本子上。

在商业道德上，父亲也是洛克菲勒的第一任师长。在威廉身上，可以看到十分奇特的两面性：有时候，他诚实厚道、遵守诺言；有时候，他又摇身变成了信口开河的骗子。威廉以身示范告诉儿子，商业就是一场残酷的战争，只要能够战胜对手，无论是怎样的手段都能够拿来使用。

有个著名的故事说，威廉为了教孩子们小心陌生人，甚至拿自己举例。当洛克菲勒还是小孩子的时候，坐在高椅子上，威廉经常伸开臂膀，让儿子跳到怀中。一次，他故意中途放下胳膊，让洛克菲勒摔到了地板上。威廉看着哭泣的儿子，近乎冷酷地说："你要记住，儿子，绝不要完全相信任何人，包括我在内。"不久后，他带着洛克菲勒经过克利夫兰的街头，那里人群涌动，赶去验货和游行。威廉告诫孩子："不要管别人在干什么，离他们远一点，干你自己要干的事情。"

此外，威廉还用自己的生意实践，教会洛克菲勒独立自主、坚韧强大乃至不择手段的人生态度。有一次，他想以低于卖方价格1000美元的价格买农场，为了达到目的，他提出要和对方比赛射击打靶，来决定价格，结果他真的赢了，得到了1000美元的价格优惠。洛克菲勒显然学会了这些讨价还价的手段，此后还将以此获得成功。

作为管理者，威廉也有一套自己的路子。对手下的伐木工、农场工，他付的工钱多，而且从不拖欠，非常得人心。但他只习惯雇一阵子短工，时候一到，就会彬彬有礼地告诉所有人"我不再需要你们了"，当工人们满怀遗憾地离开几天，他又会礼貌地请他们回来。这套招数非常奏效，威廉将之称为"赶走再雇"的策略。这种方法让不少人觉得他实在太过奸猾，但洛克菲勒对这种做法非常称道，觉得这样做能让工人们成天提心吊胆地工作，所以干活时就不会没精打采。

不过，洛克菲勒毕竟还是从父亲身上学到了光明磊落的一面。威廉虽然有种种毛病，但他一生中从不拖欠债务，并严格相信契约的神圣性，每次都会仔细斟酌合同并严格执行。后来，洛克菲勒虽然在从商生涯中被指责有种种罪恶，但他一直以不拖欠债务、严格遵守合同而出名。

正是在此时，洛克菲勒形成了自己的金钱观、商业观，他告诉别人："我越来越清楚地认识到，要让金钱当我的奴隶，而不能让我变成金钱的奴隶。"同时他还和伙伴宣示过这样的野心："有一天，等我长大了，我要有10万美元。我会有的，一定会有那一天的。"10万美元这个数字，后来出现在不同人的回忆中，洛克菲勒对他们宣示过的内容几乎完全一样。人们相信，他对金钱的渴求，在那时就已经超越了绝大多数同龄人。

第一章 拒绝贫穷，天赋权利（1839—1858年）

求学难，求商更难

1853年，洛克菲勒跟着父母，搬到了克利夫兰。那年秋天，父亲认为他和弟弟威廉应该重新上学，于是将他们寄宿到伊利大街的伍丁太太家，让他们开始新的求学生涯。

由于总是在不断地搬家，洛克菲勒又一次面临着学校给予的降级待遇。虽然他在纽约州读了好几年初中，但新的学校依然只允许他加入初中。为此，自尊心很强的洛克菲勒忍受了看上去其实并不严重的"羞辱"，被迫重新学习那些他早已熟悉的课程。

1854年，约翰·洛克菲勒15岁，进入了克利夫兰中心高中。那时，这间学校只有一幢不起眼的平房，四周是成荫的大树和洁白的尖头栅栏。这间学校奉行自由化的进步教育，洛克菲勒的升学作文表明他确实符合入校标准。在《自由》这篇作文中，他提出："人奴役人，既违反我国的法律，也违背上帝的戒律。"他因此断言，奴隶制如果不能马上废除，就会最终毁灭美国。而只有在公民中普及教育，美国才能进步。为此，洛克菲勒写道："过去，只有僧侣和教士才能受教育，正因如此，世界才会停滞不前；只有当人民受到教育，并且学会独立思考的时候，世界才会有进步。"这样的废奴主义和普及教育思想，来自于他从小受到的北方浸礼会福音教派的影响。作为平民家庭出身的学生，洛克菲勒向来对贵族和僧侣有所谴责，在他笃信上帝的心中，认为正是这些人冒用了神的名义，维护自身特权，并压制那些积极进取的普通人，这些人是社会和国家进步的敌人。

洛克菲勒的作文语言，总是条理清楚、表达全面。在学校里，他平时少言寡语，辩论起来却说得头头是道。因为他总是喜欢用"本人既荣幸又遗憾"这句开场白，同学们便给他起了个绰号，叫"既荣幸又遗憾先生"。他平时严肃刻板，从来不大声说话，也不打打闹闹，便又得了个绰号，叫"执事"。洛克菲勒自己更喜欢后一个绰号。他又高又瘦，体重大概只有140磅，浅棕色的头发总是向后整齐地梳着，衣着一向干净而体面。由于将写字的石板谨慎地抱在胸前，他看起来倒真像学校里的执事而非学生。

这种严肃刻板的态度，让不少成年人喜欢洛克菲勒。但也有人觉得他颇为讨厌，例如一位高中老师就将他说成"最冷酷、最不露声色和老谋深算的家伙"。落得这种评价，与洛克菲勒要求别人对待他的态度有关——虽然他只是十多岁的孩子，但他还是希望别人像对待成年人那样对待他。相反，他很厌烦那些用命令语气、粗暴态度对待他的大人，因为他的生活能力远超过周围同学，而在家中也承担重任，甚至在银行也有了自己名下的账户，因此他相信"绅士的待遇"是自己应得的。

除此之外，洛克菲勒在上学时，从未表现出任何叛逆色彩。他将学业看成是功利性的，因此尽管学习勤奋，却并没有表现出乐在其中的兴趣。此时，他最喜欢的科目是数学和音乐。对前者他有很高天赋，毕竟上学之前，他就已经能在家计算经济上的收支盈亏。而后者，则源自于他的日常兴趣：那时家中有一台钢琴，它是家庭地位和追求的象征，洛克菲勒为此最多一天能练上6个小时的琴。

洛克菲勒的思考并不仅仅发生在学校。在伍丁太太家的寄宿公寓中，他也不忘与人讨论经济问题。伍丁太太家的女儿叫玛萨，比他和弟弟威廉·洛克菲勒要大好几岁，三个孩子之间经常为许多话题展开热烈讨论，讨论内容甚至吸引了伍丁太太参加。他们之间经常争论的话题是借钱给别人是否应该收取利息。洛克菲勒显然是支持的，他说，自己给父亲一小笔贷款，也会收取利息，利息只相当于他来回坐车的费用。而伍丁太太每次都会表示反对这种做法。后来，洛克菲勒回忆起这些争论，依然觉得其中牵涉了商业经营方法和伦理道德，他在其中学到的东西，要远超课本中那些深奥的知识。

第一章 拒绝贫穷，天赋权利（1839—1858年）

1855年前后，洛克菲勒突然决定辍学了。这个决定来自他的父亲。

在举家搬迁到克利夫兰后不久，威廉又找到了新的猎物，他邂逅了一位年方17岁的加拿大金发女郎玛格丽特，很快与对方陷入情网、难分难舍。由于威廉的魅力，玛格丽特全家都非常喜欢他，到1855年6月，他直接和玛格丽特在纽约的尼克尔斯结婚，开始了秘密的重婚生活。

当然，威廉不会为了新欢抛弃家庭。一开始，威廉每年只去安大略一次，看望玛格丽特，这样能确保妻子和情人之间不会发现。不过，开支的增加是明显的，威廉捎话给大儿子洛克菲勒，告诉他不要再梦想读书、上大学、成为牧师，而是准备去工作。

即便不是为了节约开支，威廉也从来不看重书本知识。他觉得大学学位是一种奢侈品，是供有钱人装点门面用的，没办法给平民百姓带来实惠。真正有进取心的年轻人，大多要去读商业学校，或者以函授学习的方式来弥补学历的不足。洛克菲勒很快听从了父亲的建议，花40美元，在福尔索姆商业学院克利夫兰分校参加了为期三个月的课程。

这些课程包括复试会计、清晰书写法，还包括有关银行、外汇和商法等领域的基础知识。洛克菲勒非常喜欢这些实用的知识，他沉浸其中，努力学习，三个月很快就结束了。1855年夏天，16岁的他正式结束了学习生涯，准备集中精力，开始自己的职业生涯。

克利夫兰最年轻的记账员

1855年8月，克利夫兰酷热难耐，洛克菲勒冒着烈日，开始求职。他是个农村孩子，但又并非农民，因此满脑子想的都是摆脱过往生活，进入新的事业与生活圈子。

洛克菲勒的求职方式堪称独特。他在家翻开全城工商企业名录，按照字母顺序，筛选出知名度最高的企业作为目标。洛克菲勒只仰慕那些大型企业，例如铁路公司、银行和批发货栈，他根本不考虑其他小企业，觉得那里无法提供自己成长的土壤。

洛克菲勒去求职的企业，几乎都集中在叫弗莱茨的繁华城区中。在这里，凯霍加河河畔布满了锯木厂、铸造厂、仓库和码头，整条河流注入伊利湖中，湖边停靠着种种汽船和帆船。在这里，洛克菲勒的求职态度给许多人留下了深刻印象，他每到一处，都会先提出要见级别最高的经理，但这些人大多不在，于是洛克菲勒告诉他们的助手："我懂会计，我要找个活干。"

这种态度当然不利于求职。洛克菲勒一再被别人拒绝，于是他只好不停地找新的企业。每天早晨8点，他会准时离开住处，身穿黑色衣裤，戴上硬领结或黑领带，开始新一轮的面试。即便坚硬的路面被太阳晒得滚烫，让他走得双脚发痛，但洛克菲勒还是努力地坚持，他知道，如果自己真的找不到活干，就只能回乡下去和父亲务农。一想到这个结果，他就感到莫名紧张，足以让自己无视所有的打击和挫折，以至于有些公司他甚至去了两三趟，询问同样的问题："你们愿不愿意要人？"

就这样，求职之路接连进行了6个星期，洛克菲勒终于迎来不错的结果。

9月26日，他走进了休伊特-塔特尔公司。这是一家经营谷物和其他产品销售的商行，也兼营货运业。接待他的是合伙人塔特尔，他说商行此时恰好有个记账员的职位空缺，洛克菲勒可以午饭之后再过来。

洛克菲勒喜出望外，但他克制住内心的冲动，礼貌地和塔特尔说了再见，退出办公室。刚走过楼梯的拐弯处，他就喜不自禁地一步一跳地走了

第一章　拒绝贫穷，天赋权利（1839—1858年）

回去。

午饭之后，洛克菲勒再次来到商行，这次接待他的是大老板休伊特。他是个相当有财力的资本家，在克利夫兰拥有不少房产，还拥有一家铁矿开采公司。他让洛克菲勒展示了书法，然后同意留下他试试。至于工资，他一句也没提，直到三个月之后，洛克菲勒才拿到每月4美元的薪水。

即便如此，洛克菲勒从此还是将这一天看作是他的第二个生日。老年时，他回忆起这一天，还是颇感激动："我未来的一切，似乎就取决于那一天了。每当我问自己'如果没得到那个工作会怎样'的问题时，我经常会浑身颤抖不已。"

的确，作为未来的商业帝国开创者，洛克菲勒真正的事业生涯就是从这一天开始的。在这一天之前，他是来自乡下的普通少年，身心总是被令人难堪的父亲所影响控制，在这一天之后，他走进了浩瀚的商业世界，摆脱了一切荒诞无稽，开始享受真正的自由翱翔。

入职那天，洛克菲勒准备了最好的装束走进公司。他戴着丝质方帽，穿着条纹牛仔裤，马甲上挂着金链。同事们将他带到一张大硬木的旧桌前，桌面上放着一本账簿。他立刻脱下马甲，穿着吊带裤，开始了工作。虽然他只是新手，但因为良好的素质，显得老练而有条不紊。

在外人看来，这里的工作环境是枯燥的。桌子上堆放着散发着霉味的账本，抬头时除了看见繁忙的码头，就是凯霍加河上穿梭的平底帆船。由于光线不足，办公室里时常要点燃昏暗的鲸油灯。但洛克菲勒依然无比享受工作的每一刻。在每天看似枯燥的工作中，他能够充分发挥自己的数学天赋，由于年幼时帮母亲记过账，因此在记账员岗位上，他一开始就显示出特别的优势。

对于推崇理性而信仰上帝的洛克菲勒而言，账本是神赋予人们管理金钱和资产的工具。善待账本，是因为账本能战胜每个人内心的冲动，避免金钱受到情感的盲目支配。同时,账本还能把控细节,避免混乱,防止贪腐和放纵的罪过。怀着这样的信念,洛克菲勒对每一笔账目都谨慎仔细、一丝不苟。之前,每当水电工人来清款时,公司总是按照账单直接付钱,洛克菲勒却将所有的项目都核查清楚后再付款。另一次,洛克菲勒发现有个船长总是报告货物受损,于是他决定着手调查。他核查了所有收据、提货单和其他单证,发现船长的说法并没有证据。在他提交了调查结果之后,船长再也没有虚报过损失。

另一件事更让老板感到满意。商行从佛蒙特州购入了一批大理石,但由于三家货运公司方面的过失,导致这批高等级产品出现了瑕疵。洛克菲勒主动请缨,同各公司谈判,顺利获得了他们的赔偿。

除了负责日常记账和办公之外,洛克菲勒还要负责为老板休伊特收房租。这件工作非常棘手,而且只有他一个人做。为了催收,他经常面色焦虑但又无比耐心地守候在租客的马车旁,直到他们交出钱来。显然,这样的经历给洛克菲勒留下了深刻的印象,直到数十年后,他还时常梦见自己依然在催债。

事务繁多,洛克菲勒却甘之如饴。他每天都要在公司工作很长时间,经常每天早上6点半上班,中午只是随便买点快餐在办公室吃,吃过晚饭后,他又会回来加班到很晚。在许多人眼中,这个年轻人如同"工作狂",而他也打算"约束"自我,为此他在日记中写道:"我要和自己约定,在以后的30天内,晚上加班不能超过10点……"但显然,他不可能遵守这样的"约定"。

由于表现优异,洛克菲勒的月薪很快升为25美元。到第二年,他的年薪已是500美元。此时,公司合伙人之一塔特尔退休了,休伊特更加重用洛克菲勒,除了让他继续担任记账工作之外,还让他参与到商行的对外联系工作中来,使他能够接触到更加广阔的领域,接触到来来往往的生意人,了解到老板是如何看待每个商业细节的。这里的一切,加快了洛克菲勒的成长,指引着他实现自己的宏伟目标。

梦见了阶层跨越

洛克菲勒在会计岗位上兢兢业业,并不代表他甘居人下。从工作第一天开始,他就表露出非同常人的人生态度。

开始上班的第一天,洛克菲勒就花了10美分,买下一个红色小本子。他将之命名为账本A,随后每天都在上面详细记录自己的收入和开支。每个月,他用工资的一半支付伍丁太太家的食宿费用,还有付给洗衣妇的钱;由于买不起时髦衣服,他总是从开价便宜的裁缝那里买衣服……这些费用全都被一笔笔记录到账本A上。

当然,账本A也成为他管理自我生活的工具。洛克菲勒曾经花了2.5美元,买了副裘皮手套,以便换掉旧的毛线手套,但当数字被写在账本上,他马上就后悔了,直到90岁时,他还能记得这个"错误"。另一笔开支也曾让洛克菲勒感到疑惑,他曾经购买一种叫精制松脂的灯油,价格高达每加仑88美分,后来,他直接用这个数字去提醒批评者:在他日后开办的标准石油公司的努力下,更好的煤油灯油只卖到每加仑5美分。

在当时,许多年轻人都有记账的习惯,洛克菲勒的账本缜密严格,这并不奇怪。但其中有一个细节让他显得与众不同,那就是慈善行为。

账本A显示,洛克菲勒从此时期就热衷于行善。在工作的第一年里,他将6%左右的收入,捐给了慈善机构。账本显示,当他每天只挣1美元的时候,他就坚持向教会捐款，虽然只是5美分、10美分或者25美分的硬币，却饱含着他对上帝意旨的热忱。到1859年他20岁时，随着收入提高，他捐献教会的金钱，超过了收入比例的10%。这一年，他还直接在辛辛那提给一个黑人钱，以便他为在做奴隶的妻子赎身，第二年，他又分别向一家黑人教会、一个卫理会教堂和一所天主教孤儿院捐款。

可以说，在跻身富豪之前，洛克菲勒不但具备了出众的才华，也展现出与其阶层并不相配的慈善天性。这两大特点汇聚在他身上，并同他热爱金钱的习性相融。

洛克菲勒毫不掩饰他对金钱的喜爱。后来，他对人分享了自己在休伊特的公司里，是如何被金钱强烈吸引的。

那时，休伊特公司所有的票据都需要经过洛克菲勒接收并整理。这一天，公司收到纽约州南部一家银行开出的期票，洛克菲勒不经意地瞥了一眼，目光就再也不愿离开了，那张期票上清楚地写着"4000美元"！

4000美元，对于年薪只有数百美元的洛克菲勒而言，不啻一笔巨大的财富。但在老板休伊特的眼中，那只是一张平常期票而已。当他接过期票之后，就像平常那样，将它锁进了保险柜，然后离开了办公室。

等老板一走，洛克菲勒立即打开保险柜，重新拿出期票。他抚摸着纸面，张着嘴巴，瞪大眼睛，观看着自己从未见过的大额财富。过了一会儿，他才恋恋不舍地将期票锁回保险柜。那天，洛克菲勒一次次打开保险柜，像凝视情人那样，热切地注视着期票。

此时的洛克菲勒还没到20岁。从这段往事中，人们能看见他的少年心性。他那时没有任何不良嗜好，从来没想过吸烟、喝茶，他甚至不喝咖啡，唯一能让他如痴如醉的，就是对金钱的追逐感。

洛克菲勒追逐金钱，更关注那些掌握金钱力量的人们。

1855年，他阅读了一本《阿莫斯·劳伦斯日记书信选摘》，作者是新

第一章　拒绝贫穷，天赋权利（1839—1858年）

英格兰的一位纺织厂主，在当地颇有名望。洛克菲勒对他的书信文笔赞叹有加，并了解到劳伦斯喜欢付给别人崭新钞票的习惯。于是，他便开始刻意模仿，不仅磨炼自己的文笔，还尽可能用新的钞票付账，因为这样能够带给对方更多的尊严与快乐，而这些甚至能超越金钱本身的价值。

另外，洛克菲勒还认真观察着港口上来往的人们，从他们身上，他学习到低调务实的商业作风。他当时很敬佩一个名叫莫里斯的船运老板，从他的言行举止上来看，外人很难揣测出其雄厚的财力。而其他商人在做事时，也从不以财欺人。耳濡目染这些优良品质，加上洛克菲勒从母亲那学到的勤朴节俭，使得他终身保持着生活方式上的平常心，而能将注意力集中到开创事业上。

推动洛克菲勒追求跨越的，还有他内心的宗教理念。由于从小耳闻目睹父亲的种种荒唐，洛克菲勒始终渴望与人性中的罪恶斗争，凭借浸礼派的宗教信仰，他渴望找到能将自己带往更高层次的精神家园。

当他还在上学时，他就经常和弟弟威廉、房东伍丁太太及她的女儿，一起去伊利大街浸礼会布道教堂做礼拜。这间教堂相当简陋，白房子上只能看得见钟塔和狭长的窗子，四周没有一棵树木。尽管如此，洛克菲勒在这里依然被教徒之间温暖平等的气氛所吸引，由于浸礼派强调教堂自治，因此这里的信徒大多是平民，大家相处得非常融洽。

在教堂里，洛克菲勒不仅做礼拜，还积极奉献力量。他成了主日学校的老师，受托为人免费写文书、为教堂理事会做会议记录。在这里，他愿意干一切低下的杂活，几乎每个星期天都能看到他忙着打扫房间、烧火、点灯，为人们领座、读经、祷告和唱诗。等大家做完礼拜，陆续离去时，他又为了节省，细心地将蜡烛全部熄灭，只留下一处。

到了20岁那年，洛克菲勒又为教堂做出了巨大贡献。

这家小教堂无法自筹资金，只能依靠上一级教堂的支持，洛克菲勒对此很不满，他认为即便是教堂也应该像企业那样管理好财务。很快，他的机会出现了：教堂对外有一笔2000美元的抵押贷款难以偿付。到了周日，牧师在布道台上宣布，如果付不起利息，债主就要将教堂收归己有。教徒们都相当震惊，忐忑不安地离开了教堂，而洛克菲勒就守候在门口。他拦住每个人，要求大家答应认捐的具体数目。为了说服对方，洛克菲勒时而恳求，时而威逼，时而利诱，等对方说出数字之后，他就立即将姓名和钱数记在账本A上面。当然，洛克菲勒自己也捐出了所有的积蓄。

几个月后，洛克菲勒筹到了2000美元，教堂保住了。所有人都钦佩他的毅力与热情，他也因此成为教堂里的第二号人物。

在这些早年生涯的经历中，洛克菲勒表现出了虔诚与世俗、勤恳与奋进、贪婪与慈善的多重性格，而这些都昭示出其梦想所在：在信念的指引下，他将走向更高的地位，攫取更多的成功。

合伙公司开张

1857年，时代的巨轮在迅疾地转动着。此时，美国国内经济进入了萧条期。欧洲克里米亚战争的结束，对原本受益于战争的美国农民产生严重打击，农产品海外销量迅速下降。同时，对铁路债券和土地的疯狂投机已经长达十年，"博傻"游戏①走到了最后一步，近5000家企业破产，数十万工人失

---

① 博傻理论（greater fool theory），指某件商品的价格不取决于其真实价值，而由市场参与者不理性的信念或期望所决定。一个人可能愿意为"傻瓜"般的价格买单，是因为他可能相信，该商品之后能被卖给一个"更傻的傻瓜"。

第一章 拒绝贫穷，天赋权利（1839—1858年）

业。原本令人乐观的经济形势，如同悬崖勒马一般戛然而止，令许多人大惑不解。

此时，洛克菲勒忙于照顾家庭。父亲威廉"暂时"回到了克利夫兰，他将妻儿们全都接到身边，两个儿子也搬出了伍丁太太家，和父母团聚。为此，父亲还通知洛克菲勒，要求他出钱补贴家用，并且按月缴纳房租，数目和以前付给伍丁太太的一样。

不久后，父亲决定在切尔西大街为全家盖一栋坚固的砖房。似乎是打好主意从此再也不会回归家庭，他把这件事全权交给了洛克菲勒。威廉将所需要的钱给了这位长子，又告诉他应该选择什么式样，并让他自己注意细节：从材料到设计，从雇用建筑师到监督盖成房子。

洛克菲勒没有辜负父亲的希望。他就像个老手那样，先后从8家建筑承包商那里拿到了报价，并选择了其中最低的那一个。他非常自信，慎重地审查图纸、谈判合同并签付账单。由于洛克菲勒讨价还价的能力太强，再加上现场执行让承包商无法偷工减料，当房子建成时，承包商懊恼地发现，在这个项目上他们毫无疑问地赔了钱。

当房子盖成之后，洛克菲勒全家终于在克利夫兰市安顿下来。此后，父亲同情妇一起去了费城，而洛克菲勒就成了一家之长。

虽然家务繁忙、经济不景气，但洛克菲勒并没有忽视商务。在他的努力下，休伊特公司的业务得到了有效维持。1858年，他策划了自己商业生涯中的第一个经典作品。根据新闻报道，他得出"英国即将发生粮食减产"的结论，于是他果断行动，提前收购了大量小麦粉、玉米、火腿等加工食品，还有大量食盐。这个擅自做主的行动，一开始遭到了老板休伊特的质疑和批评，但不久后，休伊特的脸上乐开了花。原来，粮食歉收确实发生了，洛克菲勒顺利地将手中囤积的货物出口到欧洲，获得了丰厚的利润。

初出茅庐，就取得了这样的成绩，让洛克菲勒一时间成为克利夫兰港口区冉冉升起的新星。不少人都在谈论着他是如何为公司大赚了一笔，而他才刚18岁。

由于为公司带来了相当的回报，洛克菲勒决定提出加薪的要求。他直截了当地向休伊特提出，希望能将年薪提高到800美元。休伊特犹豫了几周后提出，自己最多只能加到700美元。在他看来，洛克菲勒的确能力不凡，但毕竟才20岁不到，如果领取高薪，恐怕难以服众。

加薪的努力失败了。与此同时，负责记账的洛克菲勒发现公司正在走向低谷。休伊特正在将自己手中的房产股份和公司股份进行分离，这说明连老板都不看好自己公司的未来。洛克菲勒很快将消息告诉了父亲，因为父亲曾经借给休伊特1000美元贷款。当威廉知道情况后，他立刻闯进了休伊特的办公室，马上要回了贷款。

或许是被父亲的敏锐嗅觉所感染，洛克菲勒也开始思考自己的未来。他并不愿意在公司里混日子，在事业上，他只喜欢走直线：用最少最坚决的付出，获得最大最持久的收益。

就这样，洛克菲勒在休伊特公司的职业生涯走到尽头。但洛克菲勒并不感到遗憾，而是信心满满。他知道，自己已经了解如何在商海中遨游，而离开公司正当其时。至于去向，洛克菲勒已经想好：创办一家公司。

不久后，洛克菲勒遇到了莫里斯·克拉克。

克拉克年长他11岁，是来自英国的移民。他们俩是在福尔索姆商学院时的同学，又都住在切尔西大街。克拉克很欣赏洛克菲勒，认为他具备非同一般的能力和可靠忠实的名声。此时，克拉克在一家农产品销售公司工作，同样对老板给予的待遇不满，由于有着类似的职场经历，两人一拍即合，对创业的未来产生了共同的期待。克拉克建议说，不如两人各自筹措2000美元的资本，然后合开一家谷物与牧草公司。洛克菲勒觉得这个领域很适合，便一口答应了。

第一章　拒绝贫穷，天赋权利（1839—1858年）

其实，洛克菲勒那时总共只有800多美元的积蓄。剩下的1100多美元，去哪里筹集呢？他想到父亲威廉曾给过的承诺：不论哪个子女，只要年满21周岁，就能得到他1000美元的赠款。此时他20岁不到，是否能提前拿到这笔钱呢？

洛克菲勒马上向父亲提出要求。威廉同意了，但他提出了一个条件：在提前支取的一年半期间，必须缴纳10%的利息。这倒并非他绝情，而是因为在洛克菲勒家中，借款需要利息本来就是常见的事情。而且随着近年来众多专业医生纷纷进入市场，威廉的草药郎中生意每况愈下，威廉、富兰克林两个儿子先后考上大学，也让家庭支出大增，存款日渐减少。更何况，身为父亲，他本来就希望尽可能地让儿子知道，做任何交易，哪怕是面对家人时，也要尊重市场法则，设法获得收益，就像他自己说的，这是为了"让他们更加精明"。

洛克菲勒立刻同意了父亲的条件，拿到了梦寐以求的1000美元。1858年4月1日，克拉克和洛克菲勒谷物牧草公司在克利夫兰临河大街32号正式开张。这也是该家族中第一个使用姓氏命名的公司。

看到"洛克菲勒"的字样挂在公司门前的黄铜铭牌上，洛克菲勒心里很是得意。他说："给自己当老板的感觉，真是太棒了！我可是一家有4000美元资本公司的合伙人！"在新公司第一天下班之后，他回到位于切尔西大街的家里，马上就跪下来，恳求上帝保佑他的新公司。

上帝可能是有意要考验这位年轻人的勇气与决心，洛克菲勒也没有想到，他浩瀚壮美的商业人生即将迎来的起步点，居然是一次赔本的买卖。

第二章
时代号角,财富潮头
(1858—1869年)

第一笔生意就亏本

新公司成立后,洛克菲勒拥有了自己运筹帷幄的天空。他终于能够放开手脚,按照自己对市场的理解来经营。当时,克利夫兰的大多数商贸公司,都将市场重点放在国内,希望利用这座城市便利的交通位置,将中西部如加利福尼亚、艾奥瓦、堪萨斯等州的物资,朝具备工业优势的东部输送。然而,洛克菲勒并不想参与到这种激烈的竞争中去,他将目光投向大洋彼岸的欧洲。他清楚地看到,欧洲在工业化程度上领先于美国,那里的原材料需求更大,同时价格也高于国内市场,克利夫兰虽然位于美洲大陆,却具有便利的水路交通,如果能够将经营中心转移到欧洲,新公司将会有广阔的前景。

直到今天,研究洛克菲勒的人几乎全都承认,他之所以能在日后成为全美首富,登上财富宝座,依靠的正是这种卓尔不群的独特判断力。除此以外,还有他超出常人的勇气和决心。

此时,经过五大湖区的肉类、谷物和其他农产品的运输量猛增,洛克菲勒和克拉克得以迅速买入卖出大量农产品。公司发出的广告单页颇有野心,声称他们收购各种谷物、鱼类、水、石灰、石膏、粗细晒盐和奶酪用盐。不料,风险也随之而来。

在开业之初,两个合伙人和西部农场主们签了一笔合同,预订了大批的豆子。洛克菲勒相信,只要豆子成熟,就能马上运送到欧洲出售,借此为新

第二章 时代号角,财富潮头(1858—1869年)

公司赚个开门红。没想到,两个月后,他和克拉克来到仓库,面对货物时却惊呆了。他们根本不用寻找,只要随手捞起一把,就能看到已经瘪壳的豆子滚来滚去,似乎在嘲笑洛克菲勒的决定。

洛克菲勒马上联系了卖家,卖家无可奈何地承认,由于天气原因,农场刚刚经受了一场霜冻,所有谷物损失惨重,豆子也不例外。

情况始料未及,两个年轻人只好设法应对。他们从繁忙的工作中抽出空,一下班就去仓库,从豆子中一颗颗挑拣出合格的,再出售。尽管如此,他们还是蒙受了一定的损失。

面对损失,应该怎么办?洛克菲勒非常坚定。他认识到,克利夫兰作为商业贸易中心的战略地位只会上升,不会因为一次意外而动摇。此时,谁能够抓住供应方,谁就能在未来操纵市场。为了扭转局势,他决定再次借贷,投入到产品收购中。

无疑,对于这样的初创公司而言,投入贷款购买农业产品期货,是一种有相当风险的行为。但洛克菲勒坚信自己的看法不会有错,他马上找到父亲想要借款,可精明的威廉知道公司发展不佳,抢先一步开口要求儿子在年底必须归还1000美元。

情急之下,洛克菲勒找到克利夫兰当地一家银行。银行行长名叫舒曼·韩迪,他同情这些创业的年轻人,愿意接受仓库收条作为附属抵押物,向洛克菲勒的公司发放贷款。拿到2000美元贷款,洛克菲勒走在街上如同腾云驾雾,他在心里说:"看看吧!银行居然愿意借给我2000美元!我在这一带已经有影响力了!"

韩迪先生不仅是银行家,还是当地一所主日学校的校长,他正是从前老板休伊特那里,了解到洛克菲勒的品行和生活习惯。即便这样,他还是要求洛克菲勒发誓,绝对不会用这笔钱去做投机生意。洛克菲勒当然照做,他马上将之投入到新的合同中去。同时,他也意识到,在商海中经营,最重要的还是信誉等级，而一个人的信誉程度如何，取决于他日常生活中表现出的品行可靠度。毋庸讳言，洛克菲勒在伊利大街浸礼会布道教堂的表现，也让他拥有了足够的品行可靠度。

洛克菲勒并没有因此满足。他工作非常勤奋，节奏很快。拿到贷款之后，他雇了人来管账，自己腾出时间，到俄亥俄州和印第安纳州，四处招揽生意。他宣传公司的方法非常实诚，总是走进客户公司，送上名片，然后坦诚地告诉对方，自己并不是有意来打扰，只是想来提一个不错并且会对对方有好处的建议。当会谈结束时，洛克菲勒也建议客户不需要马上做出决定，而请他好好考虑一下，随后再来讨论想法。

洛克菲勒这种老派的商业作风，很受乡村中老年客户的欣赏。随着他四处奔波的半径逐渐扩大，要求代理货物贸易的订单纷至沓来，让公司业务蒸蒸日上。不过，也有人不喜欢他为了生意而表现出的那股不达目的不罢休的劲头。有一段时间，洛克菲勒发现火车站总是没有足够的车皮来承运农产品，于是经常找负责调拨的铁路官员，最后，这位年龄不小的官员被他"纠缠"得忍无可忍，只好用手指指着他严厉斥责道："小伙子，你得明白，我可不是替你跑腿的！"当然，最终洛克菲勒还是拿到了自己想要的车皮。

大部分时间内，他的这种耿直脾气还是带来了好处。

有一天，公司里最好的客户走进办公室，直接对洛克菲勒提出了建议："嗨，约翰，这一次咱们破个例，先把钱交给我，提单随后我再拿来给你。"

洛克菲勒沉下脸来，他从来没有想过这位客户会如此行事，因为这根本不符合任何行业惯例。于是他简单地表示反对。

客户马上发起火来，声称自己一直在照顾他们的生意，而洛克菲勒居然不愿意为他破例。即便如此，洛克菲勒依然不为所动，他已经打定主意，无论对方怎样发脾气，都不能改变生意原则，大不了最后向合伙人承认是自己没有留住客户。

对方脾气发完，没有改变结果，却脸色一变，突然笑了起来。他伸出手，握住洛克菲勒的双手说："约翰，我真为你们的公司感到高兴，你们通过了考验！"

原来，客户是接受了当地一家银行的委托，故意设下这样的陷阱，想看看这些年轻人能否禁得起市场诱惑，坚持一贯的商业原则。洛克菲勒这才明白过来，也紧紧握住客户的手，庆幸自己没有丝毫的动摇。

天时、地利、人和，洛克菲勒和他的合伙人没有理由不翻身。到这一年年底，公司终于全盘盈利。一年内，公司总共销售了45万美元的农产品，获得纯利润4000美元，两位年轻人各自分到了2000美元。

战火中攫取财富

公司挺过了最初的难关，业绩如山谷羚羊攀爬般轻松攀升。1859年，洛克菲勒和克拉克的公司更是获得了17000美元的净利润，每人又各收获8500美元。这笔金钱在当时可谓是不小的财富，但在洛克菲勒看来，这只是事业的起步。

为了让公司进一步发展，1859年4月1日，公司迎来了新的合伙人：乔治·加德纳。加德纳是克拉克之前的同事，而洛克菲勒之所以同意他加入，显然是为了获得资金支持。从出身来看，加德纳和洛克菲勒全然不同，他来自克利夫兰的名门，后来还因此担任了市长、游艇俱乐部会长等职位。因此，让他入伙之后，洛克菲勒必须做出让步：将个人姓氏从商号名称中拿掉,公司改名为克拉克-加德纳公司。对此,洛克菲勒并没有表现出什么不满,反而是克拉克在安慰他:"别在意,不会太久,几年后,你就会比我们发展得更强。"但在内心里,洛克菲勒对此很介意,他后来描述说:"这样做,对我太不公平,因为我同样也是合伙人,而加德纳只是带来了一份资金。不过,我最终还是认为必须忍耐。"

除了忍耐公司名称的变化,洛克菲勒还要忍受加德纳的公子哥作风,在他眼里,这两位合伙人的生活方式散漫,根本不尊重工作和上帝。而在那两位看来,洛克菲勒总是一本正经、老气横秋,虽然生意上没有他不行,但他天天在办公室里忙碌而紧张的样子,看了又让人备感压力。更重要的是,洛克菲勒甚至像父兄那样严格地对待他们,因为他担心他们会不检点,而影响公司的征信。有一次,加德纳和自己的朋友合伙买下了2000美元的游艇,洛克菲勒毫不留情地对此加以斥责,但加德纳表示自己并不在乎。过了不久,恰逢周末,加德纳正打算去开游艇取乐,看见洛克菲勒埋头记账,于是加德纳殷切地说道:"嘿,约翰,我们几个人打算开船出去玩,我觉得你也应该来。多离开办公室出去走走吧,别总是围着生意转,这对你是有好处的。"但没想到洛克菲勒非但不领情,反而恼怒地说道:"乔治·加德纳!你是我见过的最奢侈的年轻人!请你好好想想,你这样的年轻人,生活才开始,就迷上了游艇!你这是在毁掉我们在银行的信誉,我可不想上你的船,我连看都不想看一眼!"说完,他又开始埋头看自己的账本,再也不理合伙人。

这件事给加德纳留下了很深的印象,其实,他并不是洛克菲勒所想象的那种浪荡公子,他只是喜欢享受生活而已。

与此相比,克拉克就认为洛克菲勒还比较好相处,但同时也承认他是非常刻板的人。在克拉克的回忆中,洛克菲勒对金钱非常谨慎重视,简直按部就班到了极点,一丝一毫也不会放过。他记录的账目,都精确到了分,如果

第二章 时代号角，财富潮头（1858—1869年）

有客户欠1美分，他都会不辞劳苦地要回来，而如果公司欠了别人1美分，他也一样要偿还。

合伙人们可能并不知道，洛克菲勒花费了多大力气，才培养了自己如此刻板谨慎的商业习惯。每天晚上入睡之前，他都会告诉自己："你只是刚起步，别认为自己就是不错的商人了。你要小心谨慎，否则就会忘乎所以。你要稳步前进，不要被这一点财富弄到得意忘形。"正是这些内心反省，让洛克菲勒始终保持理性，终其一生，他都像面对魔鬼那样，始终囚禁着自己的贪欲和骄傲。

伴随着洛克菲勒的成长，美国也迎来了重要的变革。

1861年4月，南方联盟军包围了北军控制的萨姆特堡，并打响了第一炮，南北战争就此爆发。林肯总统对南部邦联宣战，并号召北方青年志愿者参军，恢复南北的统一。

当消息传到洛克菲勒耳中，他仿佛聆听到了时代脉搏跳动的声音，感受到即将到来的巨大变化。早在上中学时，他就表现出对南方奴隶制度的厌恶，他在论文中写道"奴隶们在南方灼热的阳光下劳动"，将庄园主们称为"残忍的主子们"，并质问："在这种情况下，美国怎能声称自己是自由的？"这种思想，其实也来源于克利夫兰的社会主流思想，这座城市有许多支持废奴的人，再加上得天独厚的地理条件，让克利夫兰成为运送逃亡奴隶前往加拿大获得自由的枢纽。在这里，洛克菲勒多次参加反对奴隶制的群众集会，并深深地被新教群众谴责奴隶制度的怒吼所感染。

遍布克利夫兰街头的征兵站、争先恐后报名参军的热血青年、每天报纸上引人关注的战事头条、从街头到餐厅各种各样的传言……连家里最小的弟弟弗兰克，只有16岁的年纪，也吵着要借钱去参加联邦军队。

换作别人，或许早已被鼓动起来，而洛克菲勒却冷静得出奇。面对联邦政府的征兵令，他花费了300美元，找了个人替自己服兵役，在当时这也并不奇怪,许多富家子弟都这么做,其中也包括后来的金融巨头老摩根、第22和第24任总统格罗夫·克利夫兰等人。对此行为,洛克菲勒后来向儿子解释说:"我倒是想去参军尽义务,但这是不可能的。我们的公司刚开张,假如我不留下来,公司肯定开不下去,还有那么多人指着它活呢!"这确实有道理,因为父亲抛弃了整个家庭,作为长子,洛克菲勒无疑扮演着顶梁柱的角色。

最终,洛克菲勒还是拗不过小弟弟,他亲自将弗兰克送到征兵站,看着他冒充18岁,加入了俄亥俄第7志愿步兵团。在服役的3年期间,洛克菲勒付了军装、步枪和其他装备费用,弗兰克则在战争中先后两次负伤。战争结束后,弗兰克发现自己一无所获,两个哥哥却在商海中势如破竹,内心难以避免地失去了平衡,导致他终生与洛克菲勒的关系都很僵。

送走弟弟之后,洛克菲勒埋头研究战争带来的商机。他和合伙人克拉克在办公室里挂起了大幅的详细战略地图,密切关注战争的进展情况,这样的布置吸引了同行和客户,人们几乎把这里看作研讨战争的俱乐部。大家经常在这里一边阅读最新报道,一边研究地图。

洛克菲勒很快发现,战争结果未定,却已经对北方的经济带来迅猛刺激。缝纫机日夜开动,为士兵缝制军服棉被。收割机在田里劳作,收割粮食以备军需。交战双方都急切地想要将军队不断地从旧战场运送到新战场,铁路系统也必须高速运转。为此,联邦政府慷慨地向十多家铁路公司赠予土地,总共送出去1.58亿英亩土地的所有权。如此发展态势,给洛克菲勒的生意注入新的发展动力,他有了更多可以经手贸易的货源,铁路公司面临发展良机,也竞相前来请求合作,而他正好可以从中开发新的压价空间。

与此同时,战争带给人们精神和心理上的冲击也相当多。许多应征入伍的农村年轻人第一次走进城市,他们看到琳琅满目的商品、奢华享乐的生活方式,不由得都想加以尝试,消费主义的思潮迅速传播。甚至许多并没有应征的农村人，也在战争期间抛下了农田，走进人口稠密地区，寻觅发财良机。

在地理上，洛克菲勒所在的城市也拥有了更高的战略地位。由于南北交战，原来依赖密西西比河的水路货运交通被彻底切断，人们只能选择五大湖区东西方向的水路进行货运，经由克利夫兰转运的货物量成倍攀升。因此，尽管洛克菲勒他们没有直接拿到利润丰厚的政府采购合同，却从普遍发展的贸易中获得源源不断的利益。1862年，公司年利润为1.7万美元。1863年，公司的一份广告，折射出他们手中产品的种类和数量：他们有1300桶盐、17500升苜蓿草籽、200桶猪肉等，这些都是维持军队所不可或缺的物资。

此时，公司已经发展壮大，在临河大街上总共占据了4个门牌号码。这场战争让20岁出头的洛克菲勒赚取了近10万美元的利润。才二十出头，他已真正成了富人，这为他未来事业的发展提供了充足的资金。

油区里的艰难一步

公元1080年，沈括来到中国陕西延州出任知府。有一天，他看见这里的百姓是用液体来点灯照明，便很感兴趣地问道："此为何物？"百姓们回复说，这叫石液。沈括仔细地看了看说："这种东西，古书早有记载，我也曾经采集过，应当称为石油才对啊。"

不久后，沈括就将"石油"记入《梦溪笔谈》，并对其留下"此物后必大行于世"的评语。

斗转星移，八百余年后，石油开始在大洋彼岸的美国，真正做到了"大行于世"。虽然洛克菲勒将成为最负盛名的石油大亨，但推动这一历史进程的先驱者，却是乔治·比斯尔和埃德温·德雷克。

19世纪50年代，比斯尔刚三十多岁，既是中学校长，又兼任律师，还担任记者工作。出于对宾州西部的深入了解，他突发奇想，希望用这里丰富的石油资源提炼出优质照明油。毕竟，美国人一直以来用鲸鱼油、猪油、牛羊油、棉籽油、岩页油来照明，但这些油或者太昂贵，或者无法做到明亮、干净和安全。

说干就干，比斯尔马上组建了宾夕法尼亚石油公司。公司租下了阿勒格尼河支流的部分土地，并在当地采集了石油样本，送到耶鲁大学化学家小本杰明·西里曼手中进行化验。1855年，西里曼提出了具有象征意义的报告，证明了比斯尔想法的正确：石油确实能够提炼成优质廉价的照明油，还能生产出有价值的副产品。

现在，宾夕法尼亚石油公司不得不考虑如何去找到大量石油，将比斯尔的构想变成现实利润。人们花费了整整三年时间，才找到解决问题的钥匙，而这把钥匙落在了埃德温·德雷克手中。

德雷克曾经在铁路公司做过列车长，他双眼炯然有神，前额宽阔，是个很有干劲的男人。他被拉到公司里，授了总裁的名号，又加上个上校军衔，然后被派到宾州泰特斯维尔那里寻找石油。在那里，德雷克上校用尽了种种办法。他先是挖井，可井壁塌陷了，然后他又学习盐井模式，利用钻头采油，但在四处荆棘的荒郊野外，光是竖起高大的木制钻台就很困难了。经历种种艰难困苦，在1859年8月28日，德雷克终于收获了回报，他看见前一天打的油井中，涌泉般咕嘟嘟地冒出了石油。

由此，原本默默无闻的德雷克上校被载入史册，他不仅发现了量产石油，更发明出钻井石油开采法。利用这种方法，能够有效控制石油开采量，

第二章　时代号角，财富潮头（1858—1869年）

做到按计划抽取。

消息传出，泰特斯维尔很快变成了探险者的乐园。短短时间内，在小河的两岸，就雨后春笋般出现了十多家炼油作坊。如此动静，迅速引起克利夫兰城内舆论的注意，因为即便在当时的交通条件下，从克利夫兰到泰特斯维尔也只需要1天时间。在第一批闻讯前往泰特斯维尔的商人中，恰好有洛克菲勒合伙人克拉克以前的老板，消息就这样传到了洛克菲勒的耳中。

很多年之后，洛克菲勒已经建立起他的石油帝国，登上世界首富的宝座，他是如此回忆当时感受的："这些巨大的财富，是伟大上帝赐予我们的礼物，是荣耀造物主带来的丰厚馈赠。无论是德雷克上校，还是所有其他与这个行业有关、制造和销售这一宝贵产品以满足人们需求的人，都值得被深深感谢。"

这样的赞许已是后话。在当时，洛克菲勒虽然也成为前往油区的一员，但并没有马上着手去采油。

1860年，洛克菲勒决定动身去亲眼看看采油的景象。他将目的地设为泰特斯维尔、富兰克林以及石油城等地方，那里被统称为"油区"。到那里并不方便，他只能先乘坐火车，再换乘公共马车，一路上要穿过黑漆漆的森林，跨过草木林立的山冈，最后才能到达那里。

在路上，洛克菲勒目睹了一波波热情的冒险者。他看见火车车厢的过道里，到处挤满了想要来尝试运气的人，后来者无处容身，甚至设法爬到车顶，蹲在那里。他看见运送原油的路程更加艰难，很多人将原油装进木桶，再走上几十里的崎岖小路。有时，运油车队在道路上绵延不断，相互阻碍，油桶从车上滚落，跌得粉碎，湿滑的油把山路变得黏稠不已，愈发难以行走。车老板们往往要用上两匹马，才能拖动一辆车，当马儿累死在路边，皮毛很快会被石油腐蚀，只剩下山路旁的皑皑白骨。

正是在这样的山路上，洛克菲勒自己还摔进了油坑中。那时，他和原油生产商富兰克林·布里德动身前往油井,他们一路上骑马穿过山谷,最后的半英里路,则只能步行。当他们来到一条五六英尺宽、四英尺深的泥潭前,洛克菲勒迟疑了,这个泥潭里全都是采油者从油罐里掏出的沉淀物,和泥浆混在一起,就像是柏油。通过泥潭的唯一方式,是一根只有六英寸宽的原木。

布里德驾轻就熟地走了过去,但洛克菲勒说自己没有走过,不敢走上去。果然,当他迈步上去后,很快掉进了泥潭中。他抬起头,不顾满身的油污,咧嘴笑了起来:"你看,布里德,我现在就全身投入石油业了。"

在水路上,情况也没有好转。阿勒格尼河上,总是有大批的平底船和汽轮在装运油桶。通过人为泄洪的方式,船只借助水力,将原油顺河而下送往匹兹堡。洛克菲勒看见,由于驳船相撞倾覆,油桶漂到水上,不断互相撞击,将大量的原油泄漏出来。

走进采油区,洛克菲勒的眉头更加紧蹙。这里原先是一派自然山谷风光,如今却林立着草草搭建的井架、机房和小屋。无论哪里出现了石油,都会有新兴城镇在那里出现,而当石油采掘将尽,城镇又会陡然消失。看起来,一切都和当年席卷西部的淘金热没有什么区别。

在油区内,洛克菲勒认真地拜访了许多人,仔细听他们说的话,搜集一切有可能的信息。尽管表现得很谦虚,但他还是忍不住对这里的道德败坏感到震惊,他发现,这里到处有赌徒和妓女,因为钱来得容易,所以花起来也随意。大多数原油开采者并没有长远计划,他们只打算尽快将井里的油开采完毕,然后去开采下一个地方。

经过一番考察,洛克菲勒将结论记录在小笔记本上。他认为,这里挖出了太多的原油,而落后的运输能力又无法将之快速运走,既然如此,行情必然会下跌。

果不其然,到了第二年,油价就猛跌了三分之二,3万桶原油滞销。油价曾经跌到每桶35美分，许多抢先杀入原油市场的商人都亏损严重。面对这一情况，洛克菲勒还是坚信，投资石油产业，会是相当有希望的生意，只是要抓住最好的机会。

就像潜伏在斑马群旁的非洲狮，又像腾身捕捉猎物之前的眼镜蛇，洛克菲勒此时也按捺住了对石油财富的渴望，在这黑色黄金面前，他想要再等一等。

投身炼油前线

三年后，洛克菲勒终于守候到良机，他等待的人，是塞缪尔·安德鲁斯。

安德鲁斯其实是克拉克的同乡，他们的家族都来自英国威尔特郡。安德鲁斯从小喜欢研究机械，后来自学成为化学家。此时，他在克利夫兰一家油脂提炼厂工作，有着丰富的炼油经验。1860年，就是他利用10桶原油，生产出了克利夫兰当地第一批以石油为原材料的煤油。这个成就让他欣喜若狂，因为他深知，这种煤油会超越其他任何照明材料，登上备受推崇的宝座。

然而，安德鲁斯确实只适合做技术研究。此时，他家境窘迫，甚至还需要妻子为别人缝补衣服来补贴家用。为了寻求资金，安德鲁斯在1862年找到了克拉克和洛克菲勒。

克拉克对他的想法不屑一顾，他靠在椅子上，直截了当说道："安德鲁斯，这事没希望，除了用来做生意的资金，我和约翰在一起也拿不出250美元来。我们的经营资金，还要还银行贷款，还要向货主付定金、买保险、交房租……"

安德鲁斯并没有放弃，他抱着试试看的想法，推开了洛克菲勒办公室的门。多年前，他就在伊利大街浸礼会布道教堂认识了约翰·洛克菲勒，他知道这个同龄人不仅热心、诚信，而且有着敏锐的商业头脑。

果然，在详细听完安德鲁斯提出的研发细节描述后，洛克菲勒怦然心动，他决定相信这个朋友。同时，他手中也有投资铁路股票所赚来的利润，能够拿出来投给安德鲁斯。

看到洛克菲勒答应，克拉克也就勉强同意参加，两人共投资了4000美元的起步资金给安德鲁斯。1863年，新建的炼油企业安德鲁斯-克拉克公司正式成立，厂房设在一条名叫金斯伯里的小河畔的红土斜坡上，利用窄窄的水路，油品可以通过凯霍加河，直达伊利湖，并运送到克利夫兰。此外，1863年11月，克利夫兰同纽约市之间又有了铁路连接，这意味着整个宾州油田区域同外界的连接都扩大了。

同一年，《解放黑人奴隶宣言》发布，联邦军队在葛底斯堡和维克斯堡取得了重大胜利，南北战争形势出现转折，农产品需求因为战争走向而保持旺盛。除了忙相关生意，洛克菲勒还抓紧时机，完成了婚姻大事。

从1854年起，洛克菲勒就开始了同劳拉·斯佩尔曼小姐的恋爱关系。劳拉小姐虽然没有倾国倾城的美貌容姿，却有着优雅过人的气质、大家闺秀的背景。劳拉的父亲一直在克利夫兰经营着威士忌酒业，其经营范围远达西部，是不折不扣的可靠靠山。

1864年9月，在十年恋爱之后，洛克菲勒和劳拉举行了正式婚礼。看着能力出众的女婿，岳丈非常高兴，特意向炼油厂投资了6万美元，另外，还专门资助给新人9万美元的流动资金。当然，洛克菲勒也没有愧对如此厚爱，终其一生，尽管他在商业生涯中遭到各种诟病，却无人找到其私生活上任何把柄，他真正贯彻了结婚誓词：在漫长的岁月中，不管名声多么显赫，不管贫穷还是富裕，都会始终忠于爱人。实际上，洛克菲勒将绝大部分时间和精力都集中在生意上，对于男女之情，他有句名言："和女人逢场作戏，既要花费金钱，又要浪费宝贵的时间，简直太不合算！"直到白发苍苍的年纪，他依然和妻子相濡以沫，当劳拉弥留病榻之时，还将洛克菲勒称为"我可爱的甜心"。

岳丈的投资，并没有让洛克菲勒相信新炼油厂能带来多少利润，受克拉克影响，他也觉得这只不过是副业投资。然而，情况的演变迅猛异常，随着克利夫兰一带炼油厂数量越来越多，洛克菲勒不由得开始关注这个新兴产业，更多地参与到炼油厂的运作中。

在随后的日子里，炼油厂的工人几乎每天都能看到洛克菲勒的身影。早晨6点半，他就走到制桶车间，和工人们将油桶一个个推出来，然后把桶箍堆在一起，或者是指挥车将木屑运走。

同时，他对工厂的管理非常高效而现实，从不愿意浪费一丁点利润，比如石油在提炼之后，残留物中包含硫酸，洛克菲勒最先发现其价值，并亲自制订计划，用它们来生产化肥。当他发现管道工在开出的材料账单上做了一处手脚，他就马上告诉安德鲁斯，月底前改由公司自己来买管子、接口和一切其他管道材料，只需要重新雇一个工人来安装。同时，炼油厂还自己负责装运货物，以便节约成本。

起初，炼油厂还需要购买干燥和严实的油桶，但当洛克菲勒直接参与管理后，情况就变了。他要求工厂自行生产油桶，再刷上蓝漆，这个举措能为每个桶节省1.5美元的成本。其他制桶厂都是买来湿木材，再运到车间里加工，但洛克菲勒却要求伐木工必须将橡树在树林里锯倒，然后在窑里烘干，以便减轻重量、节约运费。

这些精心的管理举措背后，是洛克菲勒不断付出的心血与精力。那时他和弟弟威廉睡在一块，威廉经常在深夜里被他推醒，一片漆黑中，威廉看到哥哥的双眼发亮："我正在盘算这个计划……你觉得怎么样？"而威廉经常根本没有耐心听下去，他只能投降地说道："明天早上再说吧，我现在只想睡觉。"而生意甚至会占据洛克菲勒家庭的早餐时间，妹妹玛丽·安发现，虽然克拉克和安德鲁斯都比洛克菲勒年纪大，但好像根本离不开他，经常在洛克菲勒吃早饭的时候，就直接闯进餐厅，开始热切地讨论石油方面的事。玛丽私下抱怨说，这样的话题自己简直听腻了，每天早上都希望能听到些别的事。

作为企业主，洛克菲勒并不只是制订计划，他也会身先士卒。由于市场情况起伏很大，他时常督促向纽约发运原油的速度，并亲自跑到铁轨上为货运员们加油。在运输最为繁忙的时候，他夜以继日地待在货车旁，还不顾危险地跑上货车车厢顶，不断催促工人们加快速度。

虽然外人很难理解，但洛克菲勒确实对炼油厂事业有着近乎宗教般的热情。许多熟悉他的人在看见他如何照料工厂时，都会不由自主地想到前些年他打扫教堂时的模样。每当他拿下一笔大订单，都会展现出全然不同的激情面貌。一次，当他听说买主用远高于市价的价格，买下一批石油，他立刻高兴地大叫一声，从椅子上蹦起来，拥抱身边的下属，还将帽子甩上半空，乐得像个疯子。周围的人都是第一次看见他如此激动，不禁为之愕然。

在热诚和精心的管理下，不到一年，炼油业务带来的利润，就超过了农产品贸易。虽然石油业刚起步，市场又变化莫测，但从此之后，洛克菲勒的石油企业从来没有亏损过。

第二章 时代号角，财富潮头（1858—1869年）

脱出合伙制束缚

炼油厂的盈利不断上升，让洛克菲勒的眼界愈发开阔。与此同时，合伙人之间原本牢固的关系，开始出现裂痕。追寻其原因，可能是原本隐藏的矛盾开始显现，也有可能是合伙制已无法满足这家企业的需要，还有可能在于克拉克和洛克菲勒根本不是同一种人……无论出于怎样的原因，洛克菲勒和克拉克的关系都变得越来越差。

从性格上看，莫里斯·克拉克确实不像洛克菲勒的好友。他个子高大，为人直率，脾气急躁。早年间，他在英国威尔特郡做园丁，因为忍受不了指责和谩骂，痛殴了主人，然后逃上了到波士顿的轮船。随后，他向西迁移，做过伐木工、赶车人和农产品生意，最后和洛克菲勒合伙在克利夫兰开了公司。与洛克菲勒的自持相比，克拉克就随便得多，他对宗教没多少兴趣，喜欢抽烟喝酒，在公司里随口说脏话。洛克菲勒对他这些行为很不满意，但又不得不承认他在生意上确实是精明能干的好手。反过来，克拉克对洛克菲勒也不那么欣赏。在克拉克眼里，老板就应当是老板，不应该做事刻板而细微，尤其是不应该那么重视账本。洛克菲勒钟情于计算数字、核对账目，克拉克觉得这简直是小职员和小孩子的脾气。

出于这些原因，两个合伙人在讨论生意时，经常会产生龃龉。好几次，克拉克都不讲情面地质问："要是没有我，你究竟能干出点什么？"而洛克菲勒表面上强压怒火，心里面想的却是："让公司成功的是我，负责精心记账和管钱的，也是我！"

当克拉克的弟弟也加入炼油厂之后，情况就变得更加糟糕。詹姆斯·克拉克原本是职业拳击手，他孔武有力，动不动就喜欢大声威吓别人。洛克菲勒不喜欢他的性格，更不喜欢他的人品，尤其当詹姆斯动辄吹嘘自己如何欺骗以前的老板、如何诈骗其他客户时，都会引起洛克菲勒的反感与怀疑，并由此更加密切注意这个合伙人的一切行为。结果，詹姆斯很快与他的哥哥一样，对洛克菲勒那种正直的态度感到难以忍受，嘲讽地称呼他为"主日学校校长"。

一天上午，因为一些小事，他又闯进洛克菲勒的办公室破口大骂，洛克菲勒却视若无睹，照样将双脚翘在桌子上，面部表情怡然自得。等詹姆斯骂累了，洛克菲勒也只是冷冷地甩出一句话："听着，詹姆斯，你大概能把我揍扁，但你或许应该明白，我不怕你。"说完，他脸上只剩下坚毅而冷漠的神色。在这一瞬间，詹姆斯才明白，自己惯用的那一套，对面前这个看似文弱的年轻人并不管用。从此之后，他再也没有大叫大嚷，当然，双方关系依然僵持不下。

生意合作和恋爱婚姻一样，性格分歧是分手的一部分原因，但最终原因还是在于现实利益。此时，宾州的石油钻探如火如荼，这块热土上每多一口油井，就会给新建立的供需关系带来影响，因此人们根本无法预测石油的正常价格。在1861年，每桶石油价格的低点是10美分，而高点则是10美元。1864年，这两个数字变成了4美元和12美元，面对如此剧烈的价格波动，克拉克兄弟提出要更为审慎地来应对市场，而洛克菲勒和安德鲁斯则主张继续靠贷款来扩张业务。克拉克对此非常生气，当他得知洛克菲勒又贷款之后，大声抨击道："呀！你可是借了10万呐！"就好像这样做是把他推下了火坑一样。洛克菲勒对这种懦弱嗤之以鼻，他告诉别人说："克拉克就是个老奶奶，他因为我们欠银行钱就担心得像是要死了。"

平心而论，克拉克兄弟的这种态度是可以理解的，因为他们发现这个谨慎保守的年轻人，平时自己花钱处处抠门，在投资企业上居然如此大胆冒失，甚至不事先打招呼就会将所有的资金孤注一掷。但他们并不清楚，洛克菲勒一生从事经营事业，都秉承着小心与大胆的双重态度。

第二章 时代号角，财富潮头（1858—1869年）

到了1865年，洛克菲勒已25岁。他从现状看到了未来，他清楚，想要改变未来，必须要从扫清眼下事业发展的障碍做起。于是，他正式向克拉克兄弟摊牌。

这年1月，洛克菲勒将一张借据放到莫里斯·克拉克的面前，要求他签字。但莫里斯拒绝接受，他表示为了石油业务，自己一直在借钱，现在借得太多了。洛克菲勒毫不退让，克拉克兄弟表示，如果还要借钱，就干脆散伙。洛克菲勒表面上做出了让步。

克拉克兄弟暗自得意，但他们并不清楚，用散伙来威胁，正中洛克菲勒的下怀。

洛克菲勒马上私下和安德鲁斯谈了一番，他说："山姆，我们要走运了，一大笔钱在等我们。但是，我不喜欢克拉克和他们的做法，他们品行不端，拿石油当赌注，我不想跟赌鬼们合伙。如果下回他们威胁还要散伙，我们就答应，如果我买下他们的股份，你愿意继续干吗？"

安德鲁斯当然表示同意，他只能选择信任洛克菲勒。于是，事情就谈妥了。

洛克菲勒马上行动起来。2月1日，他将所有合伙人请到家里，向大家提出要快速发展炼油厂的方针，詹姆斯·克拉克说道："你这样，我们最好还是分开。"

按照协议，散伙需要所有的合伙人同意，洛克菲勒询问了在场者的态度，在安德鲁斯的带领下，他们都公开表态同意散伙。洛克菲勒沉默了，什么也没有说，克拉克兄弟得意起来，觉得又一次吓住了这个毛头小子。

不料，第二天清晨，人们在《克利夫兰先导报》上，看到了安德鲁斯-克拉克炼油公司解散的公告。克拉克兄弟大吃一惊，跑去询问洛克菲勒："你是来真的？真的想分手？"

洛克菲勒平静地说："是的，我真的想分手。"

原来，洛克菲勒不仅在几周前就得到安德鲁斯的支持，还找到了几家银行支持自己。看见他有了银行的贷款保证，所有合伙人都一致同意，将公司股份拍卖给出价最高的买主。

拍卖开始了。克拉克兄弟聘请了一位律师帮忙，而洛克菲勒则亲自出马，并告诉别人："我觉得自己能做好这么简单的一笔交易。"事实上，越是关键的事务，他越是能沉稳应对，即便别人会紧张得坐立不安，但他还是表现出胜券在握的样子。这样的特点，哪怕是伪装出来的，也从此时开始凸显，并陪着他走向事业顶峰。

炼油厂的拍卖底价是500美元，很快价格就攀升到了几千美元，在参与者不停的报价声中，律师口中的价格涨到了5万。这一数字已经超过了洛克菲勒事先预想的价格，但他并没有停下来，而是继续提价到了7万美元。洛克菲勒开始担心，自己是不是能买下炼油厂，他紧盯着克拉克的嘴唇，随后听到里面蹦出了一个价格："72000。"

洛克菲勒毫不犹豫，他直接说出自己的新价格："72500美元，先生们。"

克拉克迟疑了，兄弟俩面面相觑一会，随后，莫里斯承认了失败，他说："我不再加价格了，约翰，这个厂归你了。"

洛克菲勒暗自松了一口气，他知道自己也没有什么退路了。但他马上镇定下来，问道："要不要我现在就给你开支票？"

就这样，整座炼油厂完全属于了洛克菲勒。他拥有了克利夫兰最大的炼油厂，每天能提炼出500桶原油。当然，他也为此付出了高昂的代价，他将自己在原先商贸公司的一半股份，还有7.25万美元，全部交给了克拉克兄弟。

1865年3月2日，克拉克兄弟正式从炼油厂管理中退出，从此以后，洛克菲勒和克拉克的名字不再有任何关联。后来，洛克菲勒经常提起这件事，他说："那一天是我花了一大笔钱，和他们分手的日子，那才是我人生获得成功的开始。"也许某种程度上，洛克菲勒是敏感的，他过分夸大了合作者的

第二章 时代号角，财富潮头（1858—1869年）

傲慢，但重要的是，他终于成了独立的经营者，不会再被身边的任何力量所掣肘。

这个时候，南北战争进入尾声。4月份，罗伯特·李将军正式向北军统帅格兰特投降，随后，林肯总统遇刺。整个克利夫兰陷入悲痛之中，洛克菲勒同样也感到震惊与哀伤。但时局的任何变化，都无法影响这个商人在事业上的崛起。现在，洛克菲勒-安德鲁斯公司在苏必利尔大街上一栋砖房内正式开张，这家公司实际上由洛克菲勒担任唯一老板，安德鲁斯只是位技术人员。公司办公室位于二楼，从洛克菲勒的办公桌后，就能看见绵延悠长的凯霍加河。在刚刚担任记账员时，他就能在自己的座位上，眺望到河上络绎不绝的运输船队，如今时过境迁，现在那一艘艘驶出港口的驳船，承载的都是从他的炼油厂内生产的油桶。由这里开始，洛克菲勒的石油与梦想，将走向全美国，走向全世界。

发展良机

有人争取自由，只是为了得到更多享乐空间；有人争取自由，则是为了放飞梦想的翅膀。洛克菲勒显然是后一种人。

1865年，他俨然已经是成功的商人，留着络腮胡子，身材修长，有一头微微发红的金发，待人接物都有着精英派头。这年12月，他和安德鲁斯又合伙开张了第二家炼油厂，并将之命名为标准炼油厂，直接负责人是他的弟弟威廉·洛克菲勒。新的标准炼油厂和原有炼油厂一起，共同确立了洛克菲勒身为克利夫兰第一大炼油厂主的地位。

即便如此,这两家炼油厂看起来也并不壮观,它们只是一群并不起眼的建筑,布置得杂乱无章,分布在山腰上,显得低矮而凌乱。洛克菲勒就经常背着双手,在这些厂房之间巡视,其中每个角落,都可能出现他的身影,对管理运作中最小的细节,他都会加以检查。每当发现员工在打扫那些看起来不起眼的角落,他都会微笑地加以表扬,说这样的员工才优秀。

为了分担自己巡视厂房的责任,洛克菲勒专门雇了个工头,名叫安布罗斯·麦克雷格。这个人严谨细致、老实可靠,而且不爱和人交往,这些都让洛克菲勒非常信任他。由于厂区离城里比较远,他俩经常会在附近的琼斯太太家用餐。因为他们身上散发出油污的味道,让一起用餐者感到难以忍受,所以他们只能躲到门厅里面去吃饭。

洛克菲勒并不在乎吃饭的地方,他知道,此时是企业发展的最佳时机,自己无暇他顾,更不会去贪图享受。在这段时间内,他整天都待在工厂里,亲自指挥基层的炼油工人进行操作。当公司要向纽约方面的客户发送货物时,他又亲自跑到铁路旁,为货运员打气。不论白天还是夜晚,只要标准石油公司的货运列车来到,人们都可能看见那个高大的身影出现在车站,有时候,这身影甚至还跳上货车车厢顶部来回奔跑,催促着车下的小伙子加快搬运进度。

洛克菲勒如此紧张地投入工作,并非没有原因。那时,谁也不清楚宾州油井还能开采到什么时候,有传闻说,油井很快就要枯竭,所有的工厂都会面临倒闭的危险。

当时,宾州的采油企业主们分为了两类:其中一类人认为,石油采掘行业的兴盛,不过是类似于淘金潮的投机行为,迟早会昙花一现,从盛开走向枯萎。因此,他们只希望尽快获利转手,安全脱身。

洛克菲勒则站在另一类人的中间,他认为,石油是未来经济发展的持续基础。每当他想到未来油田有可能枯竭时,他就干脆转而向宗教信仰寻求寄

第二章 时代号角,财富潮头(1858—1869年)

托,他甚至认为,石油业的未来并不是人力所能评价与控制的,而只能是掌握在神的手中。

人们无从得知,在那时的每个深夜中,洛克菲勒怎样虔诚地与上帝进行沟通。但他为石油生意奔波的轨迹却覆盖了更大范围。从1865年开始,他经常穿着破旧的采油服,前往宾州的富兰克林,他的公司在那里专门设立了采购石油原料的办事处,从而节省中间渠道的成本。每次当他从那里回来时,公司上下的员工,都能切身感受到他身上散发出的炽热活力,他甚至不用说话,单凭双眼放光的神情,就能打消身边每个人对这一行业前景原本产生的疑虑和焦躁。

为了不落后于持有积极观点的同行,洛克菲勒开始注意美国以外的庞大市场。

那时,除了宾州西北部这片丘陵地带,整个北美其他地区的石油储量尚未被探明。因此,当地这些看似不起眼的炼油厂,足以能代表美国在全世界相关市场上占据着重要地位。

在欧洲,各个国家都积极地从美国进口煤油,南北战争期间,美国每年都会出口数十万桶。到1866年,克利夫兰所生产的将近三分之二的煤油,都通过纽约出口到了海外。

洛克菲勒立刻意识到,通过向国外出口来扩大市场,是非常明智的选择。他知道,这项工作充满艰难,必须进行大规模的开发工作。为此,他在1866年派弟弟威廉,到纽约组建公司,负责炼油厂的出口业务。

临行前,洛克菲勒向威廉交代了重要的任务:只要煤油出口价格突然下跌,就及时通知公司安排在油区的买手,暂时削减原油的买入量。

这项任务的设计,体现出洛克菲勒思维的过人之处。他几乎是所有企业主中,第一个认为出口市场会对油价产生决定性影响的人。

此前,每当宾州打出一口新的油井,欧洲买家所专门安排的高效关系网，就会立刻将消息传送到纽约。这样，他们就能及时预见油价的下跌，从而暂时停止购买。而洛克菲勒交给弟弟的任务，正是反其道而行之，通过观察出口价格波动，来决定企业的生产量。必须承认，采取这样的策略，说明洛克菲勒充满了创新的大胆勇气。

威廉听了兄长的指示，在纽约珍珠大街181号，租下几间不起眼的房间，设立了办事处。之所以选择这里，是因为这儿距离华尔街够近，便于随时了解出口价格。

实际上，在纽约设立办事处，这一策略同自造油桶、自制硫酸等方法结合起来，共同组成了洛克菲勒苦心打造的垂直管理体系。此时，他所努力寻求和完成的，正是将来人们会发现的"垄断手法"，即让公司从弱小时开始，就尽可能地形成自给自足的特征，只要是能够自行完成的组成项目，他都不愿意有其他任何企业从中染指赚钱。

这种封闭管理体系，确实让处于发展早期的洛克菲勒公司大受裨益。由于成本被有效压缩，再加上威廉在华尔街附近迅速铺设的价格信息网，炼油厂的利润逐年增加。

与此同时，洛克菲勒也不可避免地开始更多地求助于银行家。虽然当年老隐退时，他已经有资格对新生代金融家表现出怀疑，甚至对晚辈吹嘘说在自己的创业过程中，极少举债发展，而是凭借保守的理财之道获得成就，但那时，他却不得不经常和银行家打交道。很多时候，在晚上就寝前，他还在担心手中小小的炼油厂是否有能力偿还巨额借款，但一宿之后他又鼓足精神，决定再去寻求更多的贷款。

此时，在南北战争结束后，美国发行了新的绿背纸币。新建的全国性银行系统，也开始大量发放贷款，刺激战后经济的发展。洛克菲勒抓住了流动性提升的机会，从克利夫兰的那些大银行家手中，借到一笔又一笔巨额贷款。洛克菲勒知道包装的重要性，他懂得如何将自己和企业打造成希望之

第二章 时代号角，财富潮头（1858—1869年）

星，让银行觉得错过他，就是错过营利的机会。

一次，洛克菲勒去拜访银行家威廉·奥迪斯。奥迪斯曾经允诺，洛克菲勒可以获得最高的贷款额度。但今天，他却双眉紧锁，质疑洛克菲勒的来意。

洛克菲勒很快弄清楚，原来，银行里的部分董事对他的偿还能力表示担忧。这种担忧也影响了奥迪斯。

于是，洛克菲勒不紧不慢地说道："奥迪斯先生，我可是在任何时候都非常乐意展示我的偿还能力。不过，下周，我就需要更多的钱。当然，我可以把我的企业交给你们银行，因为我很快就能搞到另一笔资金去投资。"

这段话不卑不亢而意味深长。说完后，洛克菲勒就闭上了嘴，双眼紧盯着奥迪斯，等待他做出反应。

奥迪斯当然不打算接手他完全不懂行的炼油厂，看到洛克菲勒如此自信，他改变了主意，又批下一笔新的贷款。

在企业迅猛发展的时期内，洛克菲勒虽然急迫地需求资金血液，但他从来不因为压力而向人摇尾乞怜。他知道，如果银行家们变得神经紧张，那么自己最好的办法就是安之若素。

某个晴朗的早晨，洛克菲勒走出家门，急匆匆赶往公司。他表情严肃，脑海中全都是如何借到急用的1.5万美元。恰巧，迎面走来了当地一位银行家，两人互相致意后，银行家停下脚步说道："洛克菲勒先生，您现在需不需要借5万美元？"

洛克菲勒马上心领神会，但他并没有表现出任何惊喜，而是反复打量着对方，又慢条斯理地说道："嗯……您给我24小时，我考虑下答复您。"

这样高超的表演，让洛克菲勒以最优惠的利率，拿到了这笔从天而降的借款。

不过，如果以为洛克菲勒只是依靠演技获得贷款，未免也失之偏颇。

他在浸礼会教会中的无私表现堪称楷模，让许多银行家对其人格深信不疑。而当他面对银行的询问时，也总是坚持说真话，从来不会捏造事实或含糊其词。最关键的是，洛克菲勒将信用看作生命，总是及时迅速地还账。

由于深受信任，洛克菲勒在这段时间内多次依靠银行的力量，从危机阴影中脱身。其中，他印象最深的一次，是炼油厂失火赔偿问题。

那时，炼油厂企业主们最为担心的事情不是价格波动，而是挥发性气体着火。由于安全技术水平的限制，油罐并不像后来那样被设置在河岸边的泥地中，因此一旦着火，火势很快就会烧到附近的油罐，形成一片火海。另外，此时连最早的汽车都还没有出现，谁也不知道原油表面那层漂浮物可以做什么，许多基层炼油工人只能将这些"没用的产品"偷偷倒进河水，由于不断倾倒，成百万桶的汽油都顺水流往下游，连河岸土壤都被浸透了。这导致整条河水都变得易燃，甚至只要在蒸汽船上将燃煤扔到河里，水面上都会腾起一片火苗。

最早在宾州发现石油的德雷克，其油井就在1859年秋天被大火烧毁。南北战争时期，宾州油田区域陆续发生了多次突如其来的重大火灾，许多企业主都担心在清晨醒来时会接到炼油厂被夷为平地的噩耗，那意味着之前所有的投资都被付之一炬。

但是，人总不可能终日紧张。见过了几次大火，此后无论谁家的炼油厂付之一炬，都不会让其他企业主感到惊讶。洛克菲勒对此则更为淡定，他后来回首往事时说："那时候，只要火警钟声一响，不管是谁都会去帮那家炼油厂灭火。而当火还没被扑灭的时候，我就已经帮着制订重建工厂的计划了。"

终于有一回，洛克菲勒公司旗下的一家炼油厂失火，损失虽然不算太大，但保险公司迟迟没有给出赔偿。消息传到银行，董事们随即开会讨论是否给他追加贷款，支持和反对者针锋相对，相持不下。此时，董事斯蒂尔

第二章 时代号角,财富潮头(1858—1869年)

曼·威特挺身而出,他让手下的职员拿来其个人保险箱,放在会议桌上,慨然说道:"先生们,请听我说,这些年轻人都是好样的。如果他们想要借更多的钱,我希望本行能够毫不犹豫地借给他们。如果你们想要保险一些,这里就有,请想拿多少就拿多少吧。"

其他董事们面面相觑,最终同意了放给洛克菲勒更多的贷款。

如果不了解这一阶段洛克菲勒和银行之间的紧密联系,人们就无法理解他是如何取得了后来令人叹服的长足进步。此后,无论是在经济衰退期,还是经济繁荣时代,洛克菲勒总是可以通过优良的个人信用,保有大量的备用现金。这一重要优势,将会帮助他在随后的众多竞争场合中夺取胜利。

第三章
上帝之名,垄断之道
(1870—1881年)

紧握铁路大亨的手

1867年3月,洛克菲勒公司的规模已今非昔比,从克利夫兰的《领导者》报中可见一斑:"洛克菲勒的公司,有一座大车库,内可容纳8辆原油装卸货车。此外,还有两座可以储存6000桶油的仓库。整个工厂总共有10座炼油炉,日产量可达275桶。"

在炼油炉旁,安德鲁斯埋头于专长中,不断革新和研制工艺。在他的主导下,洛克菲勒公司推出了新的提纯方法:先将原油输入炼油锅炉内,升高温度到华氏四百和五百度之间,再让原油蒸汽通过加热管,进入精馏塔中冷凝,形成略带黄色的蓝色液体,随后,再将它们注入大槽,用接近沸点的热水来加热,将再次蒸发的黄色气体与亚硫酸气混合,最后用活性碳酸钠对混合气体进行发光作业,就得到了可以提炼出精炼油的煤油产品。

这套作业方法相比传统提纯方法,有很大的进步,原油精炼过程中的浪费越来越少,提纯效率则越来越高。

与此同时,洛克菲勒又为公司引进了新的合伙人——亨利·弗拉格勒。

弗拉格勒比洛克菲勒年长9岁,相貌俊俏、性格活泼、衣着时髦而精力充沛。他的身世和洛克菲勒有着相似之处:14岁就离开学校,在一家乡村小店里干活,南北战争开始后,他也投身于农产品贸易,并因此结识了洛克菲勒。后来,正是通过弗拉格勒的介绍,洛克菲勒得到了富豪斯蒂芬·哈克尼斯的投资,哈克尼斯同意投资10万美元到新公司里,但条件是让弗拉格勒出

第三章　上帝之名，垄断之道（1870—1881年）

任财务主管和他本人在公司的代表。由于哈克尼斯同时也是多家银行、铁路、矿业、房产和制造公司的董事，这层关系无疑能让洛克菲勒走进新的资本天地，他非常乐意地接受了对方的条件。

从弗拉格勒加入开始，新企业改名叫洛克菲勒-安德鲁斯-弗拉格勒公司，此后，洛克菲勒和弗拉格勒的共事友谊将延续几十年。

弗拉格勒也很喜欢数字，同时对生意充满热情，他曾经遭受过失败的考验，因此对一路顺遂的洛克菲勒颇有帮助。正如同弗拉格勒所说的那样，建立在生意上的友情，胜过建立在友情上的生意。这两个年轻人每天都会先见面，然后一起步行去公司，一起去吃午饭，再一起回来，晚上又一起回家。哪怕是在来回步行的路上，他们都会共同思考和讨论，并最终制订计划，更不用说在办公室里，他们会联手撰写业务信函，相互交换初稿并修改，直到双方都认为妥当才行。

正是在弗拉格勒的协助之下，洛克菲勒才成功地拿下创业生涯前期一个精彩的战役——运费折扣之战。

众所周知，有关石油的一切，都离不开运输。但由于最初发现石油的地点偏远，很多年来，石油行业都被运输行业牢牢压制，连马车夫都可以说一不二、随便加价，更不用说傲慢的铁路行业。

幸运的是，洛克菲勒的炼油厂在克利夫兰。在夏天，他可以通过水路运油，这让他有了很大底气与铁路公司讨价还价。另外，克利夫兰有铁路通往芝加哥、圣路易斯、辛辛那提，还有三条铁路通往纽约、费城、哈里斯堡和匹兹堡等地，是十分便利的交通枢纽。利用这种优势，洛克菲勒和弗拉格勒周旋在不同的铁路公司之间，用智谋和手段来压低价格。

当时，美国有三大铁路系统：宾州铁路系统、纽约中央铁路和大西洋西部铁路。其中实力最为雄厚的，是坐拥纽约中央铁路的商业大亨范德比尔特。

范德比尔特是投机老手，他精明而强横，善于空手套白狼。他总是能拿到政府免费提供的开发土地，然后大肆拍卖或自建铁路。

在石油工业兴起之前，铁路主要靠运送邮件赚钱。但无论是联邦还是州立邮政，都要遵守美国商法。于是，范德比尔特利用金钱和人脉，操纵议员在议会上提出并通过有利于他的邮件立法，然后，他大肆虚报每辆邮车的运邮量和成本金额。于是，政府最终花费了十几倍的资金，购买了中央铁路公司托运邮件的服务。仅此一项，纽约中央铁路每年就能从中获利2000多万美元。

当范德比尔特巩固了纽约中央铁路的地盘之后，就开始盘算着控制从纽约到芝加哥的线路，从而进一步实现控制全美铁路的野心。

在地图上，范德比尔特很快发现了伊利铁路，这条铁路是连接纽约和芝加哥的最短线路。为了占有伊利铁路，他开始大量购进该铁路的股票，并为此向曾经合作过的华尔街投机家迪尔筹款。不料，迪尔也是伊利铁路的股东之一，他借出钱后不久发现，自己的股权居然被对方获取了，恼羞成怒的他求助于另一位铁路大亨：乔伊·古尔德。

人们说，古尔德几乎是范德比尔特的翻版。他同样是南北战争时期的暴发户，依靠倒卖皮革起家之后，到处巧取豪夺，曾经用逼迫企业主自杀的方式，夺去了一家皮革公司。用经营皮革公司的钱，他也在纽约州投资小铁路，并不断试图扩大规模。

古尔德听说了范德比尔特的动向，立刻抢先一步，给相关议员们以更大的贿赂。结果，他的突袭大获成功，获取了伊利铁路这块"肥肉"。

就这样，范德比尔特和古尔德彻底破裂，矛盾完全公开。作为报复，范德比尔特拿下了仅次于伊利铁路的湖滨铁路，算是留下了对抗的筹码。

对此，始终关心铁路业的洛克菲勒，自然全都看在眼里，他知道，其中必然蕴藏着公司发展的新机会。

这天，他和弗拉格勒在办公室讨论起公司发展的未来。

弗拉格勒说："相对原油产地，我们炼油企业毕竟处于下游，如果原料产地控制价格，我们就会相当被动。"

洛克菲勒很认同这一点，他说："我们必须要从自己的下游里面找到优势，比如说，铁路运输价格。"

"你有什么好的想法？"弗拉格勒投来狡黠的目光。

"我打算，找铁路公司签订合同，承诺只使用一家公司的货运能力，但他们必须要给我们折扣。这样一来……"

"这样一来，铁路公司的老头子们，一定会盲目竞争！"弗拉格勒抢先回答说，他的眼神里闪烁着自信的光芒。

洛克菲勒赞赏地看着合伙人，虽然两个人从未相互交流过这方面的意见，但思维的轨迹，却在此时汇聚到同一焦点。他们不约而同地将目光投向墙上那幅美国东部地图，在那里，有着这家公司注定伟大的未来之路。

打响运费战争

经过一番秘密筹划，洛克菲勒决定，让弗拉格勒去执行最重要的使命。

为了有效降低运输成本，弗拉格勒必须要努力说服两大铁路系统，让其答应将相关铁路上所有装运石油的油罐列车和油桶，全部由公司包租下来。

这是洛克菲勒特有的大手笔规划，如果真的做到，用不了多久，同样需要运输力量的竞争对手就会发现，运油路线上已经没有一辆列车可以使用了。这意味着洛克菲勒几乎扼杀了所有对手的生存线。不仅如此，这还意着洛克菲勒将成为铁路公司的唯一客户,他将能够在伊利铁路和湖滨铁路之间游刃有余,驱动二者进行惨烈竞争。

世界上没有不透风的墙。宾州铁路公司听说了洛克菲勒的计划,也派人前来磋商、谈判。弗拉格勒面前的谈判对手,突然变成了三家。

弗拉格勒虽然聪明,但此时也没了主意。他前来请示洛克菲勒。

洛克菲勒的回答斩钉截铁:"马上拜访湖滨铁路公司的新任董事长迪贝尔,你可以告诉他,我们不打算再使用运河来输送石油,而是会和他们签订合约,每天要租用60车皮。"

"60车皮!"弗拉格勒惊叹了一声,这是个相当庞大的数字。有这样的主顾,湖滨铁路不可能不动心。

洛克菲勒慢悠悠地说道:"弗拉格勒,只要我们拿到了租用证,就可以去和其他两家继续谈判。但如果他们一开始不同意,我们就假装要直接去另外两家。相信我,为了利润,他们一定会斗起来的!"

果然,当湖滨铁路董事长迪贝尔听到这个数字后,也不由暗自惊叹。当时,其他炼油企业几乎都是零打碎敲地租用车皮,有运输业务时就联系铁路方面,没有业务时根本不予理会,而洛克菲勒张口就说每天要60车皮,简直是天大的生意。

抓住迪贝尔惊讶的机会,弗拉格勒提出了降低运费价格的要求。

当时,从油田到克利夫兰所需的运费,普通定价为每桶0.42美元,从克利夫兰再到东海岸,精炼油运费是每桶2美元。对此,弗拉格勒说,看在每天60车皮的份上,必须分别降到0.35和1.3美元。

迪贝尔没有花多长时间计算,就答应了这个请求。他刚被范德比尔特派到湖滨铁路不久,觉得这笔生意规模如此之大,在运价上优惠一点是值得的。

就这样,弗拉格勒不辱使命,顺利完成任务。

第三章　上帝之名，垄断之道（1870—1881年）

听说死对头湖滨铁路一下拿到了丰厚的订单，古尔德坐不住了，立即派人前来谈判。1868年春天，两家公司达成了秘密交易，洛克菲勒在古尔德名下一个叫阿勒格尼运输公司的子公司中拥有股份。这是第一家为油溪服务的主要输油管道交易公司。通过这次合作，洛克菲勒的公司在伊利铁路上的运油费用下调了75%，在克利夫兰和油区之间的铁路货运价格上享受了十分优惠的待遇。

这两次谈判，结果对洛克菲勒无疑都是非常有利的。但他深知，铁路方都是老谋深算的商界高手，并不那么容易就范，因此在谈判过程中，他也主动向对方提出了非常诱人的条件，作为对特殊优惠的回报。

例如，洛克菲勒同意，承担运输过程中发生火灾和其他意外事故后的一切法律责任，他也宣布同意，停止一切水路运输。在每天60车皮这一惊人的货运量上，洛克菲勒更是做出了"惊险的一跃"，实际上，他自己的炼油厂目前并不具备如此高的产量，他的计划是，与克利夫兰其他炼油厂进行协调，由他来牵头组织，从而获得稳定的货运量。

铁路公司当然对此求之不得。从技术上看，他们能因此发运统一的油罐车编组货车，而不用对来自不同地点、不同货物的车皮再次进行混合编组，仅仅这样的变动，他们就能将火车往返纽约的平均用时从30天减少到10天，还能把一个车组的车皮从1800个减少到600个。

所以，洛克菲勒给铁路公司带去的不只是固定的大额订单，更是迅速下降成本的货运方式。对此，洛克菲勒非常清楚，自己创造的是前无古人的交易模式。这套交易模式的精髓在于，当市场平稳的时候，运费折扣可以压低成本、增加群公司收入；当市场竞争激烈时，则可以树立壁垒，让企业完美打击竞争者和追赶者。

洛克菲勒非常清楚，大多数工业行业成功的关键，在于控制核心流程、环节或项目。但另一方面，"控制"这个词以及随之而来的秘密契约、折扣价格，也毁掉了美国人所推崇的企业自由竞争精神。

今天看来，毁掉自由竞争精神的，或许并不是洛克菲勒一个人，也不是主动迎合他的铁路公司，而是时代为石油和运输两大行业所提供的巨大平台，没有这样的平台，铁路无法成为日后美国运输石油的重要工具，同时，伴随着铁路发展，石油工业及其产品也迅速扩展到整个美洲大陆。

与此同时，更不能忽视的，是洛克菲勒控制力的根本来源——并不是有些后人所批评的"擅长欺诈和走捷径"，而是他所拥有的企业规模。在他获得运费折扣之前，他就拥有了当时全世界最大的炼油企业，其产量总体相当于克利夫兰其他三大炼油厂的总和。因此，让他真正拿到优惠的，是他位居行业顶端的优势。换言之，无论是谁坐到他的位置上，都会想方设法地促成这次交易。

虽然洛克菲勒和铁路之间的交易带给了双方巨大的收益，但他们之间始终只有口头协议，从来没有写到纸上。这样，双方事后都能够轻而易举地对此加以否认，不用担心会流传出去太多的不利证据。虽然如此，洛克菲勒并不将享受特殊折扣看成是违法行为，也不将其看作是垄断企业所独享的特殊优惠，他甚至说，所谓的价目表上标明的运费，全都是胡扯，只是讨价还价的依据。

在这一点上，洛克菲勒并未说错。确实，在他之前，就有炼油厂享受了铁路公司给予的折扣，尤其是许多小炼油厂，也从宾州铁路公司那里得到过特殊优惠。直到1887年，州际商业法生效，铁路运费上的特殊折扣才被认定为非法行为。到1903年埃尔金斯法颁布之后，这一做法才逐渐消失。洛克菲勒所做的事情，之所以在后来会引起巨大的批评，是因为从来没有一家企业能像他那样获得如此之多的长久的优惠。

无论如何，与铁路方面达成协议、获得运费折扣，这是洛克菲勒在1869年取得的最大成就。他对此相当得意，但在短暂的兴奋消失之后，他又开始重新冷静地观察市场，着眼解决更长远的问题。

标准石油公司登场

1869年底，全美石油行业的竞争局面正在变得混乱不堪。

数年前，所有人都嗅到伴随石油喷涌而出的金钱味道，上到投资者，下到小工匠，无一例外都醉心于采油、炼油。在四面八方的投入下，行业生产规模很快就超过了实际需要。到1870年，实际炼油能力居然达到了采油总量的3倍。

炼油行业因此开始了普遍衰退。炼油价格一路下跌，新加入的炼油厂商吃惊地发现，原油和成品油之间的价差被压缩到最低。即便如此，毫无退路的采油商和炼油商们，也完全无法停止生产的脚步，只能硬着头皮继续开动机器。此时，亚当·斯密在《国富论》中所推崇的市场调节原则，也明显失去了效力。

来自同仁的坏消息，让洛克菲勒拧紧了眉头。他知道，覆巢之下无完卵，如果行业情势恶化下去，即便自己再努力，也难以力挽狂澜。经过深刻地思考，洛克菲勒决定出手，在拯救行业的同时也扩张实力。

洛克菲勒一针见血地看到了问题的关键。他认为，降低过剩的生产能力，才能稳定炼油价格。为此，必须建立真正的卡特尔，让卡特尔来统一生产量和价格。

建立卡特尔，势必需要先向公司内引入新的投资者，但谁又能保证，这些人参与到公司的运营管理之后，不会和自己抢夺控制权呢？

洛克菲勒是相当谨慎的，他想出了两全其美的办法：建立股份公司。

1869年底，洛克菲勒向合伙人们建议：由于公司已经超过有限的合伙经营范围，按照法律，可以改为合资股份公司。弗拉格勒和安德鲁斯认同并支持这个建议。

1870年1月10日，标准石油股份有限公司在俄亥俄州正式成立。

在当时的技术水平下，很多客户都担心油品质量不纯而引起爆炸。洛克菲勒延续了原有炼油厂的名字，希望能用"标准"二字，推广良好的品牌形象。

由于成立了股份公司，股权结构得到了清晰的确定。新公司总资本额是100万美元，分成1万股，每股价值100美元。公司创始人共有5人，分别是：

董事长　约翰·D.洛克菲勒

副董事长　威廉·洛克菲勒

秘书兼会计　弗拉格勒

厂长　安德鲁斯

另外，还有一位幕后股东，是弗拉格勒的叔父哈克尼斯，他不参与公司运营，而是在其他外围事务上提供支持。

在股权分配上，洛克菲勒理所当然地占有优先权，他总共握有2667股。哈克尼斯拥有1334股，其他三位股东分别占有1333股，剩下的2000股，全部赠送给了公司的合作者。

这家新成立的公司，此时已然实力不俗。它控制了全美10%的炼油业务，还有一家油桶制造厂、几家仓储基地、一组油罐车和运输硬件设施。洛克菲勒如同望子成龙的父亲，对公司寄予了厚望。在随后的一次会晤中，他毫不掩饰地告诉竞争对手："总有一天，所有的炼油和制桶业务都要归标准石油公司所有。"

为了实现这个梦想，洛克菲勒建议，从自己开始，公司所有负责人都不

第三章 上帝之名，垄断之道（1870—1881年）

应该领取工资，只能从公司的红利和股票收益中获得提成，这样才能有足够的压力和动力去努力工作。这一决策被弗拉格勒执笔，写入了公司条例中。后来人们发现，条例只是写在廉价的法律公文纸上，纸张质地很差，看上去毫不起眼。

同样毫不起眼的，还有公司环境。这家日后成为全世界最大托拉斯的公司，此时在公共广场旁四层楼房中一间不起眼的办公室里运营。洛克菲勒和弗拉格勒共用这间办公室，里面有四把黑色椅子、一张黑色皮沙发，此外只有冬季取暖用的壁炉。整间办公室昏暗而压抑，看上去很难和财富、雄心、地位联系在一起。但洛克菲勒对这样的环境非常中意，他从来不希望用豪华奢侈来炫耀生意上的成就。

事实上，此时也的确没有什么好炫耀的。公司股份化的头一年，投资者们依旧裹足不前，几乎没有人前来咨询参与投资的事情。一方面，"黑色星期五"的华尔街金融恐慌浪潮，刚刚过去不到半年，许多有名的企业家心有余悸。另一方面，人们对这家新公司有所怀疑，有人觉得洛克菲勒固然年少有成，但想要建立强大的卡特尔，终究还是会遭到重重阻力。

对怀疑的反击很快用事实呈现。标准石油公司开业的第一年，洛克菲勒为公司的股票分配了105%的红利。1871年，公司宣布分配了40%的红利，此外还略有盈余。

与此同时，行业环境继续恶化，成品油整体价格下降了25%。对此，洛克菲勒几乎生平第一次感到信心摇动。他无可奈何地抛售了少数公司股份，这让他的弟弟、副董事长威廉都感到吃惊："你这么着急抛售，让我觉得有些不安。"

幸运的是，公司很快迎来了扩张的机会。

1871年，洛克菲勒找到了第一个吞并的猎物。对方是纽约一家主要的石油采购商，名叫波斯特维克-蒂尔福德公司。它拥有数量不菲的运输船，还有一个大型的炼油厂。洛克菲勒果断出价，买下这家公司，为标准石油在关键时刻带来了强大的采购力量。随后，他狡猾地耍了一招瞒天过海，将其重新命名为J.A.波斯特维克公司进行注册，从而在法律上独立于标准石油，但实际上却是标准石油下属部门之一。这一招，在日后又会成为他被攻击的重要理由：石油采购价格此时是由各交易所组成的辛迪加来制定，而洛克菲勒这么做，等于绕过了市场规矩。

随着公司规模有所扩大，标准石油用事实证明了自己的实力，并很快吸入新鲜血液。

1872年1月1日，执行委员会通过决议，公司资本扩张到250万美元，第二天又扩张到了350万美元。新资本固然可喜，强势的新股东更加可贵，他们中有好几位来自克利夫兰的银行业界，有着丰富的商业、金融和管理经验。在经济不景气、行业竞争过度的时局下，洛克菲勒依然能吸引到这些同盟者，再一次向外界证明了其信心和能力。

在会议上，洛克菲勒意气风发。他郑重宣布，一定要努力扩大标准石油公司，着手吸纳更多投资者加入，从而对整个石油业起到保护作用。执行委员会响应了他的表态，顺势做出历史性的决定：所有人同意从新的一年开始，收购克利夫兰以及其他地区的部分炼油厂。

此时，一些敏感的战友们或许已意识到，拿下克利夫兰，只是洛克菲勒野心计划的第一步，随后他的目标将会是整个美国乃至全世界的石油行业。计划能否成功，此时虽尚未可知，但洛克菲勒稳扎稳打的决策力与执行力，让所有人感到心中有底。

伴随着标准石油股份有限公司的新生和壮大，刚刚年过三十的洛克菲勒，开始大张旗鼓地走向垄断的道路。但他并没有想到，一场大西洋对岸的战争，差点改变了他的命运轨迹。

第三章　上帝之名，垄断之道（1870—1881年）

南方开发公司

1870年夏，普法战争突然爆发了。

挑起这场战争的，是著名的普鲁士铁血宰相俾斯麦。他出生于容克贵族世家，拥护君主主义，主张以普鲁士的强大武力实现德意志的统一。1867年，他领导普奥战争，打败了奥地利，成立了北德意志联邦。由于南德的几个邦国受到法国国王拿破仑三世的阻挠，坚决抗拒统一，俾斯麦决定，继续用战争来解决问题。恰好，拿破仑三世为了重现法兰西荣光、建立欧洲霸权，也在积极准备应战。

就这样，普法战争迅速爆发。战事刚开，美国经济就受到了重大影响，尤其是石油业。因为海上运输线完全中断，对欧洲的石油输出被迫暂停。而美国国内的照明和燃料费用，此时却高于普通家庭的衣食住行费用，因此销量有限。这种情况下，宾州的原油出现大量生产过剩，炼油企业主的神色越来越凝重。

当神色凝重的企业主们坐到一起之后，各种各样的生产协会开始出现，有"经济不景气卡特尔"，有"生产地卡特尔"，一通会商后，大家提出要"停采三个月"之类的协议，从而控制价格，保护所有企业的利益。但这样松散的协议，根本就限制不了参与者，一些希望能独吞利润的企业主，晚上刚离开会议桌，夜里就偷偷打开油井继续采油。结果，原油价格继续下跌，到了1870年年底，每桶原油价格下跌到3.25美元。

此时，凭借着铁路运费折扣的优势，标准石油公司受到的影响并不算太大。但洛克菲勒却犹如远在欧陆的俾斯麦，在混乱不堪的局势中看见未来的王座。他对弗拉格勒说，打算趁中小企业受到冲击，进一步谋求发展，向匹兹堡、向整个美国东部扩张！

之前，洛克菲勒一直在用价格控制来谋求实现上述目的。他的石油产品价格因地而异，在竞争激烈的地方拼命降价，在独占市场上则成倍抬价，但现在，讲究实效而且习性节俭的洛克菲勒，决定不再用原有的价格战去打压中小企业，并最终吞并它们。虽然操纵价格不失为精准的竞争手段，但洛克菲勒已经发现其中存在的风险：浪费成本和利润，也消耗自身精力。

洛克菲勒看见的最新动向是，原油产区的开采商们已经联合起来，组建了生产协会。对此，洛克菲勒流露出少有的担心，他认为如果生产商和当地的炼油企业主联合起来垄断市场，必然会对他的公司构成威胁。

在与弗拉格勒的不断商讨中，洛克菲勒确定了下一步战略方向：既然对方能够结盟，为什么我不能以标准石油公司为核心，吞并其他公司？这样，不就能够解决精炼油产品过剩、价格浮动不定的问题了？

这个构想，在当时并没有完全被书面记录下来，却成为日后"南方开发公司"的雏形。从提升企业经营效率来看，这个方案非常有先见之明。洛克菲勒并不试图只让自己的公司成为最佳，而是打算直接收买那些在某个方面有价值、有竞争力的同行，然后将公司合并起来，统一管理、统一价格。这种在未来大企业之间普遍行之有效的收购行为，可以说正是从洛克菲勒那儿开创的。通过兼并，大企业避免了厂房设备、劳动力与成本的浪费，有效整合了生产资源。

在确定这一战略后不久，南方开发公司如同天赐良机，出现在洛克菲勒面前。

1871年底的某天，洛克菲勒因为生意来到纽约，下榻在圣尼克拉斯大饭店。

这天晚上，酒店套间里寂静无声，壁炉里的火焰舔舐着木柴，间或发出噼里啪啦的声音。洛克菲勒与弗拉格勒坐在壁炉前，他们静静地看着火焰，没有人说话，他们都在耐心地等待着一个人。

第三章 上帝之名,垄断之道(1870—1881年)

12点刚过,门被推开了,进来的是弟弟威廉,他身后还有位陌生的客人。

两人在壁炉前落座,威廉抬手介绍说:"容我介绍下,这位是瓦特森先生,是范德比尔特先生最得力的助手!"

"你好,瓦特森先生!"洛克菲勒紧紧握住对方的双手。他知道,此人来历不同寻常,在南北战争时期,他担任陆军助理次长,负责北军全部的物资运输任务,是个非常厉害的角色。他和另一位陆军助理次长汤姆·斯考特,既为北军出谋划策,又上下其手大谋私利。由于积累了充分的人脉关系和业务经验,瓦特森之前已经被范德比尔特任命为湖滨铁路公司董事长,取代了原先的迪贝尔。

两人的手刚放开,弗拉格勒立即开门见山地说道:"这么说,瓦特森先生,是代表斯考特先生来的?"

看似冒昧提出的问题,其实早在谈判前就已准备好。洛克菲勒早就了解到,当时担任宾州铁路公司董事长的斯考特,与瓦特森联手拉拢了其他小铁路公司,垄断了运费的定价权,让匹兹堡附近的煤矿主惨败而归。这一次,瓦特森主动提出来见面磋商,很有可能就是斯考特在背后指挥。

瓦特森果然是见过世面的,他并没有对这个问题感到惊讶,而是彬彬有礼地说道:"当然,我和斯考特先生,都想和贵公司携起手来。"

洛克菲勒的脸上并没有什么表情,但他的目光在鼓励瓦特森说下去。

瓦特森微笑着说道:"诸位应该也知道,斯考特先生现在已经出任得州(即得克萨斯州)太平铁路、联合太平洋铁路公司的董事长,是铁路界最有影响力的领袖之一。这一次我来纽约,已经和长岛的炼油企业达成了协议,现在希望贵公司和纽约中央铁路,加入由斯考特先生所倡议的联盟。"

洛克菲勒在心中不断盘算着:如果加入联盟,就意味着可以依靠斯考特所代表的铁路力量,去击败克利夫兰的所有竞争对手;但同样也意味着,新的运费战争又要打响,自己能不能保证不犯下匹兹堡煤矿的错误,被铁路方面牵着鼻子走呢？

瓦特森继续说道："我还可以保证，范德比尔特先生也支持这个联盟，他最近好像还要和古尔德先生见面，讨论一起加入联盟的可能。"

听到这里，洛克菲勒决心已定。因为他清楚，如果这两位加入联盟，那么形势就完全不同了，自己已经不能再迟疑下去。

就这样，在这天夜里，双方达成了秘密协议，洛克菲勒答应加入斯考特所组织的联合体。

当时，谁也没意识到，这次会见，成为影响美国商业史走向的标志性事件。壁炉前通过谈话所最终达成的默契，代表美国企业开始从松散的"卡特尔""辛迪加"等联盟，走向完全垄断之路。

1871年，洛克菲勒和其他一些炼油企业主，多次在纽约和斯考特、范德比尔特、古尔德等铁路公司老板举行秘密会议。最终，他们确定同意使用斯考特的提议，组成的联合体以不引人注目的"南方开发公司"为名。在洛克菲勒的强烈要求下，这家公司允许瓦特森作为范德比尔特的代理人加入，董事长也由他担任，至于其他的铁路大老板，都退居幕后。

在这家公司中，洛克菲勒、威廉和弗拉格勒每个人占180股，共计540股。由于公司最初资本额定为20万，分为2000股，标准石油公司也成为聚光灯下最大的股东。

1872年1月，在南方开发公司的第一次会议中，多项惊人的谈判结果就此出台：

首先，各家铁路公司利益均分。宾州铁路、纽约中央铁路、湖滨铁路、毅力铁路、大西洋及西部铁路等公司进行秘密内定，分配了每家公司的运输比率。

其次，石油运费虽然有小幅度上升，但每个企业都能拿到秘密的折扣。其中，标准石油公司的运费，从1870年拿下的1.65美元，上升到2.8美元，但洛克菲勒还是感到心满意足，因为会议让其他所有竞争者，都必须付出更多运费。

这次会议所形成的封锁政策，如果真正得以行使，会让所有未能参加联合公司的企业遭到灭顶之灾。为了强化对成员的约束，会议规定，如果有任何铁路公司接下了南方开发公司之外的企业的生意，就要遭受罚款；各家铁路公司必须将每日的货运清单送交南方开发公司进行检查；不仅如此，每家成员厂商都有权审核铁路公司的账本，查看其是否有不合规定的交易。

总体来说，南方开发公司成立的唯一目的，就是要确保铁路和石油行业中既得利益者的位置，即便其中的参与者需要交出一定的自主控制权，他们也在所不惜。

智者千虑必有一失，当所有参会者高举香槟酒杯时，他们并没有预料到后来的事情。甚至连洛克菲勒也没有想到，充满垄断野心的南方开发公司，虽然此时承载着轰轰烈烈的梦想，却很快让自己遭遇了人生中的第一次重大舆论质疑。

在抗议声中崛起

世界上没有不透风的墙，洛克菲勒和其他12家石油企业签订秘密协议之后，南方开发公司仅仅运行了两个月，其背后的秘密就彻底暴露了。

2月开始，关于铁路运费即将飙升的流言，在宾州传播开。2月26日，油溪区的采油企业主们带着疑惑，翻开各家晨报的头版，赫然发现流言是真的：运价在一夜之间，对所有厂家都翻了一番。而洛克菲勒与其他12家炼油商，则不在价格翻倍的名单中，他们都属于南方开发公司这一幽灵般的集团。

对企业主们而言，报上的这条消息并非开战号角，而是一份倒闭通知书，因为没有任何原油生产企业，能承担如此大落差的运费成本。于是，企业主们放下手头的工作，转而组织工人们走上街头，聚集在一起表示抗议和谴责。2月27日晚上，有3000多人冲进克利夫兰的泰特斯维尔歌剧院，他们愤怒地发表演讲，挥舞标语，将洛克菲勒和他的同谋们，称为"妖魔""阴谋家"与"四十大盗"。

讽刺的是，后来成为标准石油公司接班人之一的约翰·阿奇博尔德，此时正是演讲者中最慷慨激昂的一位。他经营着一家不大的炼油厂，无论到哪里签名，都用"每桶四美元"作为前缀。当初，也有人企图将他拉进南方开发公司，但他果断回绝了，此时，他站在人群中间，高呼着："这是绝望的人们，最后一次决战！"

阿奇博尔德虽个子矮小，但他表现出了无畏的气势。这个夜晚之后，他被所有人推举为新的原油开采商联盟领导者，这个联盟决定对南方开发公司实行报复性措施，限制原油开采量，将之减少30%，并在30天之内暂停钻探，即便手中有原油，也只卖给南方开发公司之外的炼油商。阿奇博尔德将这样的行动，称为"大封锁"。

与联盟上层的清醒相比，底层员工对个人境遇充满了担忧与恐惧，在新闻媒体的煽风点火下，这些负面情绪不断蔓延，迅速形成了集体的愤怒与绝望。于是，抗议局面很快升级为直接行动。

许多人在知道了洛克菲勒在南方开发公司的核心地位后，就将矛头直接指向了标准石油公司。他们只要看到标准石油的油桶，就会在上面画上骷髅和交叉的骨头形象，他们还在街上鼓动焚烧标准石油公司的油桶。破坏者甚至找到相关的铁路公司，砸毁停在站台的油罐车，将油全部倾倒出来，并一

第三章 上帝之名，垄断之道（1870—1881年）

节节拆毁铁轨。

此时此刻，谁也不记得，洛克菲勒曾经是个衣着整洁、安静地在教堂做礼拜的年轻人。现在，在所有的宣传中，他都是应该受到上帝惩罚的恶魔。但是，如此的破坏与攻击，并没有让洛克菲勒动摇，反而让他更加坚定地相信，这些小企业主们所构成的生态，只是无知者、冒险家乐在其中的下等社会，对提升整个行业的水平几乎毫无价值，除非能出现强有力的人去管理他们。为此，洛克菲勒告诉盟友们，标准石油公司才是井然有序的强大组织，而其他那些原油生产商、炼油商，都是粗野而容易冲动的小人。他们只要听见挑唆，就会到处胡作非为。

洛克菲勒显然确实相信上述论点，因此他不屑于利用新闻媒体，对外开展口舌之战。他拒绝去见成天等在门口的记者，还建议弗拉格勒也不要说话。他所做的唯一应对，就是在听说有人威胁要取其性命时，增加了办公室和家周围的保安人员，并在床边放上了一把左轮手枪。

终其一生，洛克菲勒都对各种批评不置一词。他自认为，这样的态度才符合老派基督教徒的信仰，才显得胸有成竹、岿然不动，但在媒体和民众看来，这样的表现完全是因为他自认有罪，希望逃避现实。结果，和所有敢于并能引领时代的企业家一样，洛克菲勒越发确信，自己的行动之所以会被误解和抵制，是因为普通人目光短浅，只看到眼前利益，而不愿意接受新兴力量所代表的真理。

虽然洛克菲勒不愿面对新闻，但报上的坏消息接二连三。原油开采商联盟有计划地管理每个成员企业，总共有16个委员会夜以继日地巡视油田，负责阻止任何人向南方开发公司出售原油。

失去了原油供应，南方开发公司联盟中的所有炼油厂，几乎都顿时无事可做。洛克菲勒接到报告称，标准石油公司下属的三家大炼油厂几乎全线停工，90%的雇员不得不回家休息。

同时，原油开采商联盟还在不断延伸战火。他们派出的代表去了哈里斯堡，向州议会游说废除南方开发公司的特许证。另一个代表团则直接到了华盛顿，向美国国会提交了足足有93英尺长的签名请愿书，要求对整个石油行业进行调查。

最为致命的消息在3月底传来，纽约的炼油商全部加入了反南方开发公司的联盟。这样，实力对比发生了扭转性的变化，南方开发公司几乎毫无胜算。4月份，瓦特森决定，退出南方开发公司。洛克菲勒失去了铁路公司这一强大盟友。同时，宾州的立法机构宣布吊销南方开发公司的执照。

1872年4月28日，洛克菲勒终于承认遭受创业以来的第一次"失败"。他向盟友与采油商宣布，南方开发公司之前和铁路签订的合同，全部无效。这次，他终于没有拒绝自辩，他说："我要郑重声明，在油区以及其他地方流传的，所谓本公司或公司里任何人提出征服石油业的说法，完全是无稽之谈。"洛克菲勒很可能并不是在说谎，因为他为南方开发公司设定的长远目标，是确保石油行业能获得集中、稳定而高效有力的发展，为此，必须牺牲那些小油厂。他坚定地认为，自己的动机是神圣而正确的，人们对其投出的批评和谩骂，并非出自正义，只不过是出于嫉妒与虚伪。

伴随这一声明的发出，南方开发公司所引起的熊熊战火，终于暂告平息。

早在停战之前，采油商联盟内就出现了松动迹象。不少小企业无法忍受利润不断下降，便主动打破僵局，和石油掮客们勾搭起来，将原油卖给标准石油公司。现在，既然共同的敌人业已消失，联盟更是土崩瓦解。原油生产区很快恢复正常的采油和供应，毕竟，长达数月的封锁供应行动，也让它们元气大伤。

作为采油商联盟的创建者，年轻的阿奇博尔德一度得意洋洋，他真的以为洛克菲勒在这场战争中损失惨重，就像报纸上宣传的那样，是主动退却。

第三章 上帝之名,垄断之道(1870—1881年)

然而,当初出茅庐的阿奇博尔德从喜悦中冷静下来,开始理性清点战果、分析局势时,他才赫然发现,洛克菲勒与他的标准石油公司,依然是最大的赢家。

阿奇博尔德惊讶地看到,从南方开发公司成立的消息传出,到洛克菲勒最终宣布终止参与,在数月的舆论抨击、原油禁运和内外纷争之后,标准石油公司的规模非但没有减小,反而变得越发庞大。此时,出现在克利夫兰地平线上的,是一家包含了30多家企业、1600多名员工,资产额高达250万美元,具有精炼10 000桶原油能力的资本巨兽,在这头巨兽那跃动的硕大心房里,端坐的正是那个几乎从不露面的传奇人物:洛克菲勒。

阿奇博尔德对此大感不解。洛克菲勒,他究竟是什么样的人?他如何做到了这一切?

"蔷薇,我只要一枝独秀"

几十年后,当许多美国历史学家研究这段南方开发公司的商战历史时,也同当年的阿奇博尔德一样,在震惊之余发出喟叹。他们感慨地说:"洛克菲勒根本就不是一个普通人。任何平常人面对那样的舆论攻击,势必会深感受挫,继而信心瓦解。然而,洛克菲勒却能像什么也没有发生一样,仍然执着地沉迷在自我的垄断幻想中。"

洛克菲勒不仅执着于幻想,更重要的是,他此时具有坚忍不拔的斗志、捕捉时机的敏锐,以及可供调配的巨量资源。无论外界如何战火纷飞,他看到的永远不会是重重障碍,而是通向垄断巅峰的道路。建立南方开发公司也好，操纵运费价格也罢，都不过是这一道路上的必经步骤，同样必经的，还有"并购"环节。

在商业上，洛克菲勒只信奉弱肉强食、自然选择的原则。在其社会达尔文主义的竞争观中，"并购"这一市场行为不但合法合理，更是身为天选之子的强者对弱者的"拯救"。在他看来，这种"拯救"完全符合商业道德与社会规律，也是上帝对虔诚努力者的应许，只有通过不断的并购，强者才能承担更多责任、创造更大财富，而缺乏经营意识和竞争才能的弱者，则迟早都应匍匐在其王座之下，接受必然的命运。

在商业竞争中，洛克菲勒从来没有任何善心。他根本没有考虑过，市场其实完全会自发淘汰那些弱小者，他内心升腾着吞噬行业的熊熊火焰，只是因为他预料到石油价格会因为产量将随时创造新纪录而停滞不前。这种紧迫感，促使他必须伸出手去加速市场"绞肉机"的旋转，尽快把弱者从行业里驱除出去。

1871年时，南方开发公司协议尚未出现，洛克菲勒并购的枪口，最先指向了克拉克–佩恩公司。

选择这家公司作为第一个猎物，很可能与个人恩怨有关。洛克菲勒刚出道时，曾和该公司的合伙人詹姆斯·克拉克有过矛盾。现在，则是用金钱结算的时候了。相比对克拉克的讨厌，洛克菲勒却很欣赏该公司另一位合伙人奥利弗·佩恩。佩恩是他的中学同学，后来毕业于耶鲁大学，在南北战争中因功而被授予上校军衔，是政治家亨利·佩恩的儿子。他家世显赫，1854年迫使日本开埠通商的马修·佩里海军准将，是其家族旁支的成员。佩恩此时尚单身，待人虽然彬彬有礼，却总流露出冷漠严肃的气质。不过，洛克菲勒却很欣赏佩恩，觉得他是最容易突破的环节。

1871年12月，洛克菲勒与佩恩在克利夫兰商业区一家银行的会客室见面。寒暄已毕，洛克菲勒立刻描述了标准石油公司的未来前景，他说，自己

第三章　上帝之名，垄断之道（1870—1881年）

打算通过扩大这家公司，将石油产业变得庞大而高效。随后，他直截了当地问道："如果我们能够在资金数额和条件上达成一致，您是否打算加入？"

佩恩心知肚明，无论是资金实力，还是管理经验，本方都无法和标准石油相提并论。但他对合并一事又有所顾忌，于是他谨慎地说道："关于合并，我是赞同的。不过，能否允许我看看贵公司的账本？"

洛克菲勒早有准备，一叠账本马上被送到了佩恩的面前。会客室里顿时鸦雀无声，只有佩恩翻阅账簿时发出的轻微声音，洛克菲勒胸有成竹地等待着。他知道，眼前的这只"猎物"，已经距自己越来越近。

半晌，佩恩"啪"的一声合上了账本，站起身来。不等洛克菲勒说话，他就满脸敬佩地说道："洛克菲勒先生，我对贵公司的实力非常清楚了！我想，我们需要一个评估机构，来算算我的工厂究竟值多少钱。"

就这样，第一次收购意向顺利达成。不久，佩恩和克拉克商谈之后，同意用40万美元的价格，出售炼油厂。洛克菲勒虽然知道这个价格有点高，但依然同意了。这次并购，让此时年仅31岁的他，继续坐拥着全世界最大的炼油企业。更重要的是，这次成功的收购，成了洛克菲勒不久后发动闪电收购战的预演。

1872年2月，阿奇博尔德组织的原油开采商联盟开始执行"大封锁"，洛克菲勒知道，大收购的时机到来了。

来自标准石油公司的信使，如同鸽子群般飞向克利夫兰。在那里，一个个银行总裁秘密接到了条件丰厚的协议。协议是洛克菲勒早就准备好的，他以坚定而慷慨的口气，承诺用诱人的公司股票，来换取银行家们的支持。很快，各大银行总裁、各分行经理，全都成了标准石油公司的股东，中小炼油厂再也无法从银行手中得到贷款，再加上阿奇博尔德同时发动的"大封锁"，这些油厂面临着资金和原料的短缺，全都奄奄一息，几近倒闭。

此时，洛克菲勒的第二批"鸽群"，又朝向克利夫兰飞去。中小油厂的老板，带着郁闷至极的心情，接过了标准石油公司的建议书。

在建议书中，洛克菲勒是这样说的："如您所知，标准石油公司的计划正在启动中。这意味着，我们将要对石油行业实行绝对的控制。外人是绝对没有机会的。再看看现在的形势，相信您更会理解。不过，我们打算给每个人加入的机会，您可以将炼油厂交给我们的评估机构，在评估之后，我们会给您相同价值的标准石油公司股份或者现金，随便您怎样选择。不过，我们建议您还是选择持股，因为这确实对您有利。"

毫无疑问，这不啻对输家的最后通牒：投降，还是去死？中小炼油商们本来已经焦头烂额，再看到充满威胁意味的劝降书，顿时感到能够选择的空间，早已微乎其微。在巧妙的诱导和威逼之下，不少中小业主相信了洛克菲勒，加入了标准石油公司。

当然，也有些企业主因为颇具实力，对建议感到怀疑，洛克菲勒就会彬彬有礼地同他们约定时间，促膝而谈。他和颜悦色而彬彬有礼，耐心地向对方解释说，加入标准石油公司，对大家都有各种各样的好处；反之，由于原油开采商联盟的封锁，如果拒绝加入，只会面临死路一条。为了显得坦率，他还进一步暗示说，到那时，标准石油公司开出的合并价格，很可能会比现在低得多。

一位名叫约翰·亚历山大的炼油商，经历了这段时间，留下了不堪回首的回忆。他说："当时有一股情绪，始终笼罩在我心头，同时也压在克利夫兰几乎每个从事石油行业的市民心上。我们感到，除了参加南方开发公司之外，就不会有任何出路了。如果不卖掉工厂，我们一定会被击垮，因为有人暗示说，他们和铁路即将有个合同，通过合同，他们就能随时将我们打倒在地。"

不过，洛克菲勒从来不承认自己用南方开发公司去吓唬过任何人。他说，自己的并购请求都是"友好"而"礼貌"的。他或许并没有说谎，但人

第三章 上帝之名，垄断之道（1870—1881年）

们还是有足够理由怀疑，他的手下利用信息不对称，在谈判中对传闻添油加醋，让正处在危机中的那些企业主变得提心吊胆。例如，福希特-克里奇利公司的合伙人，J.W.福希特，直到20世纪初，还对当时的并购耿耿于怀。他说自己那时得到消息："标准石油公司有了铁路方面的撑腰，他们能够操纵运价，使得中小公司再也无法运输原油……"当时，福希特亲眼看见不少同行都交出了企业，他唯恐自己落后，也加入了标准石油公司。但他很快就宣称，自己是被人巧妙地欺骗了。

相比"欺骗"，更为严重的指控，是另外几个炼油商所声称的"威胁"，有人说，洛克菲勒的信使不怀好意地说："请小心，洛克菲勒的天鹅绒手套里，藏着可怕的铁拳。"

与这些指控相比，并购谈判在洛克菲勒的口中却截然相反，简直是一种传播大爱的慈善行为。他告诉那些弱小的企业主："我们是来发挥你们的能力，帮助你们实现事业宏图的，让我们团结一起，精诚合作，更好地共同保护自己。"由于对自己说的这些深信不疑，洛克菲勒严厉斥责那些企图反对标准石油公司的人，说他们短浅、毫无追求，另外，他还向犹豫的小企业主们许诺，只要持有标准石油公司的股票，迟早都会富贵荣华、万事不愁。

然而，白纸黑字的并购协议，同口头的承诺自然有所差别。当洛克菲勒开始评估这些中小企业时，他就表现出资本追逐者的另一面——贪婪、现实、精明乃至狡诈。由于这些炼油厂遭受到贷款和原料上的打击，陷入亏损境地，洛克菲勒就采用了非常严苛的评估方式。他将许多工厂的收购价格，认定为原先造价的四分之一，甚至相当于收购废品的价格。那时，还没有所谓的无形资产评估体系，无论企业原先是否生意兴隆、是否深受老客户喜爱，洛克菲勒对此都一概不予承认，或者只付出最少的补偿。对此，他解释说："一个亏损的公司，其商誉再好，又能值多少钱？"

不过，人们也不应形成错误印象，以为洛克菲勒在每一次收购中都占了便宜。从整体上看，他的收购还是尽量公道的，他经常出于战略目的考虑，为并购优良的企业资产而付出更多资本。同样，如果他真心想要吸收加入标准石油公司的企业主，他从不会采取任何威胁恐吓手段，而是坦诚以对，希望与对方建立真正平等、紧密而双赢的合作关系。

在采用种种矛盾的言行、做法之后，1872年的2月17日到3月28日，洛克菲勒一口气吞并了克利夫兰原有26家炼油企业的22家。在3月初，他更是在短短48小时之内，就一口气买下了6家炼油厂。当他拿到这些企业之后，却并非全都经营下去，对其中不少工厂，他直接加以关闭，目的在于削减生产能力。他说，那些关闭的工厂，都是陈旧的垃圾，因此也只能被扔到废铁堆中。

总之，在这一年，洛克菲勒凭一己之力，推动了石油市场淘汰落后企业的速度。后来的事实，仿佛证明了他此前的预言，克利夫兰少数几家依然在独立经营的炼油厂，虽然又坚持了几年，但最后还是没有撑下去，全部以关闭、破产黯然收场。从时代发展的客观环境来看，那时的石油行业正处于南北战争之后的工业化热潮中，由于没有任何管制，所有的企业家都必须一边努力经营，一边参与制定竞争规则。洛克菲勒代表了当时的一类观点，其信奉者认为，游戏规则的建立是确保行业健康发展的基础，而制定游戏规则之前，必须要甄选出有资格参与制定的人选。为此，美国人所信仰的自由竞争的资本主义理念，遭到了前所未有的挑战，更多人希望用"垄断"这一高效的手段，促成新兴行业的规范。

因此，洛克菲勒对并购闪电战做出的总结陈词，就并不像后来美国媒体描述的那样虚伪。当时，他确定地说："我们是被迫开展并购的，是为了保全自己。石油行业一塌糊涂，越来越糟，必须要有人出来主持大局。"仿佛如同看到了未来的先知，他坚决地说："时机已经成熟了，合并的日子已经到来，各自为政的传统已经过时，而且一去不复返了！"

第三章　上帝之名，垄断之道（1870—1881年）

在洛克菲勒之前，确实也有过垄断的尝试。在欧洲，行业工会和国有经营的企业，都曾与垄断概念发生过种种联系。而在1872年的美国，许多商业领袖，也都在尝试更大程度地控制其所在行业的生产、运输和价格，例如，以电信为主业的西部联盟，在此时忙于并购小电报公司，而纽约中央铁路，也已经通过收购，将大西洋沿岸到芝加哥的干线整合起来。洛克菲勒的标准石油公司，同样获得了垄断的成功，只不过其速度太快、反响太大，以至于在当时和日后，都成为批评者的靶子。

毫无疑问，这段光辉的并购战史，不仅让阿奇博尔德这样的后起之秀目瞪口呆，也让洛克菲勒自己铭记。1905年时，他在布朗大学演讲，说过一段著名的话："当红色蔷薇含苞待放时，唯有剪除周围多余的枝叶，才能令其在日后一枝独秀，绽放最艳丽的花朵。"许多人认为，这段名言，实际上是洛克菲勒对并购意图的最佳解释，那些"多余的枝叶"，就是他想方设法要予以消灭的同行，而他苦心孤诣所打造的标准石油公司，才是唯一的红色蔷薇，才是最符合上帝旨意存在的行业主角。

1872年底，洛克菲勒的标准石油公司，控制了全美国四分之一的炼油能力。他买下了巨大的"森林山"庄园，整整占地700英亩，并将人丁兴旺的家庭搬到了这里。但他并不是在这里享受安逸的，继续提升事业的梦想驱动着他的热情，从"森林山"出发，他要让石油帝国变得空前庞大，超出所有人的想象。

第四章
石油帝国,雷霆之力
(1873—1895年)

彻底兼并之路

经过一轮迅猛的并购，标准石油公司每年已经能运出100万桶成品油，每桶获得利润1美元左右。尽管如此，洛克菲勒依然觉得企业的根基并不牢固，因为铁路公司又恢复了原有的运输价格，这让他感到头疼不已。为了抓到足够与铁路谈判的牌，他重新尝试采用类似南方开发公司的联盟方式，去对行业资源进行新的整合。

1872年5月，此时距离南方开发公司的失败只有一个多月。洛克菲勒和弗拉格勒悄无声息地来到匹兹堡，在这里，他们会见了当地最大的三家炼油厂的老板。随后，他俩又坐火车去往泰特斯维尔，并带去了一份成立新协会的计划。这个计划设想，成立一个新的炼油商卡特尔，由卡特尔的中央董事会负责同铁路公司谈判，争取新的优惠运费。为了避免上一次的错误，协议特别说明，这个卡特尔欢迎任何炼油厂加入，但它们必须同意总裁由洛克菲勒担任。

可惜，这份"匹兹堡协议"并没有马上在泰特斯维尔那里得到欢迎。虽然洛克菲勒拜访了不少企业老板，但对方表面上的尊敬和惶恐下，埋藏着深深的敌意与防备，他们并不相信，参加这个卡特尔真的能够获得长远利益。在一次公众集会上，弗拉格勒慷慨陈词说："我们并不是来搞垮这个行业，而是来拯救它的！"但回应他的，却是听众的起哄和嘲笑。

尽管如此，当阿奇博尔德看出其中利益所在，并迅速签字之后，越来越

第四章 石油帝国，雷霆之力（1873—1895年）

多的企业主也幡然醒悟，加入了"匹兹堡协议"。当年9月，以该协议为框架，"全国炼油工业协会"成立了，洛克菲勒出任协会总裁，油溪区的范登格出任副总裁，东部炼油企业的代表派特担任了财务经理。由于协会对所有炼油企业完全开放，领导人员的结构又相当合理，因此没有招来任何非议。

协会总部规定了每日开采原油的数量及配额，并规定除了在协会人员的监督之下，各企业不可自由买卖原油。另外，协会总部表示愿意接受各种批评意见，而且在五年期限之内，任何企业会员都可以提前一年通知并退会，如果某个地区有四分之三的退出者，那么整个地区都能退会。

新协会开始运转之时，产油商们也发觉好日子远未到来。南方开发公司失败后，大封锁解除了，各家油井竞相开采，原油月产量从12 000桶猛增到16 000桶，结果导致市场价格猛降，谁都无法赚钱。欧洲市场新出现了价廉物美的煤液化油，全面排挤进口产品。全美各地资本纷纷看中产油区，越来越多的商人来到这一地区投资，总额达到5000万美元。内外交困之下，产油商们面临着严重困境。

为了解决麻烦，产油商们决定效法"全国炼油工业协会"，成立新的"原油生产协会"，会员包括各个石油生产企业主。他们希望通过协会，对内管控产量与价格，对外则与洛克菲勒领导的炼油企业联盟友好合作。

1872年夏天，"原油生产协会"正式成立，并通过了章程，规定共同出资，成立一家"原油代理公司"，投资100万美元，向所有产油商购买原油。价格上每桶不低于5美元，如果市价相当于5美元，则付给现款，如低于5美元，则将油储存在库里，付给一半现款、一半储藏的收据。如果市场价格持续偏低，那么就要有公司出面进行调查统计，采取方法来提高市价。

这个协议得到了大产油商的赞成，但小产油商并不愿意合作，因为他们害怕加入之后，就会丢掉对自身的控制权。正当双方僵持不下时，洛克菲勒展开了行动。1872年12月19日，他与原油生产商代表在纽约第五大道饭店见面，陈述了所谓的"泰特斯维尔条约"。条约墨迹未干，洛克菲勒就宣布，马上开始以每桶4.75美元的价格，向产油地收购原油。

还没等产油商反应过来，大批的代理人就带着整皮包现金，来到了油田。他们到处宣称，标准石油公司每天都要收购15 000桶原油，抓住机会签约吧！

这样优厚的条件，如同在漫无秩序的鱼塘里撒下大把鱼饵。许多生产商根本来不及思考，就轻率地签订了合约，因为这是他们从来没有见过的高价。为了履行合同，他们立刻加快了开采石油的速度。然而，他们却忽视了重要的一点：手中合约密密麻麻的条款中，并没有一项保证了收购价会保持在4.75美元。

洛克菲勒之所以会开出这样的条件，在于他预见到人性本质中丑陋的一面。他曾如此评价产油者们："这些亲爱的人们，如果他们能少生产一点石油，他们就会得到十足的价钱；假如他们生产的石油比全世界需求的少，那么世界上任何联合力量都不能阻止他们卖出好价。"但洛克菲勒深知，这种情况绝不可能发生，因为采油商们几乎都是冲动而贪婪的，他们无一不像1849年加利福尼亚淘金热的参与者那样，希望通过挣"快钱"，赢得终生的财务自由与生活幸福。既然如此，无论什么样的表面协议，都无法阻止其本性所带来的破坏。更不用说，原油生产行业里聚集的，都是在荒郊野外摸爬滚打多年的"硬汉"，他们脾气火爆、难于沟通而且彼此防范，想要通过一纸公文就约束他们的行为，实在比控制城市里更为理智的炼油企业要困难得多。

果然，自从洛克菲勒提出4.75美元的收购价之后，原油生产协会几乎陷入混乱。这个在诞生之前就先天不良的松散联盟，根本无法限制内部企业的原油产量，每个成员都心怀鬼胎，为了自身利益而迅速扩大产量。短短两周之后，采油区原油日产量已高达5000桶，标准石油公司收购了20万桶的原

第四章 石油帝国，雷霆之力（1873—1895年）

油。洛克菲勒立刻宣布，因为原产地的企业到处大量抛售，新的收购价降为每桶2.5美元，并准备随后调整为2美元以下。

面对突如其来的降价，产油商们惊呆了。他们纷纷向标准石油公司发去电报，要求其做出解释。但洛克菲勒给出的答复，却是斩钉截铁而冷酷无情的。他说，原产地供过于求的状况打破了历史上供应量的最高纪录，标准石油公司并没有责任，只能停止履行合约。私下里，洛克菲勒则对一盘散沙的生产商表达了鄙视之意，他说，这次事件，更加暴露出他们的失败天性，他们不可信赖，无法管控自己身上那种疯狂的因素。他还嘲笑他们说，只要有一点利益，就会无视内部协议，半夜溜出来打开油泵，以便在鸟儿报晓之前就抽出原油。

由于原油再一次陷入供大于求的局面，洛克菲勒在1873年1月，轻松地废除了与原油生产协会之间的协议。协议被废止后，原油生产商们更加乱作一团，他们再也无法形成同盟去控制产量和价格，导致油价在此时跌入谷底，这让标准石油公司再次巩固了行业霸主的地位。

半年之后，洛克菲勒所组织的全国炼油工业协会也碰到了类似的问题。协会内有少数厂家，开始违背协议，偷偷摸摸进行超额生产。更严重的是，协会外出现了"搭车者"。许多当初被标准石油公司收购了企业的商人，看到有利可图，又违背契约，购买新设备，经营起新的炼油厂。他们虽然没有加入协会，却能在市场上享受到受其维护的较高价格，更棘手的是，这些重操旧业的企业主，还试图公开威胁洛克菲勒，要求他再次进行收购。

最终，洛克菲勒对炼油卡特尔失去了信心，他对所有形式的企业联合都失去了信心。1863年6月24日，他在萨拉托加斯普林斯召集了炼油企业主，宣布取消"匹兹堡计划"，并解散全国炼油工业协会。

一年多来所目睹的成功和失利，让洛克菲勒终于下定决心，不再尝试组建任何公司联盟，而是像并购闪电战那样，推行彻底的兼并。他总结说，有些人，即便连万能的上帝都无法拯救他们，因为他们不愿意得救，只想要为魔鬼服务，坚持他们的邪恶做法。

鉴于这样的结论，洛克菲勒再也没有耐心期待任何改变。以上帝之名，他发誓不再心慈手软，而是厉行兼并之道，让标准石油公司的大旗猎猎飘扬。

为称霸全美而努力

1873年，洛克菲勒对各种徒劳无益的联盟都失去了兴趣，而准备将整个石油产业链都直接掌握在自己手中。此时，历史再次向他张开了祝福的臂膀。正是在这一年，南北战争后人们对于财富的疯狂追逐，终于以经济泡沫破灭的形式而宣告收场。在后来被称为"黑色周四"的9月18日，杰伊·库克银行在北太平洋铁路公司的融资发生资金断裂，进而宣布倒闭，其连锁效应导致一家股票交易所破产、许多银行倒闭、众多铁路公司破产。随后，大规模的失业浪潮带来了经济紧缩，平均工资水平降低了25%……这一切，反而加快了洛克菲勒图谋已久的兼并进程。

在经济萧条时，原油价格一路猛跌，降到了令人震惊的每桶80美分的低价。一年之内，这个价格又跌到了48美分，甚至比某些城市运水的成本都要便宜。洛克菲勒抓住机会，进一步吞并其他中小企业。

1874年秋天，在纽约的萨拉托加斯普林斯，秘密进行了一场改变炼油行业历史进程的谈判。斯普林斯风景宜人，又有着最好的赛马场和赌场，是举行秘密商务谈判的最好场所。作为谈判的发起者，洛克菲勒专门邀请了查尔

第四章 石油帝国，雷霆之力（1873—1895年）

斯·洛克哈特、威廉·沃登这样的重量级对手，而本方则由他与弗拉格勒亲自出马。

谈判刚开始，洛克菲勒就习惯性地直奔主题，他指出，只有接受他的建议，将多家公司合并一处，才能避免毁灭性的降价竞争。洛克哈特和沃登起初不以为然，觉得洛克菲勒只是虚张声势，但弗拉格勒递上的账本证明了一切，他们惊讶地发现，洛克菲勒制造煤油的成本太低了，低到他甚至可以用低于竞争对手的成本价去出售，依然能够盈利。

洛克哈特与沃登满腹狐疑，随之结束了谈判，分别匆匆回到匹兹堡与费城。在那里，他们派出手下到处了解标准石油公司。几周之后，他们确定了双方实力的差距，并得到了洛克菲勒的保证：可以在公司管理中占有一席之地。于是，他们决定和洛克菲勒联合，作为交换，他们成了标准石油公司的股东，还有自己从未得到过的铁路运费折扣、低息贷款、新式油罐车和炼油技术。

降伏洛克哈特与沃登，让洛克菲勒一举拿下了匹兹堡一半以上的炼油能力，并获得了费城最大的炼油厂。不过，洛克菲勒并不希望公开这样的战绩，他提出，并购只采用暗中交换股权的方式进行；在所有对外场合中，洛克哈特和沃登的公司依然都是独立运营的。

对于这样的信任，洛克哈特和沃登自然投桃报李。他们成为洛克菲勒悄然设下的伏兵，如同两张巨大的罗网，洒向各自所在的市场，在其中继续推进大规模的连锁并购。很快，匹兹堡与费城就成了标准石油公司帝国的新领地。以匹兹堡为例，在此之前，这座城市有22家炼油厂，仅仅两年之后，匹兹堡就只剩下一家独立运营的炼油厂了。

在吞并匹兹堡和费城炼油企业的同时，洛克菲勒在油区和纽约也开始了关键收购。

在油区，洛克菲勒启用了亲信阿奇博尔德，组建了阿克美石油公司。短短几个月之内，熟悉油区的阿奇博尔德，就并购或租赁了总共27家炼油厂。随后的三四年里，油区已经没有了独立运营的炼油厂。

即便是最痛恨洛克菲勒的对手，也承认其有非常出色的用人艺术，他总是能找到那些最值得信任的人才，可以将他的经营思路和手腕发扬得淋漓尽致。在油区的一系列并购中，阿奇博尔德宛如洛克菲勒的翻版，忠实履行自己的责任。他总是将给炼油厂主的价格压得很低，即便洛克菲勒要求他必须付出公道的价格，他还是常常感到不甘心，觉得自己做出了并不必要的让步。

在纽约，洛克菲勒先是买下了专门生产盒装煤油的德沃制造公司，又并购了有一家大炼油厂的长岛公司，在弟弟威廉的辛勤努力下，随后又兼并了查尔斯·普拉特公司。

这些收购，为洛克菲勒带来的不止厂房、机器和市场，还有最为宝贵的人才。其中，对查尔斯·普拉特公司的收购，为他招来了标准石油公司历史上值得铭记的英才：亨利·罗杰斯。与阿奇博尔德曾经是产油区反洛克菲勒联盟的领导者一样，罗杰斯也曾经领导过纽约炼油商的反洛克菲勒联盟，但他也是其中最早投奔标准石油公司的人。罗杰斯在管理和技术方面都十分出色，他曾经获得一种从原油中分离石脑油的重大工艺专利，又领导过标准石油公司的原油采购、管道运输和制造流程管理等业务。

1875年5月，洛克菲勒吞并了西弗吉尼亚州帕克斯堡的卡姆登公司，并将之改名为卡姆登联合石油公司。这次收购，卸下了标准石油公司帝国在地图上的唯一软肋。

在此之前，洛克菲勒控制的炼油厂，全部分布在纽约中央铁路、伊利铁路和宾夕法尼亚铁路运营的区域中，但在巴尔的摩-俄亥俄铁路公司所控制的地图上，却是一片空白。不仅如此，这个新兴的铁路公司，居然在支持最后一批敢于公开对抗洛克菲勒的独立炼油企业，而其中被他们最为看重的，则

第四章 石油帝国，雷霆之力（1873—1895年）

当属卡姆登无疑。结果，直到卡姆登成为洛克菲勒的新下属，并开始为其收购其他炼油厂，巴尔的摩-俄亥俄铁路公司还被蒙在鼓里，甚至继续为他提供着优惠运价。

到此时，洛克菲勒终于舒了一口气。他满意地看到，自己基本完成了控制主要炼油中心或城市的宏大计划。

但真正的称霸不是只体现在规模上，还需要行业独立性的王权证明。此时，尽管洛克菲勒还经常需要大笔贷款，但他已经不用再屈就任何一个银行家的意思了。除此之外，他还希望自己可以摆脱范德比尔特等铁路运输巨头的影响。

机会很快出现了。由于担心油田终究会枯竭，进而导致石油运输专用设施的贬值，铁路公司减少了相关投资。洛克菲勒捕捉到这种不安，立刻向各家铁路公司发出信号。1874年4月，他和伊利铁路公司达成协议，保证用现代化设施来装备调车场，并将所属西部炼油厂产量的50%交给伊利公司运输。作为交换，伊利公司将新泽西州威霍肯车站的所有权交给了标准石油公司。此外，洛克菲勒在纽约中央铁路公司也很受欢迎，继承范德比尔特宝座的小范德比尔特，与其父亲一样重视洛克菲勒，他甚至做出准确的预言："洛克菲勒将成为这个国家最富有的人。"在这样的关系下，标准石油公司很快控制了纽约中央铁路公司和伊利公司几乎全部的石油运输。由此，洛克菲勒不但能继续确保获得运费优惠，还可以随时了解掌握竞争对手在全国铁路网线上的石油运输情况。

并不是每一家铁路公司都会如此配合洛克菲勒的计划，宾州铁路公司董事长斯科特，就突然选择标准石油公司在运输领域的薄弱环节发难。他先是成立了帝国运输公司，对产油区的两条主要油管进行合并，随后购买了5000吨的运油船，组成五大湖的石油运输船队。同时，还在隔着哈得逊河、与纽约相对的新泽西州，建造了专门的仓库和储油槽，作为运输中转站。

这一系列步骤迅速而精准，充分表现出斯科特当年作为南方开发公司发起者的眼光和能力。在此以前，管道只用于将石油从开采井口运输到铁路旁，而帝国运输公司的举动，预示着管道将创造性地用于长途运输，甚至取代铁路。对于斯科特而言，这无疑是维持宾州铁路在石油运输行业利益与话语权的最后一战，对于洛克菲勒而言，这又事关标准石油公司、伊利铁路和纽约中央铁路运输联盟的生死存亡。洛克菲勒很清楚，如果输掉这一战，标准石油公司就无法真正垄断东部，更谈不上席卷全美。

"管道，必须是管道！"在一个个夜晚的沉思之后，洛克菲勒终于下定决心，他在地图上用红色铅笔，将匹兹堡重重地圈定起来。

所有人都清楚，新的战役即将打响。

管道争夺战

为了和斯科特争夺管道运输行业的垄断权，洛克菲勒进行了精心准备。首先，他宣布减少标准石油公司的股息，将利润以现金形式留在公司，而不是分给股东。随后，他果断追加投资，从欧洲引进了大量先进生产技术和机器，从而用极快的速度改善了煤油加压蒸馏设备，减少了原油在蒸馏过程中的漏失和浪费。这样，标准石油公司有效降低了成本、增加了产量，提升了产品质量上的竞争力。同时，洛克菲勒将宾州铁路公司在管道上的行动，及时通报了伊利铁路和纽约中央铁路公司，他警告这两家公司，如果管道运输大面积普及并被垄断在斯科特手上，那么最先受到损失的不是标准石油，而是它们。为了联合起来，他提出再次提高折扣，以确保共同生存。

第四章 石油帝国,雷霆之力(1873—1895年)

伊利铁路公司和纽约中央铁路公司知道,提高折扣代表着利润再次降低,但权衡利弊之后,他们只能无奈地选择同意。毕竟,从硬件到战略,他们都已经和洛克菲勒牢牢绑定在一起。

拿到更多的运费折扣后,形势开始对洛克菲勒有利。他将匹兹堡作为首选目标,将精炼油通过铁路网络源源不断地向这一地区进行倾销。由于匹兹堡是宾州铁路公司重点经营的核心,这一打击,顿时让斯科特面临每个月高达上百万美元的财政赤字。

斯科特并非没准备,他调集资金,应对洛克菲勒的低成本倾销。面对标准石油公司的步步进攻,他相信只要坚守下去,就能消耗掉对方的财力和耐心,并迎来转机。然而,新的"黑天鹅事件",却加速了斯科特失败的进程。

在长达数年的倾销战中,铁路工人成了利益受损最大的一方,他们的工作压力不断加重,然而工资却不见增长。到了第三年夏天,铁路工人终于爆发了声势浩大、前所未有的大罢工。实际上,铁路业罢工在当时并不是什么新鲜事,但这次罢工的规模与性质相当少见,罢工者不仅采取常见的游行示威方式,还将之迅速上升为暴力行动。工人们拆除铁路枕木,对转运站和仓库加以破坏,在劳资双方的冲突中,出现了流血惨案。仅在匹兹堡市内,就有25人在罢工中丧生。

相比商业竞争,流血惨案引起了全社会的震惊与愤怒。从媒体到民间,流言四起,批评者将矛头指向了斯科特和洛克菲勒。有人怀疑,罢工的幕后指使者就是洛克菲勒,甚至有人绘声绘色地说,他们看到标准石油公司的人拆掉了宾州铁路运输线上的枕木。

洛克菲勒对流言向来采取无所谓的态度,这些流言根本不足以动摇他的意志与决心。斯科特却难以承受,罢工结束遥遥无期,只要铁路工人一天不开工,他的损失就会越来越大。更何况,洛克菲勒面向匹兹堡的倾销已经持

洛克菲勒家族传

续了三年，斯科特原本预计的进攻只能支撑到这个时限，但现在看起来，他的判断还是过于乐观，一桶桶带着标准石油公司记号的精炼油，如同战场上铺天盖地的弹幕，覆盖了本方地区。

斯科特决定去纽约同洛克菲勒讲和，他不能因为这场苦战，赔上宾州铁路公司的全部家底。洛克菲勒凝重地看着一脸疲惫的对手，提出了简单的条件：以340万美元，买下他的帝国运输公司。

洛克菲勒早已考虑成熟，他确信，帝国运输公司虽然只是个名号，其手中却有最宝贵的资产，就是宾州铁路公司对石油运输管道的控制权。买下这个公司，也就掐住了宾州铁路公司的咽喉。

斯科特明知340万美元根本比不上自己已有的投入，但他甚至不用计算，就知道如果拒绝，未来的报价会更低。

斯科特无奈地同意了，洛克菲勒大获全胜。他接收下斯科特在匹兹堡的两条输油管道，更拿下了在新泽西建造的大型储油槽，从此，他获得了强有力的渠道优势——出海口，为标准石油公司面向全世界发展打下了基础。

就在这三年内，另一场惊心动魄的石油运输大战，也在洛克菲勒面前的棋盘上演变着。在斯科特成立帝国运输公司之初，洛克菲勒就清醒地意识到利用和控制油管的重要性，他确信，无论今天与铁路公司的合作看起来多么紧密，未来的时代必然是属于油管的。因此，只有建造本公司掌控的油管运输系统，才能确保获得明天的垄断地位。

看到这一点的，不只是洛克菲勒，还有油田区的原油生产商们。由于此时三大铁路系统全部被洛克菲勒所控制，他们虽然距离油田最近，却在运输方面占不到丝毫便宜，完全处于竞争的下风。为了打破这一局面，生产商们这次终于团结在一起，制订了此后为人称道的大计划：在油田和五大湖之间，架设强大的油管体系。

计划中的输油管道，长达370公里。一旦建成，原油就能源源不断地从产

第四章　石油帝国，雷霆之力（1873—1895年）

地直接输送到伊利湖，然后再以船运到纽约，这样，就完美绕开了洛克菲勒对铁路系统的垄断，进而动摇他现在的赢家位置。

遗憾的是，这个计划墨迹未干，就被阿奇博尔德设法弄到了。在油田区，阿奇博尔德埋下了众多"棋子"，他不仅为许多小商人提供商业间谍经费和报酬，还许诺说，如果他们的身份暴露，无法在油田待下去，公司也会继续负责他们的家庭生活费用。因此，"棋子"们卖力工作，从各个角落将不同的零散情报提供给阿奇博尔德，他则如同端坐在网中的蜘蛛，油田有任何的风吹草动，都会通过他的神经末梢与心智中心，再迅速地传导给帝国王座上的洛克菲勒。

计划传递到纽约后不久，洛克菲勒就做出了应对。他马上下令运输系统停止输送来自马津郡的任何原油。

马津郡，有着油田区新发现的原油矿脉。由于那里距离主油田区相当远，因此开采和生产的全部原油，都要依靠标准石油公司的运力输送出去。只要一天不恢复运输，马津郡日益增加的原油就无法运出去、实现利润，这简直掐准了油田区许多投资者的命脉，结果，他们只好向洛克菲勒承诺，停止原先信心满满的计划。

然而，失去大批原油生产商支持的这项计划，并没有就此夭折。

洛克菲勒一生所面对过的对手，几乎都是那个时代的精英人物，无论在眼界、才能还是意志上，他们都有着过人之处。这一次，铺设石油管道计划背后的发起者也同样如此，他就是曾经担任纽约州州长的宾森。

宾森有一张大而扁平的脸，他眉毛粗黑、双唇紧闭，彰显着坚毅与倔强。在宾森四十多年的人生历程中，无论混迹政坛还是身处商界，他都从未向别人服输。当听说洛克菲勒瓦解了他的合作团队之后，他决定重新找人加入计划。

为了坚定其他合伙人的信心，宾森专门引进了杰出的赫普特准将。赫普特准将毕业于威廉波特士官学校，在土木建筑上有很高造诣，曾经担任宾州铁路公司总工程师。纽约东方河上著名的布鲁克林桥、马萨诸塞州的胡扎克隧道，都是他的杰作。

赫普特虽然大名鼎鼎，但个性却沉稳扎实。他了解到自己的任务之后，马上开始着手勘察地形。为了保密，他独自一人在宾州北部的荒野山区穿行，也不能委托不动产公司去收购土地，只能选择购买那些不为人注意的偏僻森林。为了慎重起见，赫普特在所购买的土地合约上，全部使用了暗语。

似乎天平终于向洛克菲勒的对手们有所倾斜，正当赫普特艰苦地朝着宾州东北部的威廉波特推进时，一个好消息传来了：在靠近新泽西州的布拉夫特郡山中，开采出一口日产2万桶原油的大油井。这口油井比油区更靠东，距离纽约州只有32公里，如果将油管工程铺设到那里，输送原油到纽约甚至连船都不需要了。

宾森对此喜出望外，他一方面以这个消息去刺激生产商们加入油管工程计划，另一方面又吸取了原来的教训，尤其注重保密与安全工作。

终于，赫普特完成了勘探，开始了相关铺设工作。他参加过南北战争，见识过战场上种种惊心动魄的场面，经受过生死存亡的考验，同时又善于指挥和管理。在他艰苦卓绝的努力之下，标准石油公司的各种阻挠和破坏都没有减缓工程推进速度。经过数年漫长的建设，到1879年5月28日，油管工程真的在洛克菲勒眼皮子底下大功告成。

这是人类有史以来建造的第一条真正长距离的输油管道。其投入使用的第一天，2.5万桶原油通过吸筒设备，从储油槽被输入到油管中，这些宝贵的黑色黄金，花费了三天时间，终于以缓慢的速度抵达第二站：奥姆斯特抽油站。到第七天，原油终于抵达终点：威廉波特的储油槽。

当滚滚的黑色石油，越过了茂密的森林和崎岖的山路，终于从储油槽中倾泻而出时，赫普特确信，他一手打造的输油管道体系确实成功了，这是

第四章　石油帝国，雷霆之力（1873—1895年）

他人生中又一项值得铭记的重要技术工程，而在宾森看来，这也是其事业生涯中理应大书特书的胜利。要知道，他们战胜的，可是极少有过败绩的洛克菲勒！

在威廉波特抽油站前，赫普特与宾森的两双大手，坚定地握在一起。四周闪光灯纷纷闪亮，记者的笔尖在纸张上迅疾而过。他们都知道，不用多久，雪片般的报纸就会飞往匹兹堡、费城、克利夫兰以及纽约，在那些显眼的头版头条上，将会出现此时此刻的情形。

赫普特与宾森不禁想到，洛克菲勒，他们眼中的"巨蟒"，又会带着怎样的心情，去看待现在这一幕？

迷宫般的石油帝国

纽约，百老汇大街44号，标准石油公司总部，董事长办公室。

洛克菲勒站在窗前，俯瞰着楼下的车水马龙，他身后宽大的办公桌上洁净整齐，角落里是一叠晨报。

从报纸上，洛克菲勒终于确认了原油输油管道顺利投入使用的消息。对此，他确实感到吃惊。实际上，宾森与赫普特尽力保密的勘探和铺设工作，他早就有所耳闻，并让阿奇博尔德随机应变，设法加以阻止，但他其实不太相信，油管真的能够越过自然地形的重重阻碍，成功通往终点。但眼前的事实，给了他一个沉重的教训。

想到这里，洛克菲勒不禁又起了爱才之心，赫普特如此坚毅沉着，精于技术，为什么跑到对手那边去了？

还没等他想好，弗拉格勒和弟弟威廉走了进来，两个人看起来似乎也面色沉重。

威廉开口说道："约翰，油管铺设成功，看来并不是一个好的先例。随后应该会有更多人参加到油管建设中，我们的铁路运营，又会碰到新对手。是不是又要准备运费大战？"

洛克菲勒坚定地说："绝对不可能！我们要想方设法，将这个新完成的泰特华德油管给买下来！"

弗拉格勒和威廉诧异地相互看看，确认彼此都没有听错。洛克菲勒的创造力与勇气确实在商界闻名遐迩，但这两位他身边最亲密的左膀右臂，还是想象不到洛克菲勒能提出如此计划。人人都知道，专门用来对付洛克菲勒的泰德华德油管，花费了巨资、投入了人力，以及足足五年的时间成本，其上是由宾森领头的一众股东，而指望他们现在同意将油管再卖给洛克菲勒，岂不是与虎谋皮？

洛克菲勒看两人沉默不语，脸上掠过不易察觉的微笑。他自己坐下来，随后摆了摆手，意思是请两人也坐下来，静心听取他的计划。

原来，标准石油公司无处不在的商业间谍，早已盯上宾森，将他的行踪不断汇报给总部。洛克菲勒由此得知，宾森正在准备扩建油管工程，但由于手头缺乏资金，便频繁往来于伦敦、巴黎、纽约，向不同银行贷款。最近，他已经返回美国，并向全美最大银行第一国际银行贷款200万美元，准备将油管从威廉波特继续向东延伸，那样，就能和新泽西的中央铁路连成整体。

听到这里，威廉和弗拉格勒的面色都变得沉重起来，他们都知道，对方拿到这样一笔巨大的贷款，无疑说明将会有更多油管出现在宾州，会有更多原油没日没夜地涌向纽约的港口。

然而，洛克菲勒却不慌不忙，他放低了声音，三个人俯首密商起来。

几天后，在纽约第一国际银行的办公室里，来了一位不速之客。他故作

第四章 石油帝国，雷霆之力（1873—1895年）

神秘地告诉接待员："我想要投诉你们的客户泰特华德公司。他们刚从贵行贷款，但现在却有人暗中贪污款项。"

如果换作普通人，很可能被当成造谣者赶走，但银行职员却并不敢这样做，因为揭发者正是握有泰特华德公司三分之一股票的帕特森。职员客气地记录下他的投诉，随后又将之整理成报告，报告层层上交，最后放到了第一国际银行总裁詹姆斯·斯蒂尔曼的桌上。整个银行所不知道的是，帕特森早已被阿奇博尔德策反，成为洛克菲勒的人。

不久之后，宾森再次来到纽约第一国际银行，希望能够再次借到200万美元。然而，斯蒂尔曼委婉拒绝了他，并透露说，由于在他的公司里，有主要发起人股东表示怀疑管理团队的职业道德，因此，银行很难信任这样的贷款客户。退一万步说，即使股东是在诬告，也说明公司股东中出现了明显的分歧。

宾森从未想到，问题会出在内部。他满腹狐疑、心事重重地离开了银行，随即回到公司，私下开展了一轮轮摸排。他没有想到，这样的行为，正中洛克菲勒下怀。在宾森疑神疑鬼的调查中，整个泰特华德公司很快陷入了相互猜疑的气氛。随后，帕特森按照阿奇博尔德的指示，在股东会上发难，以缺乏信任为理由，强烈表示希望抽回自己的股本。接着，其他几位股东也在他的煽动下，公然反对宾森的领导，为了退股，他们还到地方法院提起了诉讼。

由于一系列的争端，行情始终走势良好的泰特华德股票，转而下跌不止。洛克菲勒立即指示，迅速在股市上大量收购该公司的股票，不计成本，只要数量。

内忧外患中，宾森完全失去了对公司的控制权，虽然心有不甘，但他最终还是将股票全部出售给洛克菲勒，黯然离场。

买下泰特华德公司，洛克菲勒终于实现了自己设立的第一个目标。这次成功收购，还给他带来了巨大收益，在此之前，他就秘密投资500万美元成立了美国运输油管公司。按照投资协议，一旦吞并泰特华德成功，这家油管公司就能获得新增投资3000万美元。

此时，已经没有人能阻挡洛克菲勒。美国运输油管公司完成了威廉波特和纽约之间的油管铺设，再加上之前产油区与克利夫兰、水牛城、匹兹堡之间的油管输送网，一张如同迷宫般的油管网络在美国东部徐徐生成。这个巨大的网络，每分每秒都输送着从数百英尺下抽送出地表的原油，大大减轻了标准石油公司对铁路的依赖，使其在运输上占有了绝对主动权。

到1879年，标准石油公司所提炼的石油，已经占到全美生产总量的95%。此时，洛克菲勒刚满40岁，已位列全美富豪前20名。随后的数年里，洛克菲勒的属下四面出击，产油区的阿奇博尔德、匹兹堡的洛克哈特、费城的沃登、纽约的威廉等人，各自大显身手，以不同的手段为标准石油公司收购炼油厂。

1882年1月2日，标准石油公司召开股东大会，正式组建托拉斯。托拉斯，是英文"Trust"的音译，意思是"信用"。如果说卡特尔尚来自于德国，那么托拉斯就是正宗的美国垄断形式，其发明者是洛克菲勒。

在托拉斯的体系中，各州的不同企业，在财务上各自分开，有独立账目、股票和董事。在法律上，各个公司都是独立的。但是，这些公司实际上都采用相同的名字和经营方式，并听从同一个执行委员会指挥。所有企业的股票，都交给委员会经营，这样，看似分散的各公司绕过了法律漏洞，实际上都控制在洛克菲勒手中。

标准石油公司在股东大会上正式组建九人委员会，掌管所有下属公司的股票。这九个人分别是：约翰·洛克菲勒、佩恩、威廉·洛克菲勒、弗拉格勒、沃登、阿奇博尔德、波什维、派特和希鲁斯。这一天，标志着标准石油托拉斯的正式成立。在这个托拉斯中，总共有40家公司，其中14家公司的股

第四章 石油帝国，雷霆之力（1873—1895年）

票完全听其指挥，另外26家股票的大部分由其控制。从外表看，谁都知道它是史无前例的巨兽，但从法律文字上看，外人则根本无法弄清其中具体的产权关系、组织结构。

1883年底，洛克菲勒发现，百老汇44号那栋不起眼的房子，再也无法承载这个托拉斯的责任与梦想。他选择在曼哈顿岛的最南端，逐步购置地产，并最终计划在草地球场旁亚历山大·汉密尔顿宅邸的原址上，建造崭新的总部大楼。

1885年5月1日，标准石油公司迁入造价将近100万美元的新总部，这是一幢气势恢宏的新古典主义风格的九层花岗岩大楼，远眺时如同无法攻克的堡垒。在大楼之外，没有挂上任何标准石油公司的名称标志，只有简单的街牌号码：百老汇26号。这块街牌很快成为世界上最著名的石油托拉斯缩写，无论何时何地提起这个地点，都会让人不约而同地联想到洛克菲勒所倡导的神秘、权威和效率。

在大楼落成之后，一些有幸溜入大楼的记者发现，大楼内部显得庄重高雅，与其森严权威的外表并不相同，四处都是卷盖式的红木办公桌，地上则是暗黄色的地毯。办公室里，落地式的玻璃隔断直达天花板，遮掩着每个格子间里进行的所有活动，任何一间办公室门上，都装有特殊的保密暗锁，进入者只有以拇指和食指正确地扭动锁边，才能转动把手。这一切，都使整个公司总部宛如一座巨大的商业与权力的迷宫。

正是在这座迷宫中，洛克菲勒指挥着标准石油公司继续扩张。1887年，标准石油公司几乎消灭了绝大部分的国内竞争对手。按照其实力，完全可以将残余的几家独立炼油厂吞并，但洛克菲勒并不愿意这么做，他希望保留这几家幸运的小企业，从而摆脱外界对其垄断的风评。

其实，洛克菲勒这样的做法，显然有些自欺欺人。他虽然尝试低调，但事实上他已经无法再低调下去。

他和他的团队，年复一年地在扩张的道路上跋涉着，终于创造出前所未有的奇迹。自新大陆被发现之后，美洲大陆上还从未有过一个企业，能像标准石油公司这样，对其所在行业霸占得如此彻底。现在，美洲大陆地平线上，从东海岸到西海岸，从每个城市到每个港口，人们不再只是隐约听闻和窥探到石油托拉斯怪兽的黑暗身影；相反，这座矗立在美国全民面前的宫殿，正引领着整个庞大的石油帝国。

这个帝国的兴起，花费了洛克菲勒十年心血，接下来的十年，他又会做出怎样的选择？

时代在翘首以待。

将触角伸向海外

从洛克菲勒成名之后，外界就习惯将他描绘成足不出户的工作狂，借以解释他是如何一步步取得难以想象的成功。对此，洛克菲勒非常不快，但又拿不出确实证据加以反驳。因为他的确是在40岁之后，才开始出国旅行的。从某种程度上而言，他是一个保守的美国乡下人，对异域风情没有多少兴趣，从不去亚洲、非洲、拉丁美洲，因为对他而言，旅行的意义不是去跟风追寻那些异域风光，而是想方设法将自己的理念与文化加以传递。

1887年6月1日，洛克菲勒终于安排出了休息时间，带着妻儿启程去欧洲度假3个月。他手下的经理们去船上欢送，下船后感到如释重负，因为他们早就担心洛克菲勒不知疲倦的工作会损害其健康。但洛克菲勒依然放不下事业，船还没到英国南安普顿港，他就发电报给公司："我发现，我实在急于

第四章 石油帝国，雷霆之力（1873—1895年）

了解生意上的事情。"一个多月后，他又从柏林发电报，恳求公司执行委员会给他提供任何当前生意上的信息。

当时，大批美国人涌入欧洲度假，但由于粗俗，炫富，加上缺乏知识，他们在欧洲的老牌贵族社会面前，出了不少洋相。相比之下，洛克菲勒一家虽然毫无情调、不近人情，但洛克菲勒到哪里都是朴实无华的装扮，加上他那口音浓重的美国英语，使得他看起来更像是来自美国的土财主。后来，当小约翰·洛克菲勒回忆起这次旅行，依然对父亲总是试图搞懂那些法语账单上每项内容的认真表情，感到印象深刻。但他也承认，对于孩子来说，这确实是非常良好的商业基础教育。

洛克菲勒并不喜欢欧洲充满皇室气息的宫殿、剧院，他只喜欢拜谒教堂，或者游览美丽风景。起初，他拒绝拜谒教皇，后来有人告诉他，这件事会让标准石油公司里信奉天主教的员工感到高兴，于是他就改变了主意。

与洛克菲勒一家在欧洲的处女游相对应的是，他所创建的标准石油公司，早已将触角伸向了海外，且更加肆无忌惮、无孔不入。相比美国国内市场，国外市场规模更大、利润更高。早在19世纪70年代初，这家公司的煤油制品就进入了东亚地区，如中国、日本；到19世纪80年代，全世界85%的原油都来自宾夕法尼亚州，石油成为美国第四大出口产品。如同无法容忍卧榻之侧有酣睡的其他人，洛克菲勒同样不能允许国外出现竞争对手，他曾经这样对人说："我们既有能力供应国内市场，就有能力出口。我希望我们将来能想方设法做到这一点。无论如何，都要为此而不断努力。"

可惜，洛克菲勒终究并非全知全能，他没有及时发现遥远的高加索地区，正在萌发一场重要的变革。19世纪70年代初，俄国巴库港打出了产量空前的油井，黑色的油柱在震耳欲聋的轰鸣声中冲入天空，有的甚至要连续喷发几个月才能被控制住。一座座炼油厂拔地而起，且很快被浓密的黑烟包裹得严严实实。其中，瑞典人罗伯特·诺贝尔和他的两个兄弟（其中最小的诺贝尔，在去世前设立了举世闻名的诺贝尔奖），建立了诺贝尔兄弟石油制造公司，生产出质量可以与标准石油公司产品媲美的煤油，并迅速垄断俄国市场。1883年，以诺贝尔兄弟为代表的俄国石油企业，利用价格低廉、质量上乘的煤油，开始抢占标准石油公司在欧洲的地盘，其发展势头之快，让洛克菲勒大吃一惊。

为了报复俄国人的进攻，洛克菲勒动用了他最喜欢的招数：降价倾销、攻击对手和收购对手。然而，虽然他派出的密使与诺贝尔公司有过接触，但诺贝尔公司在俄国必须听命于沙皇政府，加上他们并不愿意与标准石油合作，因此收购无从谈起。

1885年之后，巴黎的罗斯柴尔德家族也在亚得里亚海沿岸建造了一批炼油厂，并出资组建了里海和黑海石油公司，继续利用蕴藏量极为丰富的俄国石油牟利。此后的许多年里，在全球石油市场上，这三家公司相互勾心斗角，每一方都试图联合另一方去压制第三方。

如此激烈的海外竞争，再一次激发了洛克菲勒的斗志。他虽然已年近50，却壮怀激烈，在对下属的训话中，他用充满文学气息的诗句表达果敢与坚毅："奋起而行，勇于迎接任何命运；进取不息，追求不止；耐心等待，坚韧努力。"与此同时，洛克菲勒希望放弃借助中间商去运作欧洲市场的做法，而设立由公司直管的海外营销分支机构，这一想法得到了阿奇博尔德的支持，但在执行委员会内部却引起了部分反对。直到1888年，罗斯柴尔德家族打破僵局，在英国设立了直接的销售分公司后，委员们的看法才统一。仅仅24天之后，标准石油公司第一家海外分支机构就诞生了，这个名为英美石油公司的销售机构，很快代表总公司垄断了英国石油市场。1890年，标准石油公司又在不莱梅成立了德美石油公司，在鹿特丹建立了石油输送站，签下了向法国全国供应所需原油的合同，买下了荷兰、意大利和斯堪的纳维亚各地多家石油公司的部分股份，甚至还在印度进行了激烈的价格战。此外，标

第四章 石油帝国,雷霆之力(1873—1895年)

准石油公司紧随诺贝尔兄弟公司,向欧洲派出了巨型油轮以运送产品。

除了抓住市场营销渠道,洛克菲勒也从未忽视过产品质量。在欧洲,虽然诺贝尔兄弟和罗斯柴尔德家族的公司拥有一定的市场分量,但抱怨其煤油产品质地不纯的声音从未停止。更重要的是,这两家公司并没有真正地扼杀其竞争对手,也没有建立托拉斯组织,因此很难全面地抗衡标准石油公司。对此,阿奇博尔德的评论一针见血:"如果俄国石油业也像标准石油公司那样采取果断迅速而积极的行动,那么现在让美国石油业获取利润的市场,很可能都是他们的天下。"

虽然俄国人的动作可能慢了一拍,但到了此时,所有人都意识到石油并不是什么奢侈品,而是遍布在世界各地。1890年,荷兰皇家公司在荷属东印度成立,1891年,商人塞缪尔成为罗斯柴尔德家族在远东销售煤油的运营商,并在6年后建立了壳牌运输贸易公司。由于洛克菲勒本人并不太重视亚洲市场,标准石油公司的动作显然慢了一步,等他们反应过来,又企图买下这两家竞争对手时,结果却以失败告终。所以,标准石油公司只得立刻在亚洲的港口城市如上海、加尔各答、孟买、横滨、神户、长崎等设立营业所、派遣代理人。在种种努力之下,亚洲市场被一分为三。到20世纪初,荷兰皇家公司和壳牌合并,竞争形势变为两方的直接对立。自此以后,从欧洲到亚洲,竞争与对抗就成了主题,标准石油公司的触角延伸到更远、更细分的地域市场之内,不断进行着秘密交易。

虽然海外竞争态势激烈,但在全美国,标准石油公司依然是当之无愧的霸主。此时,他们已经拥有2万口油井,4000英里长的输油管道,5000辆油罐车,10万名员工,每天都要向欧洲出口5万桶原油。因此,洛克菲勒面对的海外竞争,实际上并不影响其公司所处的历史地位,它必然会作为世界上最为庞大的商业组织之一,被载入史册。

开创者急流勇退

时间是每个人最为忠实的朋友,也是他们无法战胜的敌人。即便是约翰·D.洛克菲勒,也无法逃脱这一点。当时间走到了19世纪90年代,史上最强托拉斯的缔造者,也走到了人生的转折点。

在此之前,洛克菲勒通过商业竞争,积累了以亿万计的财富。而现在,他不仅要继续管理石油帝国,还要安排慈善事业,并应对越来越多的法律诉讼事务。由于多年的辛劳工作,洛克菲勒曾经良好的健康状况开始走下坡路,他的饭量变小了,每天只吃牛奶和麦片,却依然不断发胖。1896年,他的头发开始脱落,后来眉毛也开始脱落,为此他换上了最好的假发套。

洛克菲勒不得不开始考虑急流勇退,但他选择的继承人阿奇博尔德请求他不要公开,因为他的威名能够震慑公司内外,可以为标准石油发挥余热。于是,洛克菲勒悄悄收拾好个人物品,不再去百老汇26号上班,这一年,他57岁。除了担任公司副总裁的阿奇博尔德,几乎没有人知道这件事。

不过,洛克菲勒并非完全退休。他对公司的支配权依然很大,有时候,他还是会回到办公室,处理私人事务。到1899年之后,他就不去公司了,只是用电话和阿奇博尔德保持联系。

退休之前,洛克菲勒住在位于纽约第54大街的四层楼砖房中。虽然他拥有克利夫兰最古老的"森林山"庄园,但这里让他感到更为方便,他不喜欢交际应酬,因此只需要能够招待亲朋好友和公司同仁的地方。快要退休之前,洛克菲勒终于开始寻找可以提供度假休息的理想场所。1893年,他在哈得逊河与支流的分水岭上购买了一幢两层楼、木结构的房屋。这里被称为波坎蒂科,在纽约市北约30英里。站在位于西南角的阳台上,能看见奔流的哈得逊河水、新泽西的悬崖峭壁和郁郁葱葱的锯木厂河流域。以这里为中心,

第四章 石油帝国，雷霆之力（1873—1895年）

洛克菲勒又花钱买下周围不少土地，最终将庄园面积扩大到1600英亩。

洛克菲勒花费了许多力气改造他的庄园。他拆毁了一幢幢建筑物，将一片片篱笆拔掉。许多石头被炸平，改去铺垫新开辟的道路，树木也被连根拔起，转移到新的生长地方。不过，与其他那些将别墅布置成充满大理石、水晶和古董的宫殿的富翁不同，洛克菲勒的庄园并没有这些，他的室内布置只是自己最喜欢的简朴舒适风格，并没有什么装饰品，甚至餐桌上的食品也乏善可陈。后来，他的儿子小洛克菲勒也继承了这一点。

值得一提的是，新庄园里种植了上千棵树木。当洛克菲勒后来又在新泽西买下一个高尔夫球场，并将之改建成住宅时，他还顺便完成了一小笔树木生意，他将种在波坎蒂科的树木，以一棵1.5～2美元的价钱，卖给了他的新邻居，而当初一株树苗的成本价格只有5～10美分。后来每次提到这件事，洛克菲勒都会感到自豪。

人们说，这反映了洛克菲勒的人生哲学。在漫长的一生中，他其实并不太关心自己挣到了多少钱，也不在乎如何去花掉钱，其追求的核心是成功挣钱的过程。年轻时，他就是这样的人，即便到老也依然务实。尽管退休生活悠闲自在，但洛克菲勒还是会每天工作两个小时，他会在庄园的私人办公室里待上两个小时，通过电话，委托经纪人买卖股票，使他既能继续金钱游戏，又可以消磨老年时间。因此，他依然在许多大公司中占有相当可观的股份，比如拥有价值3000万美元的国际收割机公司股票；此外，他还担任摩根家族美国钢铁公司的最大股东，对通用汽车进行大量投资；有统一煤矿公司和科罗拉多燃料与铁矿公司的股权支配权，等等。当然，他始终都是标准石油公司最大的股东。

整个波坎蒂科庄园的建造与布置，花费了整整7年。1909年，洛克菲勒高兴地搬入新家。在这里，洛克菲勒在家人的陪伴下，度过了他平淡而富足的晚年生活。小洛克菲勒和他的妻子艾比很快适应了这里，他们的六个孩子都在这座住宅中出生，孙子孙女们长大成人后的大部分周末与假期，也都在爷爷最喜欢的波坎蒂科庄园度过。

在孙辈成长的过程中，虽然父母所起的作用至为重要，但身为祖父的洛克菲勒对他们的影响，因为其特殊的经历、过人的机智、敏锐的头脑，而显得格外不同。孙儿们喜欢并敬仰他，他们知道祖父几乎是白手起家，创下了如此的基业。孙儿们与他待在一起时，总会感到有趣，而不像和严肃的小洛克菲勒在一起时那样。在孙辈们小的时候，洛克菲勒会穿过庄园，去陪他们玩游戏。为了让孙子们开心，老爷子蒙上双眼，张开双臂，高叫着自己是正在找同伴的瞎子，孩子们便尖叫着跑开，都怕被"瞎子"抓住。

孩子们长成少年后，都喜欢在周末去祖父家吃饭。在那里，他们可以随心所欲，慢慢吃饭聊天，还能听祖父讲有趣的故事。洛克菲勒总是比别人吃得慢，但当大家吃甜点时，他就开始讲童话故事了，他的故事里，只有一些单纯有趣的情节，并没有什么大道理说教，这让孩子们放松而感激。

除了陪孙辈之外，洛克菲勒的退休生活，在外人看来是非常无趣的。人们很难想象像他这样的亿万富翁，每天的活动就如同千篇一律的仪式，从来不会发生变动。有人看过他的旅行记事本，上面写着：六点半起床，七点到八点读报，八点到八点半早餐，八点半到八点四十五聊天，八点四十五到十点工作，十点到十二点打高尔夫球，十二点到一点一刻洗澡和午休。旅行尚且如此，更不用说他的日常生活了。

在如此严谨的生活中，只有高尔夫球这一项运动显得有几分生气。洛克菲勒喜欢打高尔夫球，他几乎每天都打，或许这项运动充分反映了他的性格：沉着、准确而稳重。那时，高尔夫球在美国刚刚开始流行，他在一次宴会上接触到这项运动并学了几次后，居然很快爱不释手，并在庄园里修建了小型球场。为了提高运动水平，他不但请了名师来教授，还自己设计了不同的训练方法。比如，他让人用东西压住自己的高尔夫球鞋，确保自己能保持

第四章 石油帝国，雷霆之力（1873—1895年）

合格的站位；为了改善击球动作，他让人拍下自己击球的过程，好让自己能看到问题出在哪里。这样的热情与专注，只有在他从事石油事业时才能看到。

一般来说，洛克菲勒会邀请四五个人来庄园打球，但遗憾的是，他的球友并不多。有人劝他应该多邀请一些朋友，但他却颇为遗憾地说："如果你认为我不喜欢邀请朋友打球，那你就错了。我早就试过了，可惜结果让我很失望。那些人个个都是醉翁之意不在酒，经常打到第九个洞的时候，就向我提出要求，不是希望我捐钱，就是要向我贷款。"

除了打球，洛克菲勒还喜欢驾车。无论天气好坏，他只要兴之所至，就会装束停当、驾车出行。有时候，他的驾车装备看起来颇为搞笑：身穿薄背心，戴着飞行员的护目镜与防尘帽，帽耳在脸的两边垂着，就像大大的耳朵。

退休之后，洛克菲勒终于改变了对媒体的态度。饱受多年的攻击之后，他终于意识到宣传对个人与企业的重要性。他聘请了一位名叫约瑟夫·克莱克的新闻记者担任宣传顾问，在克拉克的指导下，他在态度中立的杂志上发表文章，并撰写个人回忆录。

1909年，当洛克菲勒步入70岁时，他的身体依然健康。美国《哈珀周刊》描述说，他此时依然是个魁梧的体育健将，有着明亮的双眼、泛红的双颊，皮肤被太阳晒得呈古铜色，看上去只有50多岁。

在他的庄园里，洛克菲勒平静地享受着退休时光。而庄园之外，他的标准石油公司却要面对着外界的风云变幻。新的故事正在上演，或许会成为商业历史上的下一个里程碑。

第五章
巨人绝唱,垄断史上的纪念碑
(1896—1912年)

反垄断风暴中心

标准石油托拉斯，是世界历史上非常独特的公司，虽然它的总部位于纽约百老汇大街26号，但尽人皆知的是，纽约州政府显然无法管理它，位于华盛顿的联邦政府似乎也难以辖制它。在政府的不同立法机构中，洛克菲勒都安排了自己的代言人，除此之外，大批精英构成的律师团随时准备保护企业的利益。归根结底，背后原因在于整个托拉斯的收入之高，超过了美国大部分州的财政收入，各州从标准石油中获益匪浅，使它得以在超级规模之上依然不断扩张。

因此，在一段时间之内，标准石油托拉斯与政府保持着良好的关系，对外，它在海外市场上的表现，则象征了美国的盛衰。历任美国驻外大使们，几乎毫无例外地都是标准石油托拉斯的支持者和代言人，他们拥有这家托拉斯的"地下大使"之称。标准石油托拉斯所掌握的诸多国际竞争对手的经营情况，大都是由这些大使们提供的，比如美国领事金巴斯提供了巴库油田的情报。部分公开的许多外交人员的名字，甚至干脆列在标准石油公司的在职人员名单中。

对此，洛克菲勒在他的回忆录中这样写道："给我们最大帮助的，正是华盛顿的国务院。我们的大使、公使和领事们，协助我们开辟了通往新市场的道路，这种市场一直延伸到世界上最遥远的角落。"

洛克菲勒虽然具有经营的天赋，但能够构建起如此强大的帝国，还是得

第五章 巨人绝唱，垄断史上的纪念碑（1896—1912年）

益于政府千丝万缕的庇护。

尽管得到政府的大力支持，但他沉默低调的性格，让他在任职期间远远未能认识和利用新闻媒介的力量。结果，这一弱项在1885年之后便暴露无遗。

此时，洛克菲勒对原油储备忧心忡忡，距离宾州最初发现石油已经过去了25年，全美国境内再也没有发现大油田。有人甚至建议，公司应该退出石油业，转入更为稳定的行业。洛克菲勒拒绝了这个提案，却又担心以后可能不得不转而使用俄国生产的原油，这让他非常难以接受。

1885年，喜讯传来，在俄亥俄州西北部，一支寻找天然气的小型勘探队，意外钻探出一片油田。这个事实表明，美国除了宾州之外的广袤国土上，也有着丰富的石油蕴藏。听到这个消息后，洛克菲勒迅速做出决定，以冒险家的精神，签下俄亥俄相关地区的土地租约。两年后，事实证明了他的正确性，俄亥俄州和印第安纳州的油田，产量全面超过了正在走向凋敝的宾州，成为美国原油生产的老大。

借助这次大油田的开发利用，标准石油公司又进行了一轮并购。其势力迅速从美国东海岸扩展到西部和中部，从而完全限制了石油行业中产生新竞争对手的可能。然而从此时开始，社会舆论与政府态度发生了重大转变。

1887年，州际商业法案在美国国会通过，它规定，铁路联营和折扣运费属于非法行动，政府专门建立了管理委员会对此进行监督。在公开场合，标准石油公司对新法案所提出的内容装作十分欢迎，但人们却非常怀疑其私下的做法，有种种迹象表明，这家托拉斯依然在通过不同方式，规避这一管理制度。直到1907年，他们因为类似手段，被处以公司有史以来数额最大的罚款，情况才有所改变。

1888年是美国的大选年，针对经济垄断的抗议活动，在全国上下大爆发，受到谴责的包括石油业、威士忌酒业、糖业以及几十种其他行业的托拉斯。美国西部和南部的土地改革支持者，鼓动民众反对铁路部门，认为它们是垄断者的帮凶；新教福音派信徒则认为垄断导致财富分配不均，带来了社会道德危机；劳工组织的工人运动急剧高涨，与资方矛盾日渐加剧……这些来自底层的呼声，迫使参选两党在施政纲领中开始严厉批评垄断行为。

如果说全国上下的汹涌议论尚且显得有些混乱嘈杂，那么新闻媒体有组织、有计划的抨击，就更容易围绕标准石油公司和洛克菲勒本人，形成强大的舆论风暴。到1888年，绝大多数有意愿反对洛克菲勒的人，已经形成了很有影响力的游说集团，他们不断地与记者进行沟通联系，向标准石油公司发起进攻。在这些记者中，表现最为出色的当属亨利·劳埃德，他家境富裕、才华过人，毕业于哥伦比亚大学，取得了纽约州律师资格，后来又成为《芝加哥论坛报》大股东布罗斯家族的乘龙快婿。1878年开始，劳埃德就盯上了标准石油公司，他在一篇篇文笔老练、华丽动人但又措辞尖锐的社论中，向公众披露了大量关于标准石油公司的垄断经营内情。1881年3月，他在《大西洋月刊》上发表了名为《一个大垄断家的故事》的报道，这篇报道文笔辛辣，但又有理有据，再加上杂志本身发行量很大，顿时引起轰动，这期杂志甚至加印了6次。

劳埃德最为厉害的地方，是他首先承认标准石油公司拥有着"合理的庞大规模"，但他又指出，这种所谓的合理并不合乎道德，因此更应该受到指责。他一针见血地指出，标准石油公司实力庞大的关键，在于其同铁路之间的秘密结盟。为此，他将公众注意力引导到洛克菲勒和范德比尔特、古尔德、斯科特这些人的合作上，认定洛克菲勒就是垄断的具体化身。

为了让文章更吸引人，劳埃德偶尔也会像其他许多记者那样捕风捉影、添油加醋。他曾经在报纸上写道，洛克菲勒在克利夫兰拥有一家面粉店。在另一篇文章中，他又为标准石油公司起了个后世闻名的外号"章鱼"。当然，他的大多数话语确实具有鼓动力，例如他指责标准石油公司操纵了两个

第五章 巨人绝唱，垄断史上的纪念碑（1896—1912年）

参议员，并认为他们"在宾夕法尼亚州议会里畅行无阻"，他还宣称"美国可以引以为豪并深感满足的是，它为世界培育了有史以来最成功、最狡诈、最卑鄙的垄断企业"。

劳埃德在日复一日的指责中，逐渐形成了清晰的提议。他建议应该设立一个联邦政府机构对铁路运费统一管理，并预见到了制定州际商业法规的必要性。尽管他的这些建议后来全部被落实，但洛克菲勒自始至终都没有直接回应他，他解释说："我当时是将精力全都放在公司的扩大、发展和业务完善上了，没时间去和造谣生事的家伙吵架。"

洛克菲勒身处舆论风暴中心的淡定态度，也影响了标准石油公司的员工们。1882年，《纽约太阳报》曾经派出记者去克利夫兰，试图混进标准石油公司去采访洛克菲勒。这名记者无法接触到他，就只好去采访了上百名公司雇员，但他没想到的是，这些人全都在采访中沉默无语，显然学习了洛克菲勒的态度。不过，这并不代表公司内部就没有反对的声音。

1887年5月24日，标准石油公司高层管理团队中重要的威廉·沃登，向洛克菲勒写了一封言辞恳切的信。在这份信中，沃登为公司目前展现在公众面前的形象感到痛心。他提出："我们取得了商业历史上前所未有的成功，全世界都知道我们的名字，可是没有人羡慕我们在公众当中的形象。别人认为我们是一切邪恶、冷酷、压迫、残忍行为的代表（但我们觉得这样说是不公正的），他们对我们投以白眼，蔑视地向我们指指点点……我们当中谁都不会选择现在这样的名声，我们都希望那些令人尊敬的人尊敬我们、喜欢我们、祝福我们。"

在信件的后半部分，沃登提出分享利润的计划，以此来缓解对手们对标准石油公司的敌视。他要求洛克菲勒仔细考虑这样的计划，甚至直言不讳地建议洛克菲勒应该和夫人谈谈，想象一下她是多么希望丈夫受到尊重和祝福。

身处舆论风暴中的洛克菲勒，是否真正读进去了这封信的建议？后来的人们不得而知。他给沃登写了一封回信，说自己一定不会忘记信中所说的话。但后来的历史发展证明，如果沃登是希望洛克菲勒用积极的利润分享，来减缓标准石油托拉斯所面对的风险压力，那么他将要失望了。就在洛克菲勒读完这封信后不久，长篇累牍的负面报道，终于形成了合力，将惩罚的号角，递到了高层权力的手边，当号角被吹响，从纽约和华盛顿席卷而来的监管狂风，就再也无法停歇。

此时此刻，洛克菲勒和标准石油公司再也无法回头，他必须做好准备，去应对有史以来对垄断企业的最大规模调查。

谢尔曼法案

洛克菲勒并非对沃登的建议无动于衷，但他已经无暇再去缓慢执行其中的建议。当木秀于林之时，努力抵御狂风，显然比主动戕伐自我更为积极、更为现实。

1888年初，纽约尚浸在冬日的寒冷中。一天中午，一位身着制服的司法人员行色匆匆地来到百老汇26号标准石油公司总部，他走进接待室，表明来意，说是应州法院的命令，前来将参议院的听证会传票交给公司总裁洛克菲勒先生。

负责接待他的前台人员面无表情却客气礼貌地说道："很抱歉，先生，洛克菲勒先生没有来上班，他应该还在城外。"

这位小公务员显然早有预备，他马上离开大楼，踏上马车，前往位于第54大街的洛克菲勒宅邸。仆人彬彬有礼地向他问好，并告诉他洛克菲勒先生

第五章　巨人绝唱，垄断史上的纪念碑（1896—1912年）

虽然在家里，但身体欠佳，无法见客。

此时，已经是黄昏时分。送达员知道事关重大，不敢擅离职守，于是在洛克菲勒宅邸前的门廊下枯守了一夜。第二天清晨，他再次按响门铃，听到的却是洛克菲勒先生已经离开了的托词。直到这天晚上，精疲力竭的送达员才将传票送到他手上。

这件事很快就传了出去，舆论对洛克菲勒更加不利，人们认为，排名全国富豪前列的洛克菲勒，居然以"逃亡"形式来躲避传票、为难小办事员，显得太过小家子气。但洛克菲勒态度和蔼地向外界表示，自己并不是在躲避司法人员，他说当时自己并不在家，而是在俄亥俄州处理事务，听到传票的消息才匆匆赶回来。

其实，这并不是洛克菲勒第一次接受调查。早在19世纪70年代，他支持组建南方开发公司之时，就有调查铁路公司歧视行为的调查小组，对标准公司进行审查，并发现许多对公司不利的证据，包括其如何合并其他公司、勾结铁路分摊生意、限制铁路与独立厂商来往的行为。当时，调查小组并无他法，只是对其进行了严厉指责。但这一次，政府采取了实质性行动：要求他必须出席听证会。

为了确保洛克菲勒能够应对纽约参议院发起的听证会，标准石油公司聘请了著名律师约瑟夫·乔特。刚开始，乔特并不喜欢洛克菲勒，他发现对方除了打招呼时很热情，接下来就深陷在沙发椅里，露出无精打采的模样。更令乔特难堪的是，洛克菲勒对他提出的问题总是顾左右而言他，反过来却还要盘问他种种问题。

乔特担心地向弗拉格勒提问："到底怎样和洛克菲勒先生打交道？我觉得他似乎对很多事务都不明白，总是在提问。"

弗拉格勒笑了，他非常了解洛克菲勒对这些事务的厌烦感。因为几年前洛克菲勒曾经在奥尔巴尼出庭作证，那次他连续对30个不同的问题都做了相同的答复,而且每次都没有听从律师的建议去回答。这一次,起码他学会请教律师了,想到这里,弗拉格勒宽慰律师说:"没关系,您不必为他担心,他肯定能照顾好自己。"

乔特半信半疑地同意了,继续为不久之后就要进行的听证会做准备。

2月上旬,听证会如期举行。洛克菲勒身着正式外套、头戴礼帽,在乔特律师的陪同下,走进了纽约市最高法院。当法警打开门时,旁听席上正在窃窃私语的人们突然安静下来,全部将视线投到他的身上。尽管此时他已经49岁,但依旧相貌英俊,头发理得很短,略微发红的棕色胡须修剪得十分整齐。洛克菲勒并不在乎那些或质疑,或敌意,或温和的视线,而是带着坚定的神情,大步走进法庭,然后在自己的位置上落座。

听证会正式开始之前,是例行的宣誓环节,但洛克菲勒表现得非常主动。他充满激情地吻了《圣经》,脸上充满了对上帝的信心与热忱。但当调查委员会开始提问之后,乔特发现,洛克菲勒完全变了,他虽然依旧和蔼可亲,但看上去却显得茫然而健忘,甚至有些思维混乱。这些特征加上他眼角的皱纹,很容易让人感到,曾经不可一世的商业巨子,已经被责任与压力逼到了承受的极限。只有极少数的人才能理解,这只不过是洛克菲勒自然而然的"表演"习惯。

首先提问的,是调查委员会法律顾问罗杰·普莱尔,与乔特不同,他是个喜欢装腔作势的律师,似乎因为终于能够面对面质询洛克菲勒而感到激动,普莱尔不停地来回踱步,并用灼热的目光在洛克菲勒脸上扫来扫去,甚至用一根手指指着洛克菲勒发出提问。对此,洛克菲勒始终平静如常,在他脸上根本看不到任何表情变化。回答问题时,他声音洪亮,吐字清晰,口气虽然有所变化,却听不出任何恼怒情绪。

听证会之前,标准石油公司一致同意,将所能透露的信息压缩到最少。助手保罗·巴布科克向洛克菲勒建议说,反托拉斯风潮只是一时的狂热,听

第五章 巨人绝唱，垄断史上的纪念碑（1896—1912年）

证会也只不过是其中一部分。对听证会的态度必须保留看法，回避所有问题，既要答得客观属实，又不能留下任何把柄，例如不要提供任何统计数字。洛克菲勒采信了这一建议，在听证会上，他确实没有透露什么重要信息。然而，由于之前保密工作做得太好，结果他无意中透露的草蛇灰线，实际上都成为标准石油公司首次对普通民众公布的"重大事项"（尽管调查委员会对此已十分熟悉）。例如，他首次提供了1882年公司起草的托拉斯协议，公开了委员会成员的名单，透露了公司当时就拥有将近700名股东。似乎为了表明诚意，他甚至列出了托拉斯下属的41家公司，其中有许多公司之前从未透露过这层隶属关系。当然，为了反驳对自身垄断石油业的批评，他也提交了上百家与其"竞争"的独立炼油厂名单，还提到了自己如何与俄国石油企业进行激烈竞争的事情。

洛克菲勒凭借着过人的稳定心态，不仅没有失去听证会的主动权，还反过来抓住了普莱尔律师的漏洞对其进行误导。或许是需要准备的材料相当多，普莱尔在就南方开发公司提问时出现了错误，他将南方开发公司说成了"南部开发公司"。洛克菲勒不动声色地发现了这个口误，便立刻否认自己曾经是这家公司的股东，然后就公司名称究竟是什么，同普莱尔兜圈子。后来，洛克菲勒在回忆时信心十足："我很平静，很有自制力。我知道作为证人，我没有责任主动提供任何证词。他们以为在把我带进圈套，其实是我把他们给带进去了。"

罗杰·普莱尔毕竟见多识广，在问询快要结束时，他已经被洛克菲勒深深地打动了。他知道，面前这个看似朴实无华的中年人，根本不是外界所传言的那样，可以单纯地用邪恶、贪婪、独断等形容词去描绘。在结束提问时，他特意走到证人席前，使劲拍打栏杆，问洛克菲勒是否有机会能带他一起参观标准石油公司的工厂。

快到中午时，听证会中途休息，洛克菲勒和下属们一起吃午饭。用餐期间,他平静地问律师乔特自己表现得如何,乔特如实回答说:"洛克菲勒先生,我确实没见过更为出色的证人了。"

此后的几次听证会,洛克菲勒继续保持着沉稳的应对,提供了在本方看来相当出色的证词。然而,无论他的表现如何,几周之后,调查委员会对标准石油公司的负面看法是不会改变的。到5月份,调查委员会发布了报告,报告声称,标准石油公司是"原始的托拉斯",是"一种体制的典范","这种体制已经像疾病一样,在这个国家的商业系统里传播开来"。此外,报告也否定了洛克菲勒关于石油行业竞争活跃的说法,反而称标准石油公司"几乎是石油业唯一的占有者,它将竞争对手差不多都挤出了这个行业"。不过,报告并没有实质性的建议,而是宣布了对标准石油公司免于起诉。

在调查报告被公布之后,社会舆论进一步被激发起来,反托拉斯的呼声越来越高,反托拉斯运动正式拉开帷幕。推动这一运动背后的力量,首先是美国悠久的自由贸易的传统观念,其次是反垄断、反贸易限制活动的习惯。在针对国家控制的美国第一银行和美国第二银行的运动中,厌恶垄断的思想深入人心。南北战争后,全社会对政府垄断事业的关注矛头,转向了类似于标准石油这样的企业垄断组织。结果,有14个州在州宪法上进行规定,取缔垄断或反对限制贸易。到1900年,反对垄断的州政府增加到27个,制定了反托拉斯法律的州则增加到15个。

然而,各州分别制定的相关法律,实际上对标准石油公司这样的大型托拉斯毫无作用,甚至对其他垄断组织也没有约束力。因为只要是垄断组织,其经营范围通常都跨越了好几个州。因此,才会出现纽约州听证会这种雷声大、雨点小的结果。某种意义上而言,洛克菲勒是在激烈的商战之后,才打造出了无所不用其极的垄断武器,所以他给立法机构的教训是:必须通过对其创业生涯的研究,来制定出与之相克的反托拉斯议程。

果然,1889年12月,在国会收到的十五六份类似的议案中,有一份议案引起了关注。那是俄亥俄州参议员约翰·谢尔曼提出的。数年前,当他筹集选举经费时,洛克菲勒还专门寄过去一张600美元支票(这是那时常见的做法)。不久后,当选为参议员的谢尔曼,就反过来批评标准石油,将它作为反托拉斯议案的标靶。

1890年7月2日,哈里森总统签署了谢尔曼反托拉斯法,该法案规定,凡是阻碍商业发展的托拉斯企业和联营企业皆为非法。对违反该项法案者最高处以5000美元的罚款或1年监禁,或两者并罚。

然而,这项法律的通过并没有满足反托拉斯运动倡导者的要求,在社会舆论看来,该法案含义模糊,也并没有得到认真执行,总体上漏洞百出,是人们口中的那种"瑞士奶酪法案"。讽刺的是,由于谢尔曼法案宣布通过行业公会进行合作是非法的,结果许多公司只能直截了当地进行合并,从而避免行业生产能力依旧过剩,这反而带来了更加明显的垄断,违背了法案的初衷。

即便如此,但谢尔曼法案还是有其历史性作用的,这条法案如同里程碑一般,标志着美国联邦政府对标准石油等垄断大公司的"开火"。它的颁布,与其说是政府直接采取了有效措施,不如说是为了尽快让公众安下心来。在仓促完成一系列开场锣鼓之后,美国政府主导的反垄断大戏,在20世纪之初盛大开场。

巧妙的金蝉脱壳

谢尔曼法案可以看作立法机构向洛克菲勒发出的第一声警报。在来自高层的警报尚在酝酿之时,另一场针对标准石油公司的实质性起诉,却从俄亥俄州哥伦布市的书店里悄然萌芽。

1889年秋季，一个周末的傍晚时分，哥伦布市商业区华灯初上，生意盎然。经过一周的紧张工作，街道上车水马龙，从普通工人到商贾名流，都选择以不同的方式来度过宝贵的休闲时光。

在街边的一家书店里，俄亥俄州首席检察官、共和党人大卫·沃森，正沉浸在书海之中。沃森相当年轻，担任首席检察官刚满一年，除了日常忙碌公务之外，他热衷读书，从种种出版物中把握时代的最新方向。

沃森走过熟悉的书架，忽然意识到那里多了几本新书，他停下脚步，伸手取下一本小册子。打开那廉价的棕色仿皮革封面，一行大字映入眼帘"托拉斯：近年来的联合企业"，其下方是作者署名：威廉·科克。

虽然之前从未听说过这位作者，但沃森马上联想到身边的传闻。同事们说，在内布拉斯加州，检察机构已经开始调查威士忌托拉斯案件。于是，他对这本书产生了浓厚的兴趣，决定将之买下来。

回到家后，沃森认真地阅读这本书。越读下去，他就越意识到托拉斯对美国自由商业精神和未来市场竞争发展的阻碍力。虽然沃森所在的共和党看重大企业主的利益，但沃森和许多普通党员一样，有着自己的立场和原则，他意识到，社会上层出不穷的反托拉斯运动，并非毫无来由，而是关乎许多人乃至整个国家的未来命运。

当翻阅到该书附录时，沃森原本开始平静下来的心情，再一次不安起来。他发现，按照威廉·科克的调查说法，在过去7年中，俄亥俄州的标准石油公司将该公司的控制权转给了大多数住在俄亥俄州以外的纽约托管人，这实际上违背了该州的法律。

沃森倒抽一口凉气，如果这本书所说属实，那么这只能说明自己的前任多年以来，对俄亥俄州标准石油公司的违法行径不闻不问。现在，无论从职责还是信仰角度，沃森都决定对此加以过问。

第五章　巨人绝唱，垄断史上的纪念碑（1896—1912年）

受到这本书的启发和影响，沃森开始周密准备，四处搜集材料。1890年5月，他正式代表监察机构，向该州最高法院提出公诉，要求追究俄亥俄州标准石油公司的不当行为，并直接要求解散标准石油公司。

标准石油公司的高层对此做出了反应。一开始，他们认为这种做法必然来自于商业竞争对手的骚扰，当他们弄清楚了事情真正的来源后，又通过沃森所在的共和党高层，试图对其检查行为进行干扰。实际上，由于俄亥俄州以工业为主，传统上支持保守的共和党，而作为该党坚定的赞助人，洛克菲勒觉得自己是被欺骗了。他曾经为这次诉讼抱怨道："我们从共和党那里得到的是不公平的待遇。"

很快，支持标准石油公司的共和党领袖马克·汉纳，就给沃森发出了一封批评信，在信上，汉纳的用词很是严厉。他说："标准石油公司，是来自全国最优秀、最有实力的人物领导和管理的，他们几乎个个都是共和党人，在对本党的捐献中，一向非常慷慨。而据我所知，洛克菲勒先生也一直在默默做着贡献。"随后，他努力劝说沃森放弃上诉，但沃森始终不为所动。

虽然汉纳曾经写信暗示洛克菲勒，说自己正在努力，但洛克菲勒后来却否认了试图干扰检察官。后来，沃森身边的同事进一步透露，沃森曾经先后6次面对贿赂的诱惑，其中有一次行贿的现金数额高达10万，目的都在于停止办理这一案件。

无论这些阻挠是直接来自于洛克菲勒的授意，还是标准石油公司其他领导层的干预，都无法改变最终的结果。1892年3月2日，在标准石油托拉斯帝国坚不可摧的绵延长城上，终于出现了一个从未有过的缺口。根据沃森提出的上诉，俄亥俄州高级法院裁决认定，俄亥俄州标准石油公司确实受到百老汇26号托管机构的控制，它必须宣布退出这项托拉斯协议。

当判决结果公布之后，两年来始终在负责应对诉讼的阿奇博尔德对此感到很遗憾。在总裁办公室里，他沮丧地向洛克菲勒汇报说，事情变糟了，这一次恐怕真的要解散执行委员会。

洛克菲勒对此未置一词，但他的表情却说明，自己早有准备。他的目光久久凝视窗外，那里能看见曼哈顿岛上最著名的地标建筑物——高耸的自由女神像。阿奇博尔德谨慎地沉默着，等待着他开口。

过了一会儿，洛克菲勒似乎是自言自语，但又无比坚定地说："那就将总公司设到新泽西去。"

阿奇博尔德马上就领会了他的意思。在美国，州政府其实才是社会生活中最重要的立法与执法部门，很多事务上，联邦只是起到纽带和领导作用。与俄亥俄州不同，新泽西州传统上就有着发达的工商业，共和党人势力雄厚，对大企业更加宽容。

早在1888年，新泽西州就推出法案，规定该州公司可以拥有其他州公司的股份。在谢尔曼法案通过之后，新泽西州议会在支持大企业的势力的游说下，也将法案修改得更加有利于洛克菲勒，其中规定：企业体的负责人，可以用个人名义购买其他公司股份，当他已核发程序取得其他公司股份时，也获得该公司资产的所有权、矿产权和工业权。

此外，从地理上考虑，新泽西也非常有利于标准石油公司的产品外销。而此时这家托拉斯所生产的50%的产品，都是销往欧亚地区的。

阿奇博尔德迅速将洛克菲勒的意图执行下去。从俄亥俄州最高法院宣判的第二天开始，新泽西州标准石油公司开始增资，通过增设股份、扩充企业，并向托拉斯买进大量股票，这家原本位居下属的公司，成长为一个惊人的大企业。与此同时，各州的分公司先在表面上从托拉斯中解散，各自经营，但董事会依然强调股东保持原有利益，各公司照常营业，高级职员依然按期到纽约总部办公室开会，只是不再以执行委员会的名义而是由清算的名义来进行收入管理。

在长达7年的调整之后，下属成员公司理清了各自的股权结构。标准石油

第五章 巨人绝唱，垄断史上的纪念碑（1896—1912年）

公司于1899年6月改组，洛克菲勒指示新泽西标准石油公司重新登记，使其有权交换总部下属20个公司的股份，该公司资金增长到1.1亿美元，并发行100万股的普通股票和10万份优先股。6月19日，董事会宣布，所有下属20家公司与托拉斯已废除的股票，全部更换成新泽西标准石油公司的股票。

通过一系列的偷梁换柱，法律上分散独立的公司，又全部团结起来。在股票集中之后，标准石油公司正式复活。到1906年，公司的总资金是3.6亿，每年纯利润8312万美元，虽然此时洛克菲勒早已退休多年，但实际上，这一切依然在他的指挥中。改组如此庞大的企业，他的战略操作是他人无法想象的。

新的标准石油公司，采用了与之前不同的形式：控股公司。控股公司实际上是托拉斯在新时代的发展，与之前企业直接合并或秘密协议的方式比起来，控股公司有显著优点：首先，控股公司买进其他公司的多数普通股股票，无须同其他股东商量，进而能直接掌握该公司的绝对控制权；其次，被收买的公司，在名义上还是在独立经营业务；最后，采用控股公司的形式，能便于掌握要收购或兼并公司所需要的巨额资金。

在这个时代，控股公司并不是洛克菲勒的发明。1901年，拥有10亿美元巨额资本的美国钢铁公司，也以该形式成立。除此之外，在1899—1903年，以控股公司出现或复活的托拉斯还包括国际收割机公司、北方证券公司，充分说明了控股公司的优越性。

年过六旬而退居幕后的洛克菲勒，以其过人的智慧与力量，让整个标准石油公司金蝉脱壳，继续在新世纪延续着往日的垄断辉煌。然而，青山遮不住，毕竟东流去，他穷其一生所精心孕育的瑰丽蔷薇，在崇尚自由商业竞争的美国社会眼中，终究将变成吞噬未来希望的"恶之花"。不久之后，更高级别的诉讼、更为坚定的判决，将降临到标准石油公司的头上。

顶层的制裁

在金蝉脱壳的计划基本落实之后，洛克菲勒选择了急流勇退。同时，标准石油公司的业务在其历史上达到巅峰状态。当时，全美国84%的石油产品都是这家公司销售的，三分之一的原油都是其开采的。虽然电力的使用率不断增长，但石油生意的前景却没有被所谓的专业分析预言所影响。在生活方面，煤油炉、客厅灯、清漆等产品长销不衰，石油原料供不应求，油价持续上涨；工业上，石蜡成为正在迅猛发展的电话业、电力业所必不可少的绝缘剂；更重要的是，由于汽车的出现，标准石油公司正竭力为新兴的汽车制造商们服务，当亨利·福特的流水线生产出第一辆汽车时，身后期盼的人群中，就有标准石油公司的推销员查理·罗斯，他手中提着的正是标准石油公司生产的大西洋牌红罐汽油。1900年，怀特兄弟在基蒂霍克海滩试驾飞机，开启人类对天空的探索征程，这次载入史册的飞行所使用的汽油，同样也是标准石油公司的推销员送去的。

新的用途、新的市场，大大缓解了煤油生意的萎缩，但外界舆论依然对标准石油公司不利，批评者找到了更多的事实来支持激烈的抨击。例如，继任总裁的阿奇博尔德选择了更加具有攻击性的竞争方式，将国内更多企业从石油行业驱逐出去，以便提高国内石油价格、弥补国外竞争的风险性损耗；同时，他还利用标准石油公司的实力，介入到政治活动中，超过了洛克菲勒在职时所允许的程度；威廉·洛克菲勒和亨利·罗杰斯开始操纵股票市场、争夺股东代表权。报纸上几乎每天都发表对洛克菲勒的严厉指责——尽管此时他已经不再过问具体事务。

不久后，著名的《标准石油公司史》一书出版。本书作者是传记女作家艾达·塔贝尔，她从1902年就开始准备此书，其写作态度认真、笔调严肃客

第五章　巨人绝唱，垄断史上的纪念碑（1896—1912年）

观。为了写好该书，她采访了许多石油界人士，也包括亨利·罗杰斯这样的标准石油公司高层。塔贝尔并不讳言她的偏见，因为她的父亲，就是一位受损的石油生产企业家。因此，她既称赞了洛克菲勒及其团队的杰出工作能力和事业成就，也严厉谴责了标准石油公司的巨大财富是建立在欺诈、高压、特权等手段上的。

这些来自社会的舆论抨击，原本并不一定会对公司产生实质性的影响，标准石油公司完全可以继续"金蝉脱壳"，以控股公司的形式延续托拉斯的美梦。然而，一件意想不到的"黑天鹅事件"，改变了历史进程，导致来自白宫的顶层权力，直接盯上了标准石油公司。

1901年9月5日，美国总统威廉·麦金利来到纽约布法罗，参加泛美博览会。这一天，他发表了热情洋溢的演说。第二天，他按照预定日程，参观了尼亚加拉大瀑布，随后又来到博览会音乐厅参加盛大的招待会。

招待会上，各界宾客云集一堂，总统所到之处，人们纷纷伸出双手，想要获得与总统握手的机会。28岁的利昂·乔尔戈斯也是其中一人，他混迹在人群之中，悄无声息地掏出了手枪，警卫人员忙着扫视正在和总统握手的人，根本就没有注意到他。

乔尔戈斯顺着人流，走到麦金利面前，抓住机会扣动扳机，朝麦金利腹部连开两枪。整个音乐厅顿时大乱，警卫人员蜂拥而上，抓住了乔尔戈斯，并将总统送到急救室。在那里，医生匆忙地取出了一颗子弹，但极差的医疗条件让他们找不到另一颗子弹，只能缝合伤口了事。

9月14日，由于第二颗子弹在体内引起溃烂，麦金利撒手人寰。在对乔尔戈斯的审讯中，凶手非常痛快地承认了自己的罪行，并放弃了申请辩护的权利，他承认，杀害总统是因为他憎恨总统对劳动人民的漠视与敌对态度。

由于凶手秉持的政治立场，流言不胫而走。有传言说，总统麦金利只是暗杀名单上的第一个人，摩根和洛克菲勒的名字也在名单上。为此，洛克菲勒的庄园中增加了全副武装的保镖，他本人也深居简出。但相比这种传言中的威胁，洛克菲勒更在乎的是白宫易主的问题。

毫无疑问，麦金利是标准石油公司的朋友，他身为共和党人，更愿意保护大企业的利益。私交上，马克·汉纳是一手支持他竞选成功的重要顾问，而汉纳和洛克菲勒是少年时代就相识的朋友。只要麦金利还在白宫，洛克菲勒就会有极大的安全感，所以他在1900年11月写道："美国的确应该为麦金利先生的当选而欢庆。由于财政利益建立在坚实的政治基础上，今后的四年当中，美国人民的共同幸福会得到更大程度地实现。"

然而，伴随那两声突如其来的枪响，一切都变了。麦金利离世几小时后，年仅42岁的副总统西奥多·罗斯福继任了美国第26届总统。

与那些到处拉选票、搞腐败的政客不同，罗斯福是个崭新的人物。他家境富裕，素有教养，是荷兰移民后裔，家族在曼哈顿做房地产从而发家致富。与许多传统人士一样，他对新兴工业阶层崛起过程中运用的种种手段感到厌烦，并因此被纽约的实业家们从州长位置上"废黜"，而转到了副总统的虚位上。没想到，此举反而成就了后来的罗斯福。

走马上任之后，罗斯福专门将政府在铁路运输、食品药品等方面对大企业采取的管理、监督措施加以整合，形成法案，根本不在乎来自华尔街的批评。与此同时，他还懂得用双面战术来应对托拉斯大亨们。他先是请J.P.摩根吃了顿饭，表明自己正在"努力同权势阶层保持联系"。随后，他又与标准石油公司重量级人物弗拉格勒的助手，进行了友好会见。这些举措似乎说明，他并不是激进的改革派。但很快，人们又看出这些示好不过是暴风雨到来之前的宁静。

1902年2月，罗斯福没有任何预先警告，就对J.P.摩根的北方信托公司发起反托拉斯诉讼。摩根虽然心中愤愤不平，但也默默接受了事实，并继续对罗斯福做出让步。相比之下，洛克菲勒和整个标准石油公司，都没有看穿这

第五章　巨人绝唱，垄断史上的纪念碑（1896—1912年）

位年轻总统的真实目的，所以缺乏与之主动沟通合作的真诚态度。

很快，全国上下都意识到，罗斯福正在成为真正推行谢尔曼法案的第一位总统。1904年，罗斯福成功连任总统，特别成立了一个由五位著名律师担任成员的反托拉斯小组，协助相关部门调查、审理有关案件。此后几年内，美国总共发生了42起反托拉斯诉讼，而在此之前的11年里，全国上下总共才有17起类似案件。因此，全美上下舆论对他抱以厚望，将他称为"轰炸托拉斯的巨型轰炸机"。

罗斯福认为，过去的反托拉斯立法是非常愚蠢的，因为托拉斯组织也分好坏。"好的"托拉斯，能够提供合理价格、优质服务，而"坏的"托拉斯则只是为了榨取钱财。对于前者，可以允许存在，而对于后者，无论其势力有多大，都应该加以铲除。

谁才是"坏的"托拉斯代表？无论在公开场合还是私人信件中，罗斯福都多次用洛克菲勒作为例子。1908年1月31日，他在写给国会的信中这样说："国会必须严格查处诸如标准石油集团这样胡作非为的企业，禁止他们任意并吞同行、威胁公共运输业、垄断市场、压制消费者权利。应当设法阻止他们逍遥法外。"

实际上，从罗斯福的连任开始，标准石油公司注定要成为联邦反垄断调查的靶心。当时有人认为，标准石油是一家著名的托拉斯母公司，其生产的是与每个人都有联系的消费品，其中有大量的材料可以发掘、调查。更何况，在新世纪到来之际，石油正在被应用到更多的新领域，由一家企业去掌控整个行业的现象，是无论如何也不能继续了。

然而，洛克菲勒的倔强脾气让他多次错过与罗斯福和解的机会。他误解了总统的意图，也没有了解到公众要求严惩标准石油公司的情绪。1906年，当罗斯福将石油托拉斯和铁路勾结的报告公之于众时，洛克菲勒依旧反对公司去多说什么。再加上罗斯福在同公司首脑见面时彬彬有礼、和蔼可亲，让洛克菲勒错判形势，以为总统并不会真的出手，最多只是在保持姿态而已。

就在洛克菲勒的犹豫中，罗斯福完成了对标准石油公司的所有计划部署，在"滴答滴答"的时钟声中，这家公司即将迎来命运的终点。

终见瓜分结局

西奥多·罗斯福喜爱狩猎，他知道，想要捕获大型猎物，不能指望一击即中，而是要事先不断采取迷惑与追踪的姿态，消耗对手的生命力，瓦解它们的意志。

在对待标准石油公司上，罗斯福完美地贯彻了这一原则。

从1906年到1909年，联邦政府不断传讯洛克菲勒和其他高管出庭，并控告标准石油公司及其各下属公司与铁路公司相互勾结，暗中降低运费并获取特殊折扣。在一系列的组合拳面前，标准石油公司只得取消与铁路公司的秘密约定，提高运费，停止享受特殊待遇。

然而，这并不是罗斯福的最终目的。在标准石油公司的名声动摇之时，在他的亲自过问下，特别检察官弗兰克·凯诺克，正式对新泽西标准石油公司发起控告。

这一控告在1906年就由巡回法庭受理。凯诺克整整花费两年，搜集了标准石油公司垄断市场、攫取利润的大量证据，直到1907年底法庭才正式开庭审理。在漫长的庭审过程中，凯诺克检察官向法庭列出了新泽西标准石油公司的四大罪状。

第五章　巨人绝唱，垄断史上的纪念碑（1896—1912年）

第一，新泽西标准石油公司利用各地分公司，在不同地区开展经营业务。

第二，标准石油公司垄断了整个对外销售的市场。

第三，被控告的九人委员会，拥有控股公司绝大部分的股票与产业。

第四，近八年来，标准石油公司净收入5亿美元，法庭由此了解到自1892年俄亥俄州判决出台后，托拉斯进行的股票清理和控股公司成立的过程。

面对指控，洛克菲勒不得不在1907年11月18日再次出庭作证，虽然他实际上处于退休状态，但名义上他依然是公司的负责人，为此，他只得在开庭前恢复去百老汇26号上班的状态，与律师一起演练法庭的对答。在这段时间里，他和律师侃侃而谈，宛如乡间绅士对往日的追忆。他描绘当年自己如何筚路蓝缕创建出标准石油公司，并将托拉斯解释成一个公道而慈善的组织，成立的目的在于为竞争失败者解决生存的道路，从而联合更多的力量，造福社会。然而，正式开庭之后，洛克菲勒突然又变得沉默寡言，仿佛换了一个人。他充分表现出一个68岁高龄老者的样子，满头白发、精神恍惚，面对凯诺克锋利的盘问，或者顾左右而言他，或者推说自己记不清了。

到1908年，形势一度出现改观的希望。威廉·塔夫脱作为共和党候选人，接替西奥多·罗斯福成为新任总统。在他上台之前，不少企业家指望他能够减缓反托拉斯风暴。然而，塔夫脱总统虽然钦佩和喜欢洛克菲勒本人，却同罗斯福一样痛恨"坏的"托拉斯，他一口气发动了65次反托拉斯行动，比罗斯福有过之而无不及。

由于两任总统多年来前后围追堵截，真正的审判终于到来。1909年11月20日，圣路易斯的联邦巡回法庭裁定，新泽西标准石油公司及其37家子公司违反谢尔曼反托拉斯法，该公司必须在30天内与子公司分离。塔夫脱总统听闻消息后，称赞凯诺克检察官大获全胜。与此同时，西奥多·罗斯福正在非洲从事他最喜欢的狩猎活动，当他听到这个消息后，其兴奋程度不亚于刚刚捕杀了一头巨兽，他高兴地告诉别人：这个判决是美国历史上为了尊严而取得的最重大的胜利之一。

作为最后的希望，标准石油公司马上组织力量，向联邦最高法院提出上诉。在等待终审判决的日子里，公司总部弥漫着沮丧的气氛。上诉足足拖延了将近两年，但最终结果的到来却迅疾无比且无可挽回。

1911年5月15日16时，联邦法院首席法官爱德华·怀特突然宣布了关于第398号合众国起诉标准石油公司案的裁决。在长达49分钟的时间里，怀特法官用低沉而单调的声音，宣读了长达2万字的判决书，其主要内容就是维持解散标准石油公司的裁决，并要求其在6个月内与所有子公司脱离关系，禁止公司领导人重新以任何形式建立垄断地位。

这一审判结果公布之后，全国上下为此决定而欢呼。以此为转折点，持续了20年之久的垄断与反垄断之间的对抗，终于在形式上结束了。

此时，洛克菲勒的内心痛苦可想而知，但他表面上若无其事。当消息传来时，他正在波坎蒂科庄园和一位神父打高尔夫球，得知这个裁决之后，他并没有特别懊恼，反而开玩笑地问神父："您有没有钱？"神父回答说没有，又问他是什么意思，洛克菲勒说："可以把标准石油公司买下来。"

洛克菲勒根本没有去看那份冗长的判决书，他只是给过去的所有合作伙伴写了一封信，信的措辞如同讣告，在开头部分就颇为沉痛地宣告："亲爱的各位，我们必须服从最高法院。我们这个光辉而幸福的家族，必须要拆散了。"

实际上，对标准石油公司的拆解，并没有给洛克菲勒本人带来多少打击，反而让他与其他高管比以前更加富有。在判决之后，他摇身一变，成了拥有33个不同石油公司原始股票的人，这是以前不曾有过的情况。到1916年元月，由于汽车的普及，工业革命发展到了大量使用汽油的时代，由此，新泽西标准石油公司、纽约标准石油公司以及洛克菲勒手中其他公司的股票一

第五章　巨人绝唱，垄断史上的纪念碑（1896—1912年）

路上涨，他的全部个人财产，由1901年的2亿美元，上升到此时的9亿美元以上，这个数字相当于1996年的130亿美元。而那些敢于在股市上买入相关股票的投资者，也无一不赚得盆满钵满。

财源滚滚而来的"美景"，似乎表明处心积虑打压托拉斯的政府监管层，再一次输给了老谋深算的洛克菲勒。华尔街对此的反应，某种程度上狠狠打了西奥多·罗斯福的脸。1912年，当他再次参与总统大选时，他愤怒地抨击说："标准石油公司的股票价格已经上涨一倍多了，洛克菲勒先生及其一伙，实际上发现自己的财富翻了一倍！怪不得华尔街的悼词现在都成了'哦，仁慈的上帝，请再赐予我们一次解散的机会吧！'"

客观上看，因标准石油公司的解散判决姗姗来迟，洛克菲勒本人利益并未受损，同时市场方面从中获得的正面影响也相当有限。当最高法院宣布判决时，客观环境早就削弱了标准石油公司的统治地位。英国石油公司在中东开发出了储量丰富的新油田，皇家荷兰石油公司与壳牌公司的合并，让标准石油公司再增劲敌。即便在国内，得克萨斯、俄克拉何马、加利福尼亚、堪萨斯和伊利诺伊等州也不断发现新的石油储藏，竞争者源源不断地进入空白市场。因此，标准石油公司开采原油占全国总量的份额，已经从1899年的32%下降到1911年的14%，即便在炼油这一传统强项业务上，也从占市场份额86%下降到70%。可以预料的是，即便不判决直接解散，人们还是会看到标准石油公司逐渐失去原有的强势垄断地位，这是历史大势所趋，不会因个人意志而转移。

当判决开始生效时，与元老们哀叹过去的好时代一去不复返有所不同，那些真正在经营、管理公司的年轻人却由衷欢迎这一决定。他们认为，在这个汽车普及时代到来之时，那些年过60的董事们，必然会压制年轻人的创造才能与全新价值。例如，印第安纳标准石油公司的威廉·波顿就是其中的一个，当他听说公司解体的消息之后，他直言不讳地说："大家会发现，这是给了年轻人一个良机。"不久后，由于摆脱了上层管理部门的掣肘，他发明了一项高价值的技术，能够从原油中提炼出更多的汽油，该公司很快通过向其他公司转让这一技术而大赚一笔。

面对最终到来的瓜分结局，每个人都有不同的立场与看法。但无论如何，新的时代已经到来，人们将很快看到，当另一个历史时期的大门敞开，在标准石油托拉斯消散的云烟背后，出现的并不是旧日宫殿的废墟，而是新的诸侯林立、新的商战画卷。洛克菲勒家族也必须面对熟悉而陌生的舞台，延续过去的荣光，书写不同的传奇。

与"七姐妹"联袂起舞

标准石油公司的解散，正如其崛起那样，被历史巧妙地安排在最佳时间点。从20世纪的第二个十年开始，汽车工业迅猛发展，石油贸易进入高潮期。在这样的时代背景下，由标准石油公司拆分出的38家分公司中，迅速走出了多家强大的石油企业。

当时，在世界范围内，有七家最大的石油垄断集团，号称"七姐妹"。其中美国拥有五家，洛克菲勒家族控制其中四家，另一家是梅隆家族的产业。在美国以外，屹立着英荷壳牌石油公司和英国石油公司。这七家公司，对全球石油业的控制长达数十年之久，直到20世纪50年代，才出现新的挑战者。

从总体来看，洛克菲勒家族的这四家石油公司，控制了"七姐妹"总体50%的资产和原油产量，其势力之雄厚堪称魁首。虽然它们各自有着鲜明特

第五章 巨人绝唱，垄断史上的纪念碑（1896—1912年）

点，但其发展历史又有着千丝万缕的联系。

新泽西标准石油公司，原先是标准石油公司的下属分公司，1899年改为控股公司后，对其他公司有控股地位。1922年，该公司改名为埃克森公司。尽管标准石油托拉斯不复存在，但该公司的行业领军地位依然不受动摇。它继续从其他标准石油系公司购买大部分石油原料；它凭借自身雄厚的品牌实力，从银行获取贷款，然后帮助其他公司发展勘探业务；它拥有全世界最为强大的石油销售网络；公司的许多董事正是当年洛克菲勒的老部下。

埃克森公司的首任总裁，正是洛克菲勒钦点的接班人阿奇博尔德。在某种程度上，他比洛克菲勒走得更远，尽管他在西部原油开采的战略上曾经有过估计失误，但他依然是这个行业最出色的经营者。

在美国国内，埃克森公司控制了盛产石油的得克萨斯州和路易斯安纳州的大片油田，加上在其他19个州拥有的油田，这家公司总共控制了2.3万口油井，并在国内租赁了全国石油公司租赁地的60%。为了应对托拉斯解散后石油供应的不足，在阿奇博尔德的领导下，埃克森公司更重视开发国外原油产地。在许多石油生产国，埃克森公司控制了勘探、开采、提炼、运输和销售的所有环节，使得石油开采、生产、运输、加工、销售的所有过程一体化。

第一次世界大战爆发后，各国对石油的依赖变得更为明显。在战争中，飞机、坦克和卡车都少不了石油。由于获得充足的石油供应，英国获得了更为有利的地位，而埃克森公司在其中扮演了重要角色，仅其一家公司，就负担起协约国所需石油的25%。

一战结束之后，美国依然是全世界最大的石油供应国。然而，这片辽阔的国土上，石油并不是取之不尽用之不竭的，从20世纪20年代之后，美国石油企业发现，本土面临的石油枯竭危机越来越明显。而中东地区的石油被发现和开采，使得全世界石油公司的目光集中到这里。

埃克森公司正是在这样的背景下，开始了向中东地区的进军。1922年，在华盛顿政府的大力支持下，埃克森公司进入了土耳其和伊拉克等中东国家，没有花费太多力气，就在那里建立起自己的石油工业。在此后的数十年中，埃克森公司还垄断了伊朗石油，在北非建立了子公司，并逐步控制亚非拉等国家和地区的石油市场，成为世界上最大的非政府石油、天然气生产商。

纽约标准石油公司，是传承自洛克菲勒帝国的另一脉强大后裔，以其红色飞马商标而著称。早在1882年，这家公司就开始在英国销售石油，此后，纽约标准石油公司逐步将业务扩张到远东地区。

在托拉斯被拆解之后，纽约标准石油公司遇到了和埃克森公司相同的烦恼，起步时拥有庞大市场，却缺少充分的原料供应。因此，在董事长亨利·科莱福尔杰的领导下，这家公司走上了国际化道路。

1925年，纽约标准石油公司收购了原本就与之有秘密联系的得克萨斯马格诺尼亚石油公司。1928年，它与其他洛克菲勒派系公司一起，进入中东市场并积极扩大其势力范围。1931年，经历了美国的经济大萧条，它与一家真空石油公司合并，这家公司之前也和洛克菲勒家族有着秘密联系。合并之后，纽约标准石油公司改名为美孚石油公司。

美孚石油公司继承了洛克菲勒家族性格中好斗进取的一面，它始终在为生存和发展而努力。直到现在，它的办事处仍然在百老汇大街26号——洛克菲勒家族企业的兴盛起点。

1999年，埃克森和美孚重新合并，埃克森-美孚石油公司成为当今世界最大的石油公司。

加利福尼亚标准石油公司被纳入到洛克菲勒帝国中的历史，只有短短11年。它的创始人在加州惨淡经营了一家石油公司，偶然的机会，创始人们听说洛克菲勒在旧金山开办了标准石油的分公司，于是明智地前往寻求合作。洛克菲勒在1900年以不到100万美元的价格，买下了这家公司。这笔交易最关

第五章 巨人绝唱，垄断史上的纪念碑（1896—1912年）

键的收益在于，标准石油公司获得了横渡太平洋的港口，从此可以将石油直接出口到远东，实现了洛克菲勒当初的梦想。

托拉斯解散后，这家公司很快振作起来，有了洛克菲勒的支持，该公司很快发展。1919年，这家改名为雪福龙的公司已经可以提供美国所需石油的20%。从此时开始，雪福龙公司越来越接近石油生产公司，它的特点和埃克森公司恰恰相反：虽然拥有许多石油原料产地，却没有足够的市场。因此，两者之间的合作越发紧密。

上述三家公司，多年来始终被人们看作新的"标准石油集团"，它们有着相似的企业品牌，出售价格相同的石油，而它们的董事，依然是标准石油公司的原班人马，最重要的是，在企业运作初期，它们最大的股东依然是约翰·D.洛克菲勒。因此，许多人都怀疑它们之间是相互勾结牟利。

在标准石油帝国解散之后，由于得克萨斯州政府和民间彻底的反托拉斯态度，得州标准石油公司几乎全盘覆灭。梅隆的海湾石油公司得以强势崛起，与之对立抗衡的，是德士古石油公司。

海湾石油公司的竞争优势在于自给自足，它既不同于莫尔比石油公司，也有别于加州石油公司。在美国西南部，它拥有自己的开采、提炼、运输和销售系统，因此自行生产的石油比埃克森更多，它也有自己的油船运输力量、市场销售系统和金融投资体系。而它的对手，则是早就潜伏在得州的卡里南。

卡里南曾在洛克菲勒的标准石油公司工作。1901年，在公司的暗中支持下，他在得克萨斯与德国善根施耐德合伙成立了比海湾石油公司更大的新公司：得克萨斯石油公司，后简称为德士古公司。德士古公司低价买下石油，高价卖给标准石油公司，从中营利。此后，它在苏必利尔湖一带发现了更多石油，使公司得以持续发展。

1913年，卡里南被新任总经理艾尔古德·勒夫金所取代。勒夫金的父亲曾担任标准石油公司的远东代理人。后来，勒夫金和洛克菲勒、梅隆等家族一起，成为重要的石油世家。

到20世纪50年代，德士古石油公司被列入洛克菲勒家族的势力范围。在全世界七大石油公司中，洛克菲勒的"女儿"终于增加到四个。

第六章
权力传承，王位迎来新主宰
（1913—1923年）

"王储"初登基

1874年1月29日,约翰·D.洛克菲勒迎来了生命中别具意义的时刻。这一天,他破例没有过问公司的事情,而是在妻子的产房前坐立不安。不知过了多久,房里终于传来了婴儿的啼哭声,一位护士满脸喜色地走了出来:"先生,祝贺您和您的家人,是个男孩!"

洛克菲勒欣喜地向上帝祷告致谢,他的事业,终于有了继承人。这个在冬日大雪天出生的孩子,被命名为约翰·戴维森·洛克菲勒,他就是日后的小洛克菲勒。

喜获子嗣的老洛克菲勒,此时正忙于开拓事业。很多时候,小洛克菲勒还没有起床,他就匆匆离开了家,直到深夜,儿子已经入睡,老洛克菲勒才拖着疲惫的身体回到家中。

一天,老洛克菲勒深夜回到家,却在楼梯上遇见在黑暗中坐着的儿子。面对五岁的小洛克菲勒,老洛克菲勒和蔼地说:"约翰,你坐在这里做什么?"

小洛克菲勒懵懂地说道:"为了向您说句晚安,爸爸。可以在家里遇到您,真是不容易。"

一时间,老洛克菲勒不知道该说什么,他抱起儿子,吻了吻小洛克菲勒可爱的脸蛋,带他上楼睡觉去了。

在这样的生活环境中逐渐成长起来的小洛克菲勒,自然成为当时家族

第六章 权力传承，王位迎来新主宰（1913—1923年）

的女性中唯一的"皇储"。在他身旁，环绕着祖母、外祖母、姨妈、母亲和姐姐。小洛克菲勒深受母亲的影响。他的母亲虽然身体羸弱，却具备非凡意志，在她的影响下，小洛克菲勒笃信宗教。

每天早餐之前，这家人都会开始晨祷。母亲会郑重地捧出家里那本有烫金封面的《圣经》，带领大家祈祷，随后，每个家庭成员都要轮流朗读《圣经》。此时，姐姐们最希望的，就是听见母亲说一声"阿门"，那意味着大家终于能放松下来，享用丰盛的早餐。但只有小洛克菲勒，从始至终都诚恳地望着母亲，跟随她一起祷告。有时，姐姐们不免会嘲笑这可爱而忠厚的弟弟，但小洛克菲勒却不以为意、一如既往。

洛克菲勒的治家之道，犹如其管理企业时那样一丝不苟。在小洛克菲勒的童年生活中，家里不准玩纸牌，星期天要遵守教规不吃热食，平时的行为举止也要稳重大方。小洛克菲勒在这样的环境中长大，拥有了远超同龄人的早熟。他的神情里总是带着严肃和腼腆，脑子里都是上帝、天国、尘世、撒旦之类的字眼，而且总是缠着祖母或外祖母，希望能再多听一个宗教故事。

然而，家庭所赋予小洛克菲勒的，不止纯洁的宗教感情。随着他不断成长，富可敌国的财产、深邃隐秘的帝国，正在一步步向他走来。小洛克菲勒虽然被看作"皇储"，但这个称号只是表明了他未来将承担的责任，而并非代表他所能拥有的特权。事实上，小洛克菲勒的童年生活甚至比普通家庭的孩子更加枯燥。他后来回忆说："我们总是处处以家庭和教会为中心，此外就别无其他了。我们童年时并没有小朋友作伴，上学后，也没有和朋友交往。"

1884年，当小洛克菲勒年满十周岁之际，洛克菲勒全家从克利夫兰搬到了纽约。

1890年，小洛克菲勒早已不再是无知的孩童，16岁的他，转学到了当地很有名气的卡特勒学校。此前，他被送到纽约的语言学校读了一年书。不论在哪里，由于天资聪颖，加上刻苦勤奋，小洛克菲勒的学习成绩始终名列前茅。

1893年，小洛克菲勒进入布朗大学。当他来到位于普罗维登斯的校园时，他还显得相当稚嫩。但他知道，进入高等学府，标志着自己即将踏入社会，迎来新的人生阶段。第一次，或许只是毕生中仅有一次，他跟随同龄人做了他们共同感兴趣的事情：与女孩子约会、观看足球比赛、参加舞会……大三那年的夏天，小洛克菲勒还雅兴大发，邀请了一位好友去欧洲骑车旅行，为此他蓄起了一小撮胡须，将之打理得整整齐齐，似乎在彰显他的成熟。

与此同时，作为企业家的儿子，小洛克菲勒在大学时代依然保持着精打细算的理财方式。平时，他非常喜欢扮演公费学生那样的寒酸角色。当衣服的袖口边起毛了，他就自己动手修理整齐；邮票黏在一起时，为了避免损坏，他不会强行撕开，而是站在热水前，聚精会神、一丝不苟地用水蒸气融化胶水，再慢慢把邮票扯开。在同学们眼中，这位洛克菲勒家的公子有如此举动，简直令人不可思议，甚至觉得非常可笑而不屑一顾。对此，小洛克菲勒并不在意，反而乐在其中。同学们因此给他送了个绰号叫"怪人"。这绰号经常伴随着各种以吝啬为主题的笑话，在布朗大学流传。

正是在这样的环境中，小洛克菲勒养成了稳定坚毅的守成精神，无论外界对他作何评论，他依然可以坚持自我原则。到大学毕业时，小洛克菲勒早已褪去了刚进大学时带有的质朴气息，他曾经耳濡目染的宗教道德观依旧根深蒂固，但却也如同高耸的冰山那样在春日暖阳下点滴融化，取而代之的，是更加符合掌握家族产业所需要的实用主义道德哲理。小洛克菲勒的人生发展道路，最终随着年龄的增长、内心的成熟，而愈发明确起来。

与此同时，父亲老洛克菲勒正经历着又一次沉重的疾病打击，以至于他不得不选择了退休。小洛克菲勒此前并没有做好权力交接的准备，在他的

第六章　权力传承，王位迎来新主宰（1913—1923年）

灵魂深处，他更愿意过普通毕业生那样的生活，但他毕竟有着家族的传承基因，看见父亲略显蹒跚的病躯，小洛克菲勒燃起了斗志，他意识到，责任就摆在自己面前。

毕业后不久，有朋友在闲谈中问小洛克菲勒，是否想过将来去做牧师，因为他的性格和学识，似乎更适合做这一行。但小洛克菲勒毫不犹豫地回答说："不，我并没有这样想过。从幼年时，我就只有一个理想，那就是帮助我的父亲。"

这段话，犹如铮铮誓言，时刻在小洛克菲勒心中响起。他将以毕生精力，实践这一誓言。

折戟股市

1897年，小洛克菲勒走出了布满常青藤的校园围墙，迅速跻身商业战场。他突然发现，几乎是一夜之间，身边出现的不再是随意闲散、不问世事的学生，而是充满成功欲望、不惜付出一切的冒险家。在这充满个人英雄主义气质的创业年代中，失败者倾家荡产，成功者一夜暴富，小洛克菲勒却无法亲身体会其中的不同，他遵从命运的安排，走进了百老汇街26号。

安排给他的，是一间不大的办公室。办公室里除了一张折叠式办公桌，一把软皮面扶手椅，没有什么特别的设置。这间办公室位于九楼，站在窗前，就能看到车水马龙的百老汇大街。小洛克菲勒时常凭窗眺望，俯瞰纽约市的街景。和公司总部里志得意满的董事们不同，小洛克菲勒并没有那种居高临下的掌握感。相反，他对自己的位置感到惶恐，有一次，他在办公室里对人说:"我从来没有靠自己的能力挣到什么,这里的秘书们,倒是具有我没有的有利条件,他们还能够表现出自己在商业上的价值呢。"在此时的小洛克菲勒看来,自己世界里的每样东西都是经过父亲精确设计和提供的,他不需要去创造和改变,甚至无从拒绝。

这间办公室,负责处理洛克菲勒家族的私人事务,上级主管是弗雷德里克·T.盖茨牧师。盖茨是家族的内务总管,他向来神情严肃、脾气不佳,甚至有些喜怒无常。小洛克菲勒第一天上班,踏入办公室不久,盖茨就来看他。

"欢迎您,小洛克菲勒先生。我知道,您是布朗大学的优秀毕业生,但对这里的一切大概并不熟悉。我想您应该努力学习才对,这样才不会辜负您父亲老洛克菲勒先生的期望。"

小洛克菲勒看着牧师,牧师面色红润,目光严厉,看起来比大学里最严格的老师还要像老师。小洛克菲勒恭敬地回答说:"盖茨牧师,我时常听父亲谈到您。他说您是他见过的最聪明、最有远见的人之一。我相信,在您的指导下,我必定能够学到很多东西。"

话虽如此,小洛克菲勒的内心却一时无法明确,究竟如何与这位脾气古怪的主管相处。但他知道,盖茨是难得的良师益友,因此对盖茨十分尊重。

很快,小洛克菲勒成为办公室里最安分守己的文员。他先是学会处理日常的例行事务,随后跟随盖茨在全国出行,走访分散在全国各个角落的家族企业,了解其运作情况,同时一路上还要听盖茨津津乐道地介绍企业的发展计划和慈善事业。这番经历,让小洛克菲勒站到了比原先更高的位置,他终于懂得了洛克菲勒家的人如何做事,自己又如何能够真正成为合格的管理成员。

面对发展得如火如荼的企业,小洛克菲勒开始急迫地想要证明个人能力。于是,他从父亲那里借来资本,和姐姐阿尔塔一起投资股市。姐弟开始

第六章 权力传承，王位迎来新主宰（1913—1923年）

都很谨慎，将鸡蛋分在不同的篮子里，一小笔一小笔地盈利，从来没有大宗投入。或许是新手通常会比较走运，两个人起初赚了不少钱，小洛克菲勒有些飘飘然，他告诉姐姐："我真想大干一次，赚上一大笔，这样别人也就不会说'瞧那个小子，他能够坐在那里，只是因为他姓洛克菲勒而已'。你觉得如何，阿尔塔？"

这样的机会很快出现了。在一次商务宴会上，小洛克菲勒遇见了戴维·拉马尔。拉马尔是职业的投资中介人，他能言善道、待人热情，没多久，就与小洛克菲勒熟悉起来。拉马尔说，根据最新的内部消息，美国皮革公司股票将会走出一波强势行情，小洛克菲勒完全可以介入。最后，他还不忘加上一句"心得"："当然了，投资越大，风险也越大，所以那些小心谨慎的人确实不会亏，但他们一辈子也赚不到大钱。"

小洛克菲勒当然不愿意做那样的人，初出茅庐的他此时正渴望着一切机会，去证明自己的实力。既然在工作岗位上做不到，他就希望在资本市场里实现梦想。在拉马尔的参与下，他将能搜集到的美国皮革公司股票全部买入。

洛克菲勒家族的"皇储"在大批吃进美国皮革公司的股票！这一消息很快通过交易所传到了市场中，很快，这支股票价格果然猛涨起来。然而，小洛克菲勒不知道的是，拉马尔正趁此机会，将手中原本套牢的股票迅速卖出。拉马尔感谢自己的运气：这批股票眼看要烂在手上时，居然碰到了有钱又年轻的小洛克菲勒，他的买进行为帮自己轻松解套，还让自己赚了一大笔，拉马尔非常高兴。

没过多久，美国皮革公司的股票回归到原本价格。小洛克菲勒很快发现，自己在充满诡谲的华尔街吃了大亏，他总共损失了上百万美元。为此，他不得不向老洛克菲勒求助。父亲听完他的惨痛经历之后，面无表情地看着他，既没有责备，也没有安慰，只是用他向来平静的口吻说："好吧，别着急,约翰,我会帮助你渡过难关的。"

凭借这一辉煌"战绩",拉马尔在华尔街声名鹊起。许多对洛克菲勒家抱有成见的人幸灾乐祸,报纸上将小洛克菲勒的这次遭遇,称为他接受华尔街的"剪毛洗礼",甚至将他的损失夸大到两千万美元。

此类新闻报道甚嚣尘上,让小洛克菲勒非常难过。他终于体会到,父亲这些年来不仅要面对激烈的商业竞争,还承受着这样的舆论压力。无论洛克菲勒家发生了什么,盈利也好、亏损也罢,竞争也好、慈善也罢,都会被各方利益交错影响下的新闻媒体和公众舆论,解释成臆想中的丑陋形态。

小洛克菲勒对商业前途失去了信心,他觉得,自己可能永远都无法企及父亲的高度。此时此刻,他只有转而在宗教中寻找慰藉,教堂高耸的尖顶、管风琴浑厚低沉的咏唱,让他感到内心的安宁。1900年,他成为第五街浸礼会读经班的负责人,所有的读经活动他从不迟到,总是在讲坛上严肃虔诚地分享自己的宗教学习心得。然而,报纸对此依然嗤之以鼻,一篇社论尖刻地写道:"他们既然世世代代把持国家钱袋,那么,他们在宗教方面的高谈阔论,也无非是为了从笃信宗教的虔诚信徒那捞到油水而已。"

帮助小洛克菲勒走出这段艰难岁月的,是他未来的终身伴侣艾比·奥尔德里奇。从第一次认识到现在,两人已经走过了四年的岁月。小洛克菲勒始终在考虑结婚的问题,或许,正是因为事业上的种种波折,才帮助他下定了求婚的决心。

艾比同小洛克菲勒门当户对。她的父亲纳尔逊·奥尔德里奇是百万富翁,也是美国当时最有影响力的共和党参议员之一。奥尔德里奇家虽然没有洛克菲勒家那般富有,但也可谓是名门贵族,有着无可置疑的光荣历史。老洛克菲勒看到儿子对艾比一见倾心,再加上背后的政商因素,自然对婚姻点头认可。

1901年,在和母亲商量之后,小洛克菲勒专程来到艾比的老家普罗维登

第六章 权力传承，王位迎来新主宰（1913—1923年）

斯求婚，艾比欣然接受了。小洛克菲勒激动地立刻给母亲写信，汇报他的心情，并郑重承诺："我不会给您带来比艾比更会使您喜爱、渴望和为之骄傲的儿媳了，她将在我十分骄傲、万分骄傲地给予她的姓氏上，增添新的光彩和荣誉。"

这年10月份，盛况空前的婚礼在沃里克举行。婚礼前几天，从纽约、华盛顿和新港以及其他城市开出的每艘轮船、每列火车上，都载有社会的名门贵族，来宾总数超过了一千人。

婚礼当天，小洛克菲勒夫妇分外精神，小洛克菲勒西装笔挺、分外帅气，艾比金色的头发在雪白婚纱的衬托下，显得可爱迷人。婚礼后，这对小夫妇迅速甩掉了新闻记者的追踪，在波坎蒂科的庄园中，与世隔绝地度过了蜜月。

蜜月结束后，他们回到老洛克菲勒家中，和父母同住，直到同一条街上的另一幢豪宅交付使用，才搬了过去。后来，艾比在这里为洛克菲勒家生下了五男一女，正如她自己在回答朋友时所说，搬去这么大一幢房屋，就是为了"塞满"孩子。

不惧挑战摩根

有了小家庭的温暖与支持，小洛克菲勒很快忘记了事业初期盲目投资失败的痛苦，艾比和陆续诞生的孩子们，为他的事业和生命注入了新的活力。身边的同事发现，他每天都会神采奕奕地踏入办公室，如同上足发条的钟表那样充满力量而精确地运行。

1901年，小洛克菲勒迎来了事业初期的第一次重要战役：梅萨比铁矿的争夺。

在当时人看来，梅萨比铁矿并不具备多少利益，它有着质量上乘的矿砂，但由于位置偏远，将矿砂运送到匹兹堡钢铁地区的成本比较高，因此，迟迟没有资本看中这块铁矿。但盖茨牧师的眼光是独到的，他深入研究了梅萨比，并确信及时投资这块矿区，能在未来为家族带来巨大收益。

老洛克菲勒赞许地同意了收购计划，在矿区内，他开始了大胆投资，小洛克菲勒则参与到其中的监督工作中。他每天埋头在报告和表格中，并定时和盖茨一起出门考察。盖茨就像他的事业导师那样，既关心着他的成长，也对他严格要求。工作忙碌起来时，盖茨便时常顾不得礼仪，像使唤实习生那样喊道："约翰，立刻帮我查查这个数字是怎么回事？"小洛克菲勒却珍惜如此宝贵的锻炼机会，乐在其中，毫无怨言。

功夫不负有心人。洛克菲勒家族的投资为梅萨比铁矿注入了新鲜血液，它的运营状况一天天好起来。这引起了其他企业的注意，其中就有著名的金融和钢铁大亨J.P.摩根。

摩根和洛克菲勒性情迥异，又都是名噪一时的商业巨头，因此总是存在着或明或暗的竞争关系。此时，摩根刚好买下了卡内基的钢铁厂，正四处寻找可以供货的铁矿，梅萨比铁矿成为他眼中最好的对象，如果能收购到手，就可以成全他霸占全美钢铁行业首位的夙愿。

老摩根知道洛克菲勒家族在这片铁矿上投入了心血，他找来中间人，试探性地和老洛克菲勒接触。

老洛克菲勒未置可否，他找来盖茨和小洛克菲勒商量："你们觉得，摩根的提议怎么样？"随后，他的目光盯住了儿子："约翰，如果我将梅萨比卖掉，你舍得吗？"

小洛克菲勒发现，父亲和往常一样，端坐在老式的办公桌后。以前，

第六章 权力传承,王位迎来新主宰(1913—1923年)

他每次来到这里都感觉有些紧张,但今天的父亲看上去慈祥可亲。小洛克菲勒不再紧张,以同样有力的目光看着父亲说:"爸爸,这件事您说了算。不过,我觉得与其将铁矿卖给他,不如租给他,让他开采利用,我们保留产权。"他顿了顿补充说:"我觉得,让老摩根这个狡猾的家伙为我们开发铁矿,效果更好。"

老洛克菲勒不动声色地问盖茨:"你觉得他的建议怎么样,盖茨先生?"

"我觉得这是个好主意,洛克菲勒先生,但我们还可以再进一步讨论它。"

当小洛克菲勒离开之后,老洛克菲勒的表情松弛下来,流露出喜悦的神情:"盖茨,他跟你学得挺不错,我看,他的确是洛克菲勒家的人。"

很快,与摩根的交涉,在小洛克菲勒和盖茨所提供的建议方案上开始了。一轮轮谈判之后,小洛克菲勒作为家族的代言人,会直接面对摩根。

此时,小洛克菲勒只有27岁,老摩根则早已成名。悬殊的年龄与资历对比下,前者虽然年轻而有活力,但依然显得有些经验不足,老洛克菲勒显然预料到了这一点,于是派出集团中名声显赫的亨利·罗杰斯陪同儿子前往。

会面当天,摩根穿着花格呢子西装,系上了图案张扬的领带。他的服饰毫不遮掩其心态,对眼前这个年轻人,他并不放在眼中。在必要的寒暄之后,摩根双眉紧锁,大鼻子耸动着,压制住怒火和不屑问道:"好吧,直说吧,你打算要什么价钱?"

小洛克菲勒早有准备,他知道摩根的脾气张扬,对此并不在乎。他淡淡地说道:"摩根先生,我想这里存在误会。我到这里来不是为了卖,而是您想要收购。"

摩根的表情凝固了一秒钟,随后靠在了椅背上。他知道,小洛克菲勒已经不再是被华尔街剪羊毛的愣头青了。

小洛克菲勒马上提议说:"如果您真的有兴趣购买铁矿,我觉得您应该找一位可以在价格上提出公平建议的人。"

整场谈判下来，小洛克菲勒始终保持着这种不失尊敬但又毫不让步的态度，让摩根的脾气无从发作，更换来了优势地位。最终，摩根没有耐心再耗下去，他接受了小洛克菲勒的条件，交易顺利达成。

当天，小洛克菲勒马上将谈判经过和结果写成书信，向父母做了详细汇报。

几天之后，邮车将捷报带到了波坎蒂科庄园。在晚餐桌上，老洛克菲勒郑重其事地告诉全家人："今天，我收到了约翰的信，我想给大家读一读。"于是，他一边大声读信，一边偷瞄着全家人的表情。当他模仿着小洛克菲勒的声调，绘声绘色地读出如何对付摩根的话时，大家都为之感到兴奋鼓舞。此后数年间，老洛克菲勒常将儿子在这次谈判中沉着机智的表现，作为茶余饭后的故事，向来访的宾客宣讲。每当故事发展到关键时刻，老洛克菲勒还会故意停下来，向听众们提问："你们猜猜看，他说了什么对付老摩根？"以至于妻子总是要提醒他，这故事，他已经说过许多遍了。

由于这次谈判中的出色表现，小洛克菲勒的薪金被加到了1万美元。老洛克菲勒喜欢用这样的方式激励下属，对儿子更是如此。在小洛克菲勒少年的时候，每当他做了什么出色的事情，总会得到一些零花钱。这次加薪，也完全证明了小洛克菲勒工作有多出色，为此，他还专门给父亲写了封热情洋溢的感谢信。

经过这次对摩根挑战的成功，小洛克菲勒在处理企业事务中的地位越发重要。父亲将更多的担子交给他，而他也总是能够出色地完成。不久之后，他就成为掌管家族一切企业的二号人物，并被委派加入花旗银行、美国钢铁公司、新泽西标准石油公司、科罗拉多燃料与铁矿公司、多家铁路公司以及芝加哥大学的董事会。27岁的小洛克菲勒，已经成为美国17家最大的金融和工业企业的董事。

1902年夏天，大火将老洛克菲勒在波坎蒂科的温特沃旧居夷为平地。小

第六章 权力传承，王位迎来新主宰（1913—1923年）

洛克菲勒成为家族新居建筑的总指挥，按照父亲的喜好和自己的原则，他让新居突出了"不夸耀的豪华"这一特点。直到1913年，新居才正式完工。

在营建新家的同时，小洛克菲勒在事业上的表现越发成熟。当时，他已经是标准托拉斯的副董事长，担任外出巡视和企业外交工作。当他向纳尔逊·奥尔德里奇的参议院同事们解释标准石油公司在石油工业方面的法律观点时，政治家们看到一个崭新的小洛克菲勒。

然而，老洛克菲勒那被新闻舆论所大肆渲染的不光彩发家史，如同噩梦一般始终笼罩在小洛克菲勒身上，无论他做怎样有益于社会的慈善事业，总是会被人将两者联系在一起。他终于明白，想要实现自己的人生追求，就必须放弃同标准石油托拉斯的所有联系。他找到父亲，谈了自己的想法，此时已是迟暮之年的老洛克菲勒平静地听完，依然不动声色，淡淡地说道："约翰，是上帝派你来继承家业的。你只要完成上帝赋予你的使命，知道做什么和不做什么就行了。但你要记住，不论你选择怎样的道路，我都会支持你。"

小洛克菲勒非常感激父亲的支持和理解，他做出了抉择：全心投入慈善事业，从此退出企业经营的舞台。

基金会名垂青史

早在1901年，老洛克菲勒就感到自己需要创办一个基金会，其规模应该超过之前创立的任何组织。他的亲信盖茨，也在1906年6月提出类似建议："您的财产正在像雪球那样越滚越大，您散发它的速度必须超过它增长的速度，否则，它会将您和子孙后代都压垮的。"为此，盖茨提出的解决方案，是运用财富建立一批能够为全世界谋取永久幸福的企业化慈善机构，通过它们，将家族财产投向教育、科学、艺术、宗教、农业乃至社会治理上。

实际上，建立慈善基金的想法，并不是洛氏的发明。早在美国建国初期，本杰明·富兰克林和后来的富豪们都曾建立过这种基金。洛克菲勒家所要努力的，是创建一个前所未有的基金会。1906年，已经从企业董事会彻底离开的小洛克菲勒参与到一个女工权益的基金组织活动中，他非常推崇类似的组织，并竭诚建议父亲创立三个基金会：一个支持在海外传播基督教文化，一个支持在国内开展相同工作，另外一个则专门为芝加哥大学、普及教育委员会和洛克菲勒已有的医学研究所提供资金。在他提出的建议内，这些基金会的规模都相对较小，理事会成员也只是由家族成员和亲近人士担任。但老洛克菲勒要求儿子拿出新的管理方式，开创新的基金会运行体系。

经过小洛克菲勒的精心组织，基金会的成立得到政商两界不少人的支持。1909年6月29日，洛克菲勒签字，将价值5000万美元的新泽西标准石油公司股份，委托给小洛克菲勒、盖茨和哈罗德·麦考密克，这是向计划中的基金会首批捐赠的款项。当时，正值标准石油公司为反托拉斯法案向最高法院提交上诉辩护状，两件事同时放在新闻媒体上，为公众们塑造出完全矛盾的洛克菲勒家族形象。

在申请执照的过程中，小洛克菲勒要求获得范围广泛且没有时限的执照，从而取得更充分的灵活性。老洛克菲勒也同意这样的做法，他年纪日渐增长，不希望未来基金会在运行时会受到种种契约限制。为此，盖茨为基金会制订了并不明确的使命口号：为全人类谋福利。

令人没有想到的是，公众舆论中的一些人，立刻抨击这种模糊的口号，认定洛克菲勒家族只是为了利用基金会达到不可告人的经济目的。为了防止这种说法影响到基金会的成立，小洛克菲勒在岳父奥尔德里奇参议员的带领

第六章　权力传承，王位迎来新主宰（1913—1923年）

下，从边门出入，秘密访问了白宫内的主人塔夫脱总统。在他们共进午餐时，总统表示，基金会的执照即使可以顺利颁发，估计也只能到反托拉斯案结束之后了。

为了安抚舆论，洛克菲勒阵营此时做了一些重大让步。例如，将新基金会的总部设立在首都、国会能够在任何时候限制基金会的资金流向，洛克菲勒一方甚至提出可以赋予美国总统、最高法院首席法官、两院议长等人直接否决理事会人事任免的权力。

尽管如此，基金会提案依然命运坎坷。尤其在参议院，提案被反复搁置，一直拖了三年。在此过程中，议员们开始和洛克菲勒家族谈起条件，纷纷要求基金会将资金投给他们的选区，才能保证支持。老洛克菲勒对此相当恼火，1911年11月，他建议儿子转而申请一级执照。很快，小洛克菲勒也失去了信心。1913年，他转而向纽约州提出执照申请。由于该州在两年前批准了捐赠总额为1.25亿元的卡内基基金会，所以这次，洛克菲勒的基金会几乎没有遇到什么反对意见，就被顺利批准了。

洛克菲勒基金会成立的过程漫长而复杂，同时小洛克菲勒的导师盖茨也逐步退出了企业。为企业工作了20年后，这位曾经一贫如洗的明尼苏达牧师选择了退隐，回家与妻子和7个孩子经营一座占地1000英亩的农场，同时担任着洛克菲勒的公司及基金会的理事职务。

1913年5月19日，洛克菲勒基金会在百老汇26号召开了第一次会议，小洛克菲勒顺利当选为基金会主席。虽然他邀请了父亲出席会议，但如他所想的那样，父亲拒绝了邀请。洛克菲勒当了基金会十年的挂名理事，从不愿意参加会议，而是置身事外般对这个慈善机构进行遥控，他只握有否决权，将更多权力交给了儿子。

洛克菲勒基金会并不是什么公共信托基金组织，而是受到严密管理的企业化运作组织。其管理体制缜密稳定，对洛克菲勒慈善机构的管理方式，如同控制多家分公司的母公司。在理事名单中，洛克菲勒父子来自于家族，有3名是公司的雇员，另外4名则来自于基金会下属的其他慈善机构。由于洛克菲勒家保留着基金会年收入的分配权，其所谓的独立性也无从谈起，洛克菲勒指定的捐赠，占了所有捐款的三分之一左右，重点向他所偏爱的项目提供资金。

由于不断引起公众谴责，洛克菲勒父子心有余悸，他们慎重地决定，不向任何可能引起争议的项目提供捐款。例如，他们始终避开人文、社会科学和艺术领域，原因在于这些领域总是充满主观和情感因素，包含太多政治风险。

在成立之后的第一个十年里，小洛克菲勒领导着基金会，将主要工作精力放在国内外的公共卫生和医疗教育上。1913年6月，基金会理事会决定继续洛克菲勒卫生委员会的防治钩虫病工作，并在全世界推广，这场运动很快推广到全球其他国家，治愈了数百万人。

后来，洛克菲勒基金会还致力于消灭疟疾、结核病、伤寒、猩红热和其他疾病。其中被人铭记的，是他们战胜了曾经被称为"西半球死神"的黄热病。基金会资助科学家们着手研制这种传染病的疫苗，1937年，在付出6名研究人员宝贵生命的代价之后，这种疫苗终于问世了。上百万支的疫苗，被运输到世界各地，并在二战中挽救了许多美国士兵的生命。

在消灭疾病的斗争中，小洛克菲勒也时常考虑重要的问题，即传染病如果由于当地社会治理水平差而再度爆发，该怎么做？他很快想到，确保成果的最好方法，就是帮助落后的国家和地区的政府，建立公共卫生机构。

为此，基金会向约翰·霍普金斯大学捐赠了600万美元，用于建设一所卫生和公共保健学院。这座学院在1918年成立，专门培养卫生工程学、流行病学和生物统计学方面的科学专业工作者。1921年，哈佛大学也得到了数目相同的捐赠资金，用来开办一所公共卫生学院。此后，从印度的加尔各答

第六章　权力传承，王位迎来新主宰（1913—1923年）

到丹麦的哥本哈根，基金会总共花费2500万美元，在当地兴建了许多类似的学校。

到20世纪20年代，在小洛克菲勒的直接领导下，洛克菲勒基金会成为全世界最大的慈善机构，也是美国医学研究、教育和公共卫生的主要赞助者。老洛克菲勒凭此成为历史上向医学界捐助最多的业外人士，他一生总共直接或间接捐助医学界4.5亿美元。考虑到他的父亲曾经扮演过兜售万灵药的不光彩角色，洛克菲勒在某种意义上为医学和慈善业掀起了新的革命。在他们之前，富人们通常只是资助自己的兴趣爱好，例如歌剧院、美术馆或者学校，抑或馈赠房产给社会组织，从而显示个人爱好慈善、品行高尚。但洛克菲勒家族对医学的投入，却更多着眼于知识与技术的革新，从历史的观点来看，其影响力必然更加广泛，无论在当时或现在，其意义也显然超越了他们的姓氏与财富本身。

科罗拉多噩梦

在小洛克菲勒一心投入基金会成立与运作的同时，他依然担任着一家小公司的董事。那是位于科罗拉多的一家煤矿企业，名字叫科罗拉多燃料和钢铁公司。

在小洛克菲勒刚进入这家公司的投资人行列时，他还只是占有部分股份而已。当手中现金迅速膨胀，他很快扩大了股份占比。即便如此，在家族庞大的企业事业群中，这家公司依然不过是无名小卒。然而，小洛克菲勒禁不起他人劝说，又鼓动老洛克菲勒继续追加投资。在盖茨的计划和建议下，第一次投资额就高达600万美元，随后又追加到2000万美元，就这样，洛克菲勒家族主导了这家企业。但日后，小洛克菲勒很可能会为此后悔不已。

考虑到如此投资没有换来令人满意的利润，盖茨向小洛克菲勒推荐了蒙特·鲍尔斯。鲍尔斯此时已经有60岁了，他精明干练且目光犀利，曾经在梅萨比铁矿的经营中发挥了重要作用。

1907年，鲍尔斯开始接手管理科罗拉多的这家公司。他秉承了一贯的作风，只给矿工很少的工资，而且不发放现金，只发放所谓的代价券。这些代价券只能在公司自办的商店中使用，用以兑换必要的生活用品和食物。在矿区周围，全部是低矮的棚户区，矿工一家人只能挤在简陋的屋子中，遇到冬天和下雨，更是难以度日。即便是这样的屋子，只要公司发出通知，住户就必须在三天内搬离。

为了牢固控制工人们的思想，公司图书馆里所有的书都经过了审查和挑选，教堂里的牧师也很少讲富人应该如何慈悲，而是千篇一律地传递如何受苦和忍耐的道理。此外，公司每年花费2万美元，雇用密探并收买工人中的奸细，确保公司内部不沾染工会主义的思想。相对地，公司却从来不投入资金去改善劳动和生活条件，也不为工人提供必要的医疗条件。

在当地，这家企业的规模最大，小镇上所有的行政和司法长官几乎都对鲍尔斯唯命是从。鲍尔斯更加肆无忌惮，在他的矿井中，连最起码的安全措施都没有，经常发生因伤致死致残的矿工和他们的家属，在得不到任何救济的情况下，就被公司的人从棚屋中驱赶出来的景象，十分凄惨。

随着时间的推移，不满情绪四处蔓延。工人们私下成立了工人联合会，发泄对公司领导层的不满。对此，鲍尔斯不屑一顾，他声称是公司给工人们提供了工作机会、住房和商品，他们这些穷鬼才没有四处流浪。他甚至直接将工会的组织者称为煽动分子、无政府主义者，认为他们应该对所有的冲突负责。

第六章 权力传承,王位迎来新主宰(1913—1923年)

当盖茨知道这件事以后,也全力支持鲍尔斯的铁腕政策,他不遗余力地表示支持,甚至将之看作《圣经·启示录》中的善恶战争。

1913年9月,在矿区小镇勒德诺,爆发了这里有史以来最大的罢工,总共有9000多名工人参加,涉及当地20多家企业。

鲍尔斯雇用了一批密探充当打手,专门对付罢工队伍。工会看到这些人佩戴着先进的连发枪,立刻进行准备,将附近百货商店的枪支弹药全部采购一空。

1913年10月17日,在罢工工人和家属所住的帐篷区内,还在沉睡的人们被轰鸣的马达声吵醒,随即是一阵密集的机枪声。当人们冲出各自的帐篷,只看见两辆装甲车消失在晨雾中,地上则是倒在血泊中的几名工人。

矿工们愤起还击,骚乱不可避免地蔓延开来。两周后,科罗拉多州州长发动了国民警卫队前来维持秩序。4月20日,美国劳工斗争历史上血腥的一幕发生了:一支据守在俯瞰帐篷区高地上的国民警卫队,向帐篷区开枪。这一天,工人死亡了40人,伤者不计其数,他们不得不退入事先挖好的地窖中。第二天,人们又发现,在地窖中有11名孩子和2名妇女因为窒息而死。

消息传开,群情激愤。所有罢工工人在以勒德诺为圆心、半径250英里的范围内夺取城镇,袭击国民警卫队。最后,威尔逊总统只得命令联邦军队开入该地区,从而结束这场可能变成战争的冲突。

总统介入之下,事情出现转机。众议院成立了矿井和采矿小组委员会,并召开有关局势的意见听证会。小洛克菲勒被召往作证。小组委员会马丁·福斯特问道:"你就不应该稍微注意一下发生在科罗拉多的流血罢工?你们在那里有几千名雇员,而你对他们的利益似乎不够关心。"小洛克菲勒只能顾左右而言他:"我们聘用的是我们能找到的最得力的人,我们相信他们做的决定。"

当马丁进一步追问时,小洛克菲勒的情绪稳定下来,搬出了父亲和盖茨所提出的应答原则。他说，工人们的劳动条件问题，不是地区性的问题，而是全国性的问题，为了维护工人利益，必须保证矿区不能受任何限制，包括工会的限制，因此，他还是会不惜一切代价支持办事处的管理。

老洛克菲勒对儿子的立场感到满意。但小洛克菲勒的回答，让新闻界找到了口实。所有自由主义的报纸，都一致对他表示谴责，对劳工表示同情。小洛克菲勒终于发现，父亲旧时代的那种强硬原则，在新时代已经无法稳定立足了。他终于开始物色新的顾问，听取他们的建议。很快，艾维·李和麦肯齐·金，两位自由主义派别的政治家被他招入麾下，他们帮助他提出了解决方案。在去科罗拉多考察之后，他们建议小洛克菲勒将在科罗拉多燃料和钢铁公司的股份全部撤出来，并在那里张贴布告牌，宣布公司愿意听取工人的申诉和建议。小洛克菲勒感到这一措施不仅能有效扭转局势，还可以让工会处于下风。

1915年1月，小洛克菲勒要求鲍尔斯辞职，随即将所有责任推到当地管理部门的身上。不久，他在劳资关系委员会的听证会上宣布，在科罗拉多发生的所有事情，管理部门都没有征求他的意见，因此他并不了解情况。

这年9月，小洛克菲勒亲自去矿上巡视，时间长达两周之久。在那里，他听取工人的申诉，调查他们的生活情况和劳动条件，还在劳资会议之后邀请矿工的妻子们跳舞。这些亲善举动，赢得了矿工的好评。

矿工们原谅了他们曾经痛恨无比的小洛克菲勒先生。当巡视结束后，他们的投票结果显示，绝大多数人都接受了他的计划。小洛克菲勒成功地平息了风波。

科罗拉多确实是整个家族不得不面对的噩梦，但这里也是小洛克菲勒人生的转折点。从此之后，他不再被父亲和盖茨的思想所左右，而是有了自己关于民主和新时代的看法。有些年纪大的富豪，对此颇为不满，还有人当着小洛克菲勒的面讽刺地说："你可真是个见风使舵的好手。"小洛克菲勒机

第六章 权力传承，王位迎来新主宰（1913—1923年）

智地回答说："朋友，想要让船跑得更快，只有让它跟着风转。"

他的话没有错。一战之后，石油行业越来越受到重视，在新时代社会成长的人，对这个家族究竟如何拿到第一桶金已经不太感兴趣了，他们被小洛克菲勒的慈善情怀、民主手段所吸引，小洛克菲勒也逐渐被吸引到更广泛的社会事物中。他成为总统竞选运动的捐助人，成为企业界的民意代表和公民团体首脑。老洛克菲勒看到了这一点，从1917年到1921年，他将财产和证券分批转移给儿子，按照当时的市场价值计算，这些财产在4亿美元以上。1923年，小洛克菲勒做主的时代开始了。

入主大通银行

对小洛克菲勒而言，花费财富从事公益事业，的确是重要的社会活动。但他也从来没有忘记扩充家族天文数字般的财富，这也让他的五个儿子在日后接过事业火炬时，拥有了强大的财富基础。

早在小洛克菲勒能够自己控制巨额家产之前，他就试图劝说父亲相信贷款和信托公司，以便适应新时代理财潮流的需要。然而，老约翰与同时代许多企业家（例如亨利·福特）一样，对以摩根为代表的银行家们非常厌恶，他看过太多圈套下的家破人亡，因此宁愿将财富死死地存在银行中。

然而，家族和财团中的许多人都赞同小洛克菲勒的观点，认为金融是现代商业的灵魂，其中就包括他的岳父奥尔德里奇。奥尔德里奇是国会中金融集团的代言人，他推动了1913年联邦储备制度的建立，确立了金融家与政府之间的合作关系。在他们的影响下，老父亲终于被说服，家族买进了公平信托公司的控制股价，并使得这家公司迅速扩张。到1920年，这家公司已拥有2.54亿美元的存款，成为全国第八大银行。1929年，在一系列的"巧取豪夺"之下，公平信托公司并购了14家较小的银行和信托公司，成为全国实力最强大的银行之一，在国外也开设了许多分行。

正当公平信托公司日益强大时，总经理切利斯·奥斯汀于1929年12月突然去世。为了稳定公司的发展，小洛克菲勒邀请内兄文斯洛普·奥尔德里奇出任该公司的领导者。

文斯洛普·奥尔德里奇担任新职之后，认定只有采取和较大机构合并的方式，才能更好地获得发展。围绕这一建议，小洛克菲勒和幕僚们多次秘密商议，经过比较多种方案，他们将目光投向了大通银行。1930年，他向大通银行提出收购合并的建议。

此时的大通银行，经历了20来年的发展，在艾伯特·威金的领导下，拥有了强大的高智商董事会，其中最著名的人物包括伯利恒钢铁公司创始人查尔斯·施瓦布、通用汽车公司的艾尔弗雷德·斯隆等。威金本人除了担任大通银行董事，还在其他50家公司担任董事，利用这一人脉关系，他提出每家公司都必须在大通银行存款，以作为他担任董事的条件。另外，大通银行在拉丁美洲国家尤其是古巴，也成为举足轻重的金融力量。

正式的合并协议很快达成，新机构的高级职员与董事选举威金为董事长，由文斯洛普·奥尔德里奇担任总经理，这也是公平信托公司在大通银行所取得的唯一高管职务。从资产上看，大通银行此时具有雄厚实力，它拥有50家国内分行、10家国际分支机构，这还不包括其子公司美国捷运公司以及其旗下的34家国内办事处和66家国外办事处。

威金在1933年退休，文斯洛普·奥尔德里奇成为大通银行的代言人。他连续来到华盛顿，多次在国会进行演讲，努力将大通银行与总统处理危机的决策相配合。在这些演讲中，文斯洛普·奥尔德里奇表现出讲究实用主义

第六章 权力传承,王位迎来新主宰(1913—1923年)

的精神,也展现出对舆论的敏感性,于是他成为政府眼中支持银行的重要人物。虽然在银行界,同行们认为他是典型的叛逆人物,但洛克菲勒家族确实看到了银行传统制度的艰难处境,只有进行改革,才是唯一的出路。

文斯洛普·奥尔德里奇的表态内容,包括公开支持投资业务和商业银行业务的分割,这一建议被认为是针对摩根财团所做出的。老摩根之前的业务经营方式,是将美国钢铁公司、通用电气公司和其他许多巨大的联合企业拉到一起,加以控制。实际上,银行改革的趋势已箭在弦上,文斯洛普·奥尔德里奇提出这种建议,更主要的目的在于迎合政府的改革决心,并确保改革不会有损于洛克菲勒家族和大通银行的利益。由于大通银行的实力主要集中在其商业业务上,分割两大业务对其没有什么损害,反而会增加其社会声望与影响力。

1933年,参议院的银行和通货委员会对金融界情况进行调查。小洛克菲勒感到,政府正在为银行改革寻找猎物。于是,他让艾伯特·威金退出银行。威金和花旗银行的负责人查尔斯·米契尔一样,曾经在金融繁荣的黄金年代,进行过大宗的股票市场投机买卖,所需款项则通过大通银行附属的证券公司进行挪借。然而,这种在当时被普遍接受的行为,此时受到了严格的审查。听证会结束时,威金虽然没有受到什么实际损失,但其往日名声和影响力已经不复存在。

很快,文斯洛普·奥尔德里奇接替威金出任大通银行的新董事长,小洛克菲勒就这样控制了世界上最大的银行,并公开站在支持银行改革的一方。

第七章
大战略之路
（1923—1939年）

海外石油远征军

一战结束后的十年之内,全世界的政治格局和对抗力量发生新的变化。洛克菲勒父子开始更多地关注海外形势,展开了对全球石油市场的征战。

不过,亲自奔赴前线并不是洛克菲勒家族解决问题的方式,他们更喜欢坐在办公桌后,听取智囊的建议,然后委派适当人选去担任前敌指挥。这次,小洛克菲勒选择的是沃尔特·蒂格尔。

年轻时,蒂格尔就被洛克菲勒家所吸引,并加入了标准石油。1911年公司解散之后,作为少壮派的蒂格尔迎来事业的春天,成为新泽西标准石油公司的董事之一,在这里,他苦心经营,发挥越来越大的影响力,并成为公司总经理。

蒂格尔在海外打响的第一枪,位于正在瓦解的奥斯曼土耳其帝国。战前,这里的石油主宰企业,是土耳其石油公司。最初,它由英德两国投资组成,两国达成协议:英国的英博辛迪加控制50%的股份,德意志银行和壳牌公司各占25%。一个名叫古尔班坎的亚美尼亚人,是这家土耳其石油公司内代表土耳其国家银行的股东。

战后,随着德国势力退出土耳其,英国和法国开始瓜分土耳其石油公司这一战利品。1920年12月,在同土耳其的合约会议上,英国人将原来属于德国的股份给了法国,华盛顿方面对此非常不满。1922年,英国同意将土耳其石油公司20%的份额转让给美国。

第七章 大战略之路（1923—1939年）

这次转让的意义重大。1927年，原属奥斯曼帝国影响范围内的伊拉克发现了巨大的石油储量。蒂格尔团结国内所有能团结的石油企业，终于说服美国政府，帮助他们打开了通向中东的大门。

经过艰苦的谈判、不断的请示，蒂格尔终于在1928年获得了成功。在最后的协议中，壳牌公司、英博公司、法国石油公司和美国近东发展公司，各得到伊拉克23.75%的石油。蒂格尔和小洛克菲勒以及其他美国石油企业大军，终于获得了这里丰富的石油资源。

下一个目标，就是遥远的苏联。在中东的首战告捷，让小洛克菲勒对海外石油市场充满期待。然而，苏联人并不好对付。

在俄国，诺贝尔家族的几代人都在巴库油田获得巨额收益。十月革命之后，诺贝尔家族逃出苏俄流亡法国，为了不至于损失全部家产，他们决定减价出售自己的商业王国。

抓住这个机会，蒂格尔找到诺贝尔家族，表示愿意购买他们的巴库油田。虽然这次购买有风险，但小洛克菲勒愿意试一试。在老洛克菲勒时代，俄国石油从没有美国企业的份，正因如此，标准石油才没有机会占领欧洲市场。而如今正处于革命之后的时间节点上，谁又愿意错过如此良好的机会？

1920年7月，标准石油公司以650万美元和承诺随后再付的750万美元，买下了诺贝尔家族在苏俄的一半油田的控制权。交易双方都知道，这只是纸面上的生意，因为苏维埃政府已经占领了巴库，将油田收归国有。小洛克菲勒一反之前的谨慎态度，做出了事业生涯的冒险投资。

事情并没有像小洛克菲勒希望的那样发展。苏维埃政府在收回油田后，为了缓和国内的紧张状况，开始加紧生产石油并减价出售。这对标准石油企业造成了很大损害。

蒂格尔为此相当懊悔，但小洛克菲勒比他镇静。他安慰蒂格尔说，不用垂头丧气，新的机会必然能出现。

果然，不久之后，小洛克菲勒获得了机会。壳牌公司建议，如果双方联合起来，就能够基本控制苏俄出口的石油，这样不仅可以减轻竞争威胁，也能从中获得收益。

蒂格尔有些不情愿地接受了上司的决定。1924年，新泽西标准石油和壳牌终于成立了联合采购机构，开始和苏联人进行交易。

在苏俄冒险投资的失败，让蒂格尔耿耿于怀。但是，在南美洲的委内瑞拉，他获得了新的市场。

战后，石油巨头们寻找石油资源的触角，延伸到委内瑞拉。壳牌公司首先在马拉开波湖附近开发出小型油田，随后，标准石油立刻赶来，虽然缺乏足够的勘探结果作为证据，但蒂格尔相信，壳牌不会在委内瑞拉白白花钱，他通过各种渠道，找到委内瑞拉的统治者戈麦斯将军，以行贿获得了相当多的土地，其中还包括马拉开波湖底下的4200英亩土地。

消息传来，标准石油公司内部反响不一。很多资深下属抱怨这一决定过于草率，甚至有经理人找到小洛克菲勒说："我看蒂格尔最好还能替我们在马拉开波湖买一批渔船，这样钻不到油的话，我们也许还能捞点活鱼尝尝。"小洛克菲勒并不制止他们的不满，但公司做出的决定不容更改。

在委内瑞拉的钻探开采工作确实非常辛苦。这里没有能通行汽车的大路，即便通牛车的路也很少见。工作人员只能坐独木舟或者骑骡子，在野外环境中忍受着疾病、蚊子和各种昆虫的袭击。从公司角度来看，委内瑞拉的开发成本非常高，小洛克菲勒经常对着下属提交的资料哭笑不得，有人在报告里预言说，在美国开发油页岩的成本，都会低于在委内瑞拉开发石油资源。

现实并没有朝向这类预言发展，1922年底，壳牌公司在委内瑞拉发现了拉罗莎油田，全世界石油公司全都来到了这个地域狭小的国家。然而，新泽西标准石油公司依旧不走运，大批投资之下，勘探还是没有成果。蒂格尔此

第七章 大战略之路（1923—1939年）

时再次发挥权威，他大胆追加投资，深入到马拉开波湖底进行钻探。这一决策让许多人嘲笑不已，人们都说，蒂格尔真的转行开始打鱼了。然而，事实不久就狠狠回击了这些人，新泽西标准石油公司找到了湖底的富矿，这些年的努力终于没有白费。

在不断争夺全球石油资源的同时，小洛克菲勒感到另一种危险的接近，那就是生产规模不断扩大带来的石油产品过剩。他试图解决这个危险，并授意蒂格尔出面，同全世界其他石油企业巨头，在苏格兰高地的一个古堡内举行会议。

选择古堡这一地点，正是为了避人耳目。据说，蒂格尔到达伦敦之后，有记者将电话打到酒店的住房内，想要探听下落。恰巧是他亲自接的电话，他茫然不知所措地回答说："蒂格尔？这里根本没有这个人。"

在随后的两周左右的时间内，巨头们签订了"古堡协议"，将整个世界的石油市场看作国际卡特尔，并进行了瓜分。协议中有种种限制，显然是为了维护参加者各自的利益，但小洛克菲勒为其设计了冠冕堂皇的旗号：保护地球资源、防止浪费。结果，事情很快发生了有趣的变化，唯利是图的资本家和最早的环保主义者走到一起，在小洛克菲勒的口号下，进行了奇特的合作。

当洛克菲勒来到中国

1863年，老约翰·洛克菲勒向中国卖出了第一批煤油，并为美国人在中国的传教活动捐了款。那年，他刚24岁。他自然做梦都难以想象，自己未来的石油公司和基金会，将会于某一天成为美国在中国的文化和商业形象。

实际上，直到19世纪70年代末，向中国销售的煤油，依然只是洛克菲勒家族生意里较小的部分。那时，国际贸易主要由纽约标准石油公司经营。到19世纪80年代，洛克菲勒看清了中国市场的重要性，专门派出职员威廉·利比在美国副领事的协助下访问了中国。威廉回来后，建议扩大标准石油在中国的业务，以便于对抗荷兰、英国和俄国石油公司在中国乃至亚洲日益增加的实力。

由此开始，标准石油这个名字正式出现在中国，而其最初的形象，同煤油灯紧密联系在一起。在他的自传中，洛克菲勒如此写道："在很多国家，我们不得不教给人们——比如中国人——烧油，通过我们赠送给他们的燃油灯。"

可以想象，在当时的中国，居民们并不习惯使用国外的煤油灯，甚至连免费的也不稀罕。为了促销这种非常便宜的灯具，标准石油公司专门印刷了中文小册子和传单来吸引关注。

随着宣传范围和力度的加大，标准石油公司成为20世纪前半叶在中国最大最成功的美国企业。在中国，到处都能看见其提供的煤油灯，这种灯被当时的中国居民称为"美孚灯"。

相比父亲，小洛克菲勒更早地接触中国文化。他在十几岁时，就定期向纽约一家华人主日学校缴纳什一税作为捐款，而在他经常去的第五大道浸礼会教堂中，有一个活跃的圣经学校，在1882年就有了40位中国人，其中有12人被接受为教堂的成员。当他进入布朗大学后，也加入了基督教青年会，并了解到青年会在中国的活动。

时间进入20世纪，随着美国政府政策的改变，小洛克菲勒开始建议父亲加大对中国教育领域的资助，而不是传教。起初，老洛克菲勒并没有立刻产生热情，他的儿子用好几封信才说服他，将对中国的投资同建立基金会的计

第七章 大战略之路（1923—1939年）

划加以联系。

1914年1月，小洛克菲勒亲自主持了洛克菲勒基金会关于中国的第一次会议，参加这次两天会议的既有哈佛大学和芝加哥大学的校长，也有从中国归来的传教士，还有对外政策专家。与会者们提出，当时的民国政府或许与清政府不同，会支持洛克菲勒的事业。小洛克菲勒对此很感兴趣，他追问说："你们的意思是，中国政府会和我们的计划合作？那么，是要一个由许多教会学校组成的大学，还是要一个完全中国的大学更好呢……教职人员应该都是外国人吗？"

最终，会议决定将现代医学知识引入急需知识启蒙的中国，而不是建立一所综合大学去与中国大学竞争。1914年，委员会发表了题为《医学在中国》的调查报告，至今，历史学界依然将这份报告看作国际上对当时中国医学情况的最佳评估。1915年，委员会确定建议洛克菲勒基金会在北京和上海建立医学中心，基金会很快对此加以批准。

具体的建设工作迅速开展，小洛克菲勒作为基金会主席，密切参与了有关项目的决策。从挑选上海和北京的地产，到放弃上海项目，再到选择建筑师和批准建筑费用，以及挑选第一任北京协和医学院校长的决定，他都具体地加以过问。

为了确保建设顺利进行，小洛克菲勒派出文森特作为代表，在1919年对中国进行了三个月的考察，考察内容包括教会、医院，筹划北京协和医学院招聘教职员工和设置课程的工作，并连续检查北京协和医学院的建造进程。这是一所在当时规模相当庞大的学院，总共有57栋建筑物。

1921年，小洛克菲勒决定亲自出席北京协和医学院的揭幕仪式，同去的还有他的妻子和女儿。值得一提的是，妻子艾比是中国和亚洲艺术的热爱者，1908年，艾比送给丈夫一本介绍中国瓷器的著作，这本书为小洛克菲勒打开了了解中国传统艺术文化的大门。此后，他显然产生了对中国瓷器的狂热之情，很快，他在百老汇26号的办公室里放置了一大批永久陈列的明清瓷器。终其一生，小洛克菲勒无所顾忌花钱的私人消费，也只发生在该领域的收藏行为上。

小洛克菲勒一家对中国的访问，自然由中国标准石油公司安排。他努力在行程中多和公司员工见面、交流。在苏州，标准石油公司的当地代表，花了几天时间，计划了洛克菲勒一家几小时的大运河之旅，还安排他们对城市商业区做实地考察。在北京，他们下榻在传统的中国庭院宅邸内，受到了商界领袖、外交家、传教士和政治家的接待。在广州，小洛克菲勒全家则与孙中山先生和夫人共进晚餐。

但洛克菲勒一家人的访问并没有只停留在中国的上层社会。他们参观了北京的明十三陵和长城，还在一家中国客栈留宿，还会为中国民众着迷。与许多同时期外国人对中国的看法不同，洛克菲勒在给儿子纳尔逊的家信中写道："我们发现，中国人总是引起人的兴趣，那么多人，那么不同，虽然不像日本人那样雅致，却也很好看。"他的妻子艾比则在信中详细说明自己受到的热情接待："我们在这里如此忙于招待和被招待，以至于一有时间我们就疲劳睡去。我发现，北京是我去过的最有意思的城市之一，我热爱这里的人，他们那么友好而善良。"当然，她没有忘记在信中提醒儿子："总有一天，你会有机会与这里的人合作。像你爸爸一样，你将承担巨大的责任，也将拥有真实的机会。我相信你会和我一样，喜欢这儿的一切。"

小洛克菲勒在北京并非只是度假，他大部分时间都用来对北京协和医学院进行全面考察，并主持与其运营有关的会议。经过一系列会议之后，北京协和医学院成为洛克菲勒基金会的重要受益者，仅次于洛克菲勒大学和芝加哥大学。从这一年到1951年，洛克菲勒基金会在协和医学院的花费，总共超过了4000万美元。

第七章　大战略之路（1923—1939年）

印第安纳之争

到20世纪20年代末30年代初，小洛克菲勒已通过全球范围内的商业竞争和公益事业，取得了无可置疑的成就。然而，他也为此付出了健康的代价。经常性紧张工作让他罹患了偏头痛，尽管妻子艾比为他请来了许多著名的医生，但这一顽疾还是没有被治好。

与此同时，老洛克菲勒当年重用的人们，或者选择退休，或者已经离世，接替他们的第二代领袖，随着时间的推移，同洛克菲勒家族逐渐疏远，甚至有些人趁小洛克菲勒身体有恙伺机而动。在这一背景下，发生了小洛克菲勒事业生涯中一次少见的权力斗争：印第安纳之争。

事情由印第安纳标准石油公司的总经理罗伯特·斯图尔特发起。他曾经是美国罗斯福义勇骑兵团的骑兵，后来成为律师，并一路升迁成为公司顶层。他独断专行且蛮横好勇，在他的领导下，印第安纳标准石油公司不断扩大，成为20世纪20年代全美最大的汽油销售公司。人们称他为鲍勃上校，视他为企业界的名流人物。

然而，在标准系的石油企业之间，鲍勃上校的名声却不太好。他总是看不惯所有旧传统，扬言说要打破过去的规定。例如，他拒绝和老洛克菲勒一手操办的铁路油槽车制造公司合作，而是建立自己控制的车队。当托拉斯解散后，他又拒绝执行新泽西总部的规定，总部希望他的企业能够集中力量炼油，由其他公司负责提供原油，但鲍勃置若罔闻。不仅如此，鲍勃上校还到处寻找资本合并的机会，在短短时间内，他获得了泛美石油和运输公司的部分所有权和控制权，甚至还闯进了新泽西标准石油公司和纽约标准石油公司的股权领域。

小洛克菲勒终于对此忍无可忍。他认为，虽然法律上的托拉斯不复存在，但斯图尔特破坏了标准石油帝国的平衡，打破了相关企业默认的秩序。幸运的是，小洛克菲勒很快就找到了机会：斯图尔特卷入了一桩丑闻，牵连到企业向内阁成员行贿的事情。

小洛克菲勒知道这件事情后，气愤地告诉妻子："这样的人，不能再领导我控股的公司了。他没有丝毫的商业道德，我要发动企业全体股东，将他赶下台。当然，如果他能够自动辞职，可能会好些。"

艾比表示赞同丈夫的做法，但又担心地说："只是，想要鲍勃上校自己辞职，恐怕是不可能的事情。"

果然，两个人最后一次见面，以斯图尔特当场夺门而出作为终结，小洛克菲勒则怒气冲冲，让人请来了岳父奥尔德里奇先生。

在1929年3月7日的年度股东大会上，双方正式展开争斗。事先，小洛克菲勒展开了大规模的宣传战，让所有人都认清斯图尔特的本质，斯图尔特则忙于对股东许诺，表示如果留任，就会推动发行股票和分红。投票结果很快公布了：三分之二的股东支持斯图尔特，剩下的三分之一支持小洛克菲勒。然而，前者总共只控制32%的股份，而小洛克菲勒这边握有60%的股份。

胜负结果已出，斯图尔特并不认输，他虽然离开了职位，但依然到处表示不满。他说，自己并没有输给小洛克菲勒，只是输给了钱。

无论如何，小洛克菲勒重新控制了印第安纳标准石油公司。从道义上看，他将涉嫌行贿的企业高管赶出董事会，维护了社会与商业道德。从现实上看，虽然托拉斯不复存在，但如果还有谁想要像斯图尔特那样随意挑战游戏规则，也不得不三思而后行。

1932年，印第安纳标准石油公司的新董事们决定，将巨额的外国资产出售给新泽西标准石油公司，其中包括泛美石油和运输公司，墨西哥和委内瑞拉的原油产地。这些资产是斯图尔特当年的得意投资。这场交易保证了新泽西标准石油公司的收益，导致当时有媒体批评说，这是"二十世纪最大的盗

第七章 大战略之路（1923—1939年）

窃案"。

作为补偿，在双方交易的过程中，印第安纳公司成为新泽西公司的大股东，握有7%的股份，两家企业正式成为利益相关集团。紧接着，印第安纳公司和新泽西公司的总经理，都成为大通银行董事会的董事，这样，两家企业的联系进一步加强了。此外，通过这次斗争，小洛克菲勒的儿子纳尔逊成为新泽西标准石油公司下属子公司克里奥尔石油公司的董事，从此他开始进入拉丁美洲石油市场，并为最终活跃在政商两界打下了坚实的基础。

镀金时代终结

1929年10月24日，周四，这是美国经济历史上黑暗的一天。原本看起来平静的股市，突然毫无预兆地发生了崩溃，几乎所有的股票价格都开始暴跌。与股市有关的商业利益，势必将因此受到相当重大的损害。

此时，洛克菲勒父子，正处于不同的人生境遇。

老洛克菲勒的人生正在走向终点，父母早已作古，兄弟姐妹、妻子也撒手人寰，甚至早在十几年前，他就失去了长女和两个外孙，大部分生意场上的老友和对手，也已经离开了。经历过一次次同亲人的生离死别，坐拥着无可匹敌的财富，老洛克菲勒的人生已是从心所欲。他枯干的身躯虽然变得越来越瘦，心情却变得更加轻松愉快。许多他身边的人感觉，他的心理似乎在"逆生长"：年少老成，而到了真正垂暮之年，他却变得如同顽童。

随着晚年越来越清闲，老洛克菲勒对重新塑造个人形象有了真正的兴趣。不知什么时候开始，他突发奇想，做出了前无古人的决定：出门时，他总是带着许多零钱，只要见到邻居或熟人，无论是谁，都会给成年人闪闪发亮的10美分纪念币，见到儿童则分发5美分镍币。在家中的日常活动中，他随时赏给仆人硬币，打高尔夫球时，则分发给球童糖果。

为了让人们不只是为了拿到意外之财而高兴，这个老先生总是一边散发硬币，一边还要念叨着简短的格言。例如，教导小孩子说，想要发财，就应该勤俭节约、努力工作，这些硬币是让他们存起来的，不可以乱花。在老洛克菲勒看来，如果人们在听取教诲时，能够获得某种帮助加深记忆的东西，以后再见到相关物品时就会想起教诲。为此他还向孩子们强调，一个镍币可是一块钱一年的利息。

为了能够保持这样的良好习惯，老洛克菲勒只要走出家门，两个衣兜总是鼓鼓囊囊的，而他忠诚的管家则随身带着备用的钱。后来人们估计，老洛克菲勒散发的硬币应该有两三万枚之多，许多人都珍藏着这些纪念品，将它们编织到护身符中，或者陈列在家中。老洛克菲勒讨厌签名，认为这是非常愚蠢，再加上他其实不喜欢出现在公众场合，分发硬币就成了他和陌生人打交道最简单直接的办法。

随着分发硬币范围的扩大，老洛克菲勒又发明了各种新的招数。当别人和他打高尔夫球赢了他，他就会扔给对方一枚硬币，如果打出的球特别精彩，他会手握硬币高兴地走上前去："太棒了！这一击值得10美分！"在餐桌上，如果有谁讲了精彩的故事或者幽默的段子，也能得到硬币。如果有人弄洒东西，他就会在弄脏的桌布旁边撒上硬币，作为服务生的小费。有时候，他又会和人开玩笑，故意扣下硬币不给，或者只是在对方伸出的手心里先放下一颗七叶树树籽，说这东西能够防风湿病。洛克菲勒发放硬币时，还喜欢不断用尖细的嗓音说："上帝保佑你！上帝保佑你！"在人们看来，那情形简直和教皇散发圣餐薄饼毫无区别。

此时的小洛克菲勒，也已年过半百，他始终穿深色服装、戴传统的白色

第七章 大战略之路（1923—1939年）

硬领，再加上花白头发和黑框眼镜，模样如同迂腐的老学究。他的个人生活也相当保守，当每家石油公司都在享受汽车行业带来的利润时，他却依然选择坐四轮马车赶往机场，一直要坐到飞机前才停下来。

与生活中恪守传统相反的是，小洛克菲勒的眼界在不断拓展。他向法国捐款100万美元，用来修复凡尔赛宫的屋顶和花园，并紧急维修枫丹白露宫和在战争中被炸而受损的兰斯大教堂。法国人因此惊讶地发现，他和漫画上那些狂妄自大的美国富翁截然相反。除此之外，小洛克菲勒还出资修复了因1924年大地震毁坏的东京帝国大学图书馆，赞助了希腊雅典古代集市的发掘工作，在芝加哥大学建立了东方学院，为耶路撒冷的巴勒斯坦考古博物馆提供资助，用来保存《圣经》手抄本。

1917年12月，小洛克菲勒在浸礼会社会同盟发表了被传统人士视作异端的演讲。他表示，所有的教规、仪式和教义应该不分彼此，对于进入上帝的王国即教会，那些都是无关紧要的。人生的试金石不是教义，而是行动；是一个人的行为，而不是他的话语；是他的为人，而不是他的财产。

小洛克菲勒此时的宗教观，已经从少年时单纯的虔诚笃信，转变为更加开放包容的态度。他认为，只要能够表现出耶稣道德精神的人，都是虔诚的，不管他们是否奉行了基督教的仪式。当然，这种观点与他童年时接受的教育是大相径庭的。

对于性情虽然相似，但终归有所区别的父子俩而言，1929年的股灾，传递了不同的信息。老洛克菲勒知道，镀金时代完结了，自己叱咤风云的年代更是一去不返，此时他更愿意听从医生的嘱咐，并坚持每天打高尔夫球和喝一勺橄榄油，借以颐养天年。小洛克菲勒却决定放手一搏。

面对经济大萧条，洛克菲勒家族所受到的影响有限。即使面对严峻形势，各家公司依然从容不迫地正常运转，似乎即便整个资本主义世界都坍塌了，洛克菲勒这个名字还是会屹立不倒。

然而，小洛克菲勒并不满足于此，他在此时做出了一个艰难而伟大的决定：建立洛克菲勒中心，一座现代建筑风格的娱乐场所与商业设施的综合体。

钉上最后一颗铆钉

洛克菲勒中心的兴建计划，实际上早在1928年之前就开始了。小洛克菲勒原本并没有承担独自开发的任务，但随着经济萧条、形势的恶化，曾经表示有兴趣参与建设的企业纷纷退出，甚至原先签署了协议的租户也被迫放弃了。小洛克菲勒面临着沉重的局面：如果他不去继续兴建大楼，就会每年亏损大约500万美元，而在租用土地的24年期间，这个数字会上升到1.2亿美元。但是，如果没有明确的租户，直接开发土地的风险却更大。

前进还是退出？经过反复的思考，小洛克菲勒选择了前者。后来，他因为这样的勇气受到人们的赞赏，但他说："人们总会遇到这样的情形——很想逃避却无路可逃。于是，他就朝着向他敞开的唯一道路往前走，别人就将此称为勇气。"

小洛克菲勒的话有其道理，但他确实要面对严重的不确定性和重大的风险，这依然需要极大勇气。在这座大楼的建设项目上，他突然发现自己重新回到了原本没有多少兴趣介入的商业世界，但正如他在处理科罗拉多事件时那样，他接受了命运的挑战，并向前迈出了坚定的步伐，去做自己应该做的事情。

小洛克菲勒咨询了几位曾经和他一起商讨项目的建筑师，确定了修改计

第七章 大战略之路（1923—1939年）

划。正是在第二次调整计划之后，商业体被改名为洛克菲勒中心。与原计划不同，它被设计成为完全商业化的开发项目。

即便对洛克菲勒家族成员而言，在当时美国经济的大气候下，想要坚持建造十几座摩天大楼组成的商业体，也相当有压力。建造所有大厦本身需要花费约1.2亿美元，其中有6500万美元将由小洛克菲勒私人担保借贷。通过谈判，他从大都市人寿保险公司那里获得了信贷，此次交易成为当时所有保险公司中做出的最大融资计划。即便如此，小洛克菲勒仍对4.5%的年利率感到不满，并到处宣称自己是被"强迫"支付如此之高的利息。但日后他的儿子戴维·洛克菲勒客观地写道："那是他能得到的最好交易了，高利率本身表明了项目的风险性。"

很快，小洛克菲勒就不再计较经济方面的问题。实际上，直到他去世，他都没有从洛克菲勒中心的投资中获得半点收益，回收的投资资金还不足50%。秉承着家族勤奋投入的基因，他一门心思扑在了建设项目上，事无巨细、亲力亲为。开工之前，他几乎每天都俯首研究建筑蓝图，手中拿着四英尺长的尺子，不断地比较设计方案、进行选择，为了保证审美效果和施工质量，他又额外追加了5%的投资。

施工开始之后，小洛克菲勒依然一丝不苟地进行监督工作，丝毫没有考虑到经济上的风险。如此的操劳让他的偏头疼复发了，从办公室回到家时，他常常筋疲力尽，只能躺在沙发上休息。除此之外，他还患有支气管炎和其他疾病，而建设洛克菲勒中心的工作加剧了他的病痛。

尽管如此，小洛克菲勒还是咬牙挺了下来。到1930年夏天，事情出现了转机，通用电气的董事长戴维·杨，同意租用主楼中100万平方英尺①的办公面积和制片厂面积，并以年租金150万美元的价格租用项目场地里建造的4个

---

① 1平方英尺约合0.09平方米。

影剧院。这是由于通用电气控股美国无线电公司,并拥有雷电华影片公司。

有了这样的大型租户,大部分的建筑规划工作得以继续。更重要的是,将房产项目与电台电影进行联系,无疑让洛克菲勒这个代表传统商业时代的姓氏,同当时最新科技引领的朝阳产业,发生了奇妙的化学反应。这一合作本身,就带来了大城市最需要的激情与关注。

转折点一旦过去,事情就变得顺利起来。国会很快批准了特殊立法,为在洛克菲勒中心租用场地的公司提供优惠待遇,免除他们所进口产品的税收。不少外国公司很快签署了长期租约。随着中心接近完工,小洛克菲勒凭借最大个人股东的影响力,说服新泽西标准石油公司回心转意,租用了原场地建设的所有最后楼宇。其他与小洛克菲勒关系密切的公司和机构,也纷纷租用场地,例如大通银行在这里开设了分行,并因此拥有了洛克菲勒中心的独家金融圈。洛克菲勒基金会等机构,也都在这里租用了少量面积。

尽管起步艰难,但结果是圆满的。洛克菲勒中心成为世界闻名的房产项目。在这里,现代派建筑风格特点展现得淋漓尽致,那简洁大方的线条,符合城市文化特点的装饰艺术,富有人性化的地下商城、露天广场和屋顶花园,让洛克菲勒中心呈现出简约之美。

1939年,洛克菲勒中心全部完工。此时,洛克菲勒家族总办事处早已从百老汇26号标准石油公司大厦迁到洛克菲勒广场30号第56层。从那时起,这里成为洛氏家族的核心权力枢纽。全部竣工的那一天,小洛克菲勒从5600号办公室走了出来,他头戴硬质盔形帽,手上戴着笨重的工人手套,在众人的簇拥下,亲手用铆钉枪钉上了洛克菲勒中心大厦的最后一颗铆钉。

此时,小洛克菲勒已经65岁,距离最初发愿建立洛克菲勒中心,已经过去了整整十年。看着大楼上下欢呼的建筑工人们,他心潮起伏:整个美国都曾经指责这个家族占有了过多的财富,而这栋大厦以及其他所有的延伸建筑,都为他证明:这笔财富只是上帝托付给他们家族的,他们将用以增进人类福祉，促进社会发展。

无论付出多少艰辛，在小洛克菲勒钉上这座大厦最后一颗铆钉时，他感觉，一切都是值得的。眼前这座宏伟的洛克菲勒中心，不仅是美国历史上前人几乎难以想象的成就，而且也将被永远载入史册。整个洛克菲勒家族的形象，从此将不再流传在纸面和口头，也不会再被肆意扭曲，小洛克菲勒和他父亲的灵魂，仿佛融入了这座建筑的每个角落，将长久地屹立在纽约，屹立在美国西海岸。

英雄的黄昏

当小洛克菲勒在繁华的曼哈顿建造一座城中之城时，老洛克菲勒却出人意料地对此没有多少兴趣。即便他知道这片城市建筑，会让整个家族的姓氏与世长存。事实上，他从未去过洛克菲勒中心，只是会在和儿子的谈话中，关心工程中的财务或劳资问题。但有趣的是，他却愿意和孙子谈起种种有关这座建筑的细节，纳尔逊·洛克菲勒记得，有一天中午，爷爷躺在折叠式安乐椅中，示意他过去，然后深入细致地向他了解城中项目的情况。

老洛克菲勒此时已经年过90，体型愈来愈干瘦，整个人不到100磅。在他的宅邸之外，历史学家和社会批评家对他的评论依然没有停息。在大萧条时代，出现了一本本声讨他的书籍，认为洛克菲勒是其所处年代中最大的匪徒，依靠无情掠夺和狡猾欺诈获得了财富。但很快，随着二战接近，高涨的爱国主义情绪又让人们开始赞扬他为美国的工业巨子，正是因为他们的努力，才让国家拥有了强大的军事力量。将不同时代下的舆论和学者们对洛克菲勒的评价进行对比,会有一种讽刺意味,因为他总是要么被吹捧为伟人,要么是遭到肆意谩骂——很少有观点将他真正看作某种意义上的普通人。

不过,无论外界如何评价,老洛克菲勒都已经不在乎了。1932年,他已93岁,此时由于重感冒、身体欠佳,他终于完全放弃了高尔夫球。即便如此,他依然表示希望自己可以活到百岁,并将这个愿望能否达成,看作是上帝对他一生所为的裁决。

1934年,老洛克菲勒突然得了支气管性肺炎,这次疾病的冲击,差点终止了他的百岁计划,但他得以大难不死。他让佣人和司机载了整整一车的水果、蔬菜、酸奶和氧气管,来到宅子里住下,不再离开。为了活到百岁,他严格限制自己的日常活动,他不再打高尔夫,也不再坐汽车出去兜风,甚至不到院子里散步,而是在日光房里一坐就是好几个小时。为了让腿上的肌肉不至萎缩,他每天都要坐在卧室的健身车上,缓慢地蹬上一会儿。

1936年,老人大约预见到了自己的死亡。这一年,亨利·福特前来拜访,当他告辞时,洛克菲勒对他说:"再见,我们到天堂再相会。"福特的回答是:"您如果能进天堂,准会再见到我的。"这可能是老洛克菲勒最接近死亡话题的一次谈话,除此之外,他从来没有谈到过自己百年之后的事情,相反,他总是在谈论生的问题。

1937年初,老洛克菲勒身体十分衰弱,头脑却依然清醒。小洛克菲勒在3月还写信给朋友说,"家父身体很好"。即便在此时,老洛克菲勒依然在股市上投资,每天照样同照顾他的伊文思夫人相互打趣取乐。5月22日,周六,他为年轻时服务过许久的欧几里得大道浸礼会教堂偿还了抵押贷款。

这天深夜,老洛克菲勒的心脏病发作了。5月23日凌晨四时左右,他昏迷了过去,并在睡梦中与世长辞。从医学专业角度来看,他的死因是心肌炎硬化症,但也能说他是死于年事过高。

5月25日,在波坎蒂科庄园,举行了老洛克菲勒的葬礼。三天后,他的遗

第七章 大战略之路（1923—1939年）

体被送到克利夫兰，安葬在母亲和妻子的坟墓之间。由于担心有人会破坏墓地，他的棺木被放在一座炸药无法炸开的墓穴里，上面还铺着沉重的石板。

老洛克菲勒生前就将大部分财产以各种形式散发出去，只留下了价值2640万美元的遗产，这与他曾经拥有的财富相比，只是一小部分罢了。报纸上的讣告将他描述成乐善好施的大慈善家，再也没有人批评谩骂。

在他去世后不久，小洛克菲勒搬进了父亲的宅邸，但他明白，父亲依然是举世无双的。因此，他保留了名字前的"小"字，在其晚年，人们总是能听到他这样说："世界上只有一位约翰·D.洛克菲勒。"那时，小洛克菲勒也已63岁了。

在父亲去世前，小洛克菲勒就有意识地将手中的权力让渡给下一代。1934年12月，他给每个儿子写了一封信，告诉他们自己将大部分财产做了妥善处理，利用信托的方式，他们每个人能够获得总值4000万美元的标准石油公司股票。

在这座老宅子里，小洛克菲勒度过了他余下的岁月。1960年5月11日，他与世长辞。他的五个儿子，将父亲的人生信条刻在花岗岩上，树立在洛克菲勒中心前，这代表了家族与世人对洛克菲勒父子的永久纪念。

第八章
与世界共舞
（1940—1954年）

年少冒险之路

洛克菲勒父子的名字如雷贯耳，但与世界上所有的伟大人物一样，他们终会退出曾经大展身手的舞台。一个时代结束了，新时代在延续，洛克菲勒家族的第三代，早已活跃在世界的舞台上。

小洛克菲勒有六个孩子，他用妻子名字命名的长女，也叫作艾比，为了方便，在家里大家都称呼她为巴布丝。随后降临的，就是日后鼎鼎大名的洛克菲勒五兄弟：第一个是约翰三世，1908年则是纳尔逊来到了人间，随后，在1910年、1912年和1915年，劳伦斯、文斯洛普和戴维相继出生。

在五位兄弟中，纳尔逊·洛克菲勒可谓中心人物。从某种意义上看，他也是最背离祖训的那个人。小洛克菲勒希望家族可以成为大洋下深藏不露的冰峰，虽然能左右洋流和舰队，却不会被人发现，但纳尔逊让冰峰浮上了洋面。

7岁时，纳尔逊和哥哥约翰、弟弟劳伦斯玩耍，说起每个人的志向时，他得意地说："我要当总统，再没有比这更为激动人心的了。"母亲艾比听说以后，也只是付之一笑，谁也没有将这话放在心上。毕竟，哪个美国男孩不会以将来当上总统为荣呢？

在林肯中学时，教师们对纳尔逊评价不高。他上课不够专心，成绩也乏善可陈。实际上，他的确不喜欢书本上的概念，而是喜欢付诸实际、亲手操作。尽管如此，在面临升学大考时，纳尔逊多少还是有些紧张，哥哥约翰

第八章　与世界共舞（1940—1954年）

考入了普林斯顿大学，这多少刺激到了他，于是在林肯学校的最后一年，他开始用功苦读，父母也专门请来了家庭教师。第二年，他被达特茅思学院录取。

当纳尔逊将要踏入大学校门时，约翰三世劝告他说："在学校，你要低调一些，你会发现'做洛克菲勒'并不是容易的事情。"纳尔逊却满不在乎地说："随便吧，是上帝让我成为洛克菲勒的，这不是我的错。"纳尔逊并没有像他的兄弟那样，证明自己的能力，相反，他对家族有着异乎寻常的研究热情。在学院里，他希望加深对祖父创业历史的理解，于是将老洛克菲勒和标准石油公司史作为个人研究专题。

成长中的纳尔逊，梦想着能像祖父那样，不受约束地通过冒险成就一番事业。相比约翰三世的循规蹈矩，纳尔逊实在无法忍受被家族安排好的生活和事业。

毕业之后，纳尔逊在1930年就与豪门出身的玛丽·克拉克结婚，婚礼盛况空前，规模超过了小洛克菲勒当初的婚礼。小洛克菲勒送给这对夫妻一次环球旅行作为礼物，旅途中到处都是富有异国情调的地方：檀香山、东京、汉城（今首尔）、北京、爪哇、苏门答腊和巴厘岛……纳尔逊夫妇带着小洛克菲勒给他们的英国首相介绍信，在印度受到了非常隆重的礼遇，还见到了圣雄甘地。纳尔逊信心十足地告诉妻子玛丽："如果甘地活得够长，我们还会见面，到那时，我将代表美国政府，甘地会代表印度政府，我一定要问问他，是否还记得当年那个在蜜月旅行中拜会他的年轻人。"这次旅行充分开拓了纳尔逊的眼界，也促进了世界对洛克菲勒家族的认识。

回国之后，纳尔逊按计划应该进入家族企业工作，但刚经历了环球旅行的他，还是向往种种冒险，受不了那种时刻被拘束的压力。于是，他努力做一些能够离开家族圈子的事情，例如1932年，他与几个朋友开办了一家新公司，又担任了大都会博物馆的理事。

虽然纳尔逊在事业上想要摆脱姓氏的影响，但另一方面，他相比其他兄弟更明白家族的作用。他最早看清楚，通过父亲的努力，家族利益和国家战略需求已经紧密联系在一起，洛克菲勒家族不仅能左右华盛顿的财政政策，还通过基金会资助了美国社会各界的产业。通过这些手段，洛克菲勒家族的影响力渗透进各个领域，产生了不可估量的作用，许多将要在政府决策中发挥重要作用的人物，也都是在基金会的资助下才平步青云的。

纳尔逊机敏地看到，洛克菲勒基金会所支持的人物与机构，组成了一个强大的权力体制，影响着美国经济、政治和文化生活的发展。相比纳尔逊，其他兄弟们并没有充分意识到这一点，抑或是并没有相关兴趣。只有纳尔逊清楚地意识到，自己作为洛克菲勒的传人，能够充分利用这种得天独厚的条件，施展自己的领导和组织才能。在洛克菲勒父子们并未深涉的政坛中，纳尔逊决定开启他的冒险人生。

统治洛克菲勒中心

1932年4月24日，在纽约市大夫医院，纳尔逊·洛克菲勒夫妇喜得贵子。兴高采烈的纳尔逊，通过电话向父亲和祖父报喜。

收到消息后，小洛克菲勒分享了儿子的快乐，但同时也流露出一丝讥讽。第二天，他悄悄对老洛克菲勒说："真是想象不出纳尔逊当爸爸了。我猜，他儿子以后准会将他当成哥哥。"

然而，纳尔逊并不会总是像小洛克菲勒想象的那样不成熟。从蜜月旅行回到纽约后，他就开始追求先在家族事务中确立威信。1931年，在波坎蒂科

第八章 与世界共舞（1940—1954年）

庄园为祖父祝寿的晚会上，他积极地招呼兄弟姐妹，将他们三两组合起来，与祖父老洛克菲勒合影。他努力抓住每次机会培养和祖父的感情，比如千里迢迢地去佛罗里达和老爷子打高尔夫球，将他传授的点滴智慧吸纳入灵魂之中。同时，纳尔逊知道父亲对祖父极为尊重，于是每次都会将同祖父会面的细节叙述给父亲听。

1933年，纳尔逊去墨西哥旅行，并为现代艺术博物馆收集了一批艺术作品。回国之后，他首先去拜望父亲。小洛克菲勒此时已经59岁，正走向人生的晚景，纳尔逊却只有25岁，依然风华正茂。纳尔逊戴着墨西哥民族特色的草帽，看起来充满了墨西哥人的野性，倒是非常符合他那勇往直前而义无反顾的脾性。

纳尔逊走进书房，见到小洛克菲勒正坐在那里，埋头研读一份洛克菲勒基金会的研究报告。纳尔逊大声说道："你好，爸爸，看起来你气色很不错！"

小洛克菲勒抬起头："谢谢，纳尔逊。去墨西哥的感觉怎样，是不是热得要着火？"

纳尔逊笑了："爸爸，你真有趣。这次，我给你带了几幅画，可以装饰家里，你肯定喜欢它们。"

但小洛克菲勒却并没有多少兴趣，他冷淡地说："谢谢，我想还是你留着它们，或者捐给博物馆，读书和报告倒是更符合我的胃口。"

这样的反应让纳尔逊没有想到，他愣了一下，又和父亲聊了些见闻就回家了。晚上，他翻来覆去睡不着，便提笔给父亲写起信来。在信中，他说："也许我的决定让您不太满意，亲爱的爸爸，也许还有点让您失望。不过，那些都是过去的事情了，我向您保证这一点。就我的思想意识而言，我始终处于不断变动之中，而且，我觉得我好像正在进入新的阶段……总之，我只希望通过这封信让您知道，鉴于我的利益所在，我又回到家族的圈子里来了。今后我的愿望，在于以我有限的经验，努力为您效劳。……"

小洛克菲勒收到信后，明白一心冒险的纳尔逊终于成熟起来，他想要为家族真正奉献价值。于是，他将管理洛克菲勒中心租户的事情，交给了儿子，作为对他的考验。

自1933年中叶，当家族事务所从百老汇26号搬到洛克菲勒中心时，纳尔逊就参加了新办公室的布置，与建筑设计师们讨论每件事：从照明设施到隔板墙再到油毡订购的合同。此外，他名义上还负责几幢其他大楼的出租事务，但这些事务一开始还完全控制在执行代理的手中，留给纳尔逊的工作，只是做一些感谢客户的面子工程。

此时，美国经济虽然开始有所回升，但距离重现繁荣还需要相当长的时间，想要为洛克菲勒中心这么宏伟的综合商业体招满商户，并不是容易完成的任务。连帝国大厦这样的老牌商业体，也只有三分之二的商铺和写字楼租赁了出去。

为了走出困局，纳尔逊向父亲提出，可以削减租金，增加人气。按照他制定的租金价格，收益还不够中心大厦所负担的税金、利息和经营管理等费用，但纳尔逊并不在乎，他告诉父亲，此时最重要的是先将这幢大厦填满，后面的事情不妨让时间加以解决。

纳尔逊的建议是正确的。到1938年，洛克菲勒中心已经从使人头疼的困境中摆脱出来了。纳尔逊带着几分得意地对父亲汇报说："爸爸，今年洛克菲勒中心终于可以养活自己了。而且，它还能略微赚一点，以后，它会为您带来更多收益。"

小洛克菲勒纠正道："不是为我，纳尔逊，是为了我们大家。"

虽然口头这样说，但做父亲的看见儿子的成绩，同样感到非常开心。1938年，为了鼓励纳尔逊的干劲，小洛克菲勒任命他为洛克菲勒中心的负责人。在苦心经营数年之后，他终于获得了父亲的认可，战胜了其他竞争者，

第八章　与世界共舞（1940—1954年）

站到了人生事业征途的第一个山峰上。

成为洛克菲勒中心之主，让纳尔逊充满了自信和力量。当《财富》杂志开始连篇累牍地宣传洛克菲勒中心的辉煌成功时，纳尔逊得意地告诉主编说："你抓住了一条正在蜕皮的蛇。"虽然他表面上的意思，是指洛克菲勒中心从建筑工程向企业经营的转变，但同样能够表达他个人发生变化时感受到的心情转变。纳尔逊知道，自己不再是刚加入家族企业的学徒，不再事事需要仰仗资深员工的判断力。现在，他是这片混凝土丛林的主人，他得偿夙愿，统治着洛克菲勒中心。

第三代掌门人

纳尔逊入主洛克菲勒中心那年，这里尚未完全竣工，还有3栋大厦需要建筑。第一栋楼高15层，位于美国无线电大厦以北，美联社是它的主要租客。这栋楼并不及其周围的大厦雄伟，只是纯粹的写字楼，设计时只着眼于成本效率和租户需要。它就是后来的联合通讯社大厦。

第二栋投入施工的大楼，则位于无线电大厦之南。最初，其前景不如美联社大厦，但纳尔逊私下建议父亲，这栋楼的施工程序应稳妥一点。建成之后，这栋建筑物被命名为荷兰大厦，但荷兰政府只是象征性的租户。直到后来东方航空公司将大厦作为总部，才将这栋建筑进行了积极地升级。

最后一栋建筑物，在第六大道上与中心剧院毗邻。由于这里有着高架列车车道，虽然日后将会被拆除，但想要找到租户并不容易。于是纳尔逊带着下属，和美国橡胶公司谈判，同他们商议是否能搬出原有总部，租用新的楼房。最后，洛克菲勒中心甚至买下了这家公司的总部，从而使他们租下了新楼。

除此之外，纳尔逊还在洛克菲勒中心督促修建了一个巨大的停车库。停车库总共有6层，其中3层在底下，位置在东方航空公司大厦的后面。纳尔逊认为，车库能够有效缓解交通堵塞现象，从而吸引租户。但下属中有质疑者提出，这项设施肯定会赔钱。在争论的最后，纳尔逊获得了胜利，车库规划付诸实施。虽然车库本身没有带来多大利润，但它确实像纳尔逊所说的那样，为庞大的建筑物群提供了充分的辅助功能。

纳尔逊给人们留下的印象，似乎总是在无休止地设计与筹划。他此时还不到30岁，面对种种开发活动，他似乎能够焕发出无止境的精力，从而成为纽约投资者中的杰出代表。

1937年3月，东河储蓄银行在洛克菲勒中心国际大厦一楼开设分行。银行总经理达尔文·詹姆士想到，让洛克菲勒家族的人成为首个储户，会产生很好的营销效果。家族中有人提出，担任洛克菲勒中心负责人的纳尔逊，抑或刚从普林斯顿毕业、协助纳尔逊的劳伦斯，正是合适的人选。对这个建议，纳尔逊欣然接受。

一周后，东河银行举行了盛大的开业典礼，纳尔逊和劳伦斯笑容满面地从达尔文·詹姆士手中，接过了两本颇具纪念意义的存折。

纳尔逊就是这样，他天生热情，喜欢参加剪彩之类的庆典，无论场面如何，他都乐在其中，这一点，同他矜持的父亲、腼腆的大哥完全不同。人们经常能够看到他出席各种公众场合，包括为洛克菲勒下沉广场的小花园举行落成仪式，为溜冰场开幕式做主持，还有为贡献突出的建筑工人颁发证书和徽章等。正是在这座城市的核心建筑区域里，他的活跃个性得到了充分发挥，并逐渐为其奠定了第三代掌门人的地位。换言之，如果说洛克菲勒家族在经济萧条时期，体现出了纽约所特有的面对困难的乐观与活力，那么纳尔

第八章　与世界共舞（1940—1954年）

逊就是这一态度最形象的代言人。

在纳尔逊参与的每个公开活动中，他都能够抓住机会，大谈洛克菲勒中心为纽约所做出的贡献。他号召其他房地产拥有者，积极跟随洛克菲勒家族，在纽约继续做出大项目。因此，纳尔逊成了报界关注的大人物，媒体不再称呼他为"洛克菲勒继承人"，而是直接称呼他为"纳尔逊·A.洛克菲勒"。

即便成为家族第三代的中心人物，纳尔逊还是尽力突出父亲作为家族第二代核心角色的地位。1939年11月1日，洛克菲勒中心第十四栋——也是最后一栋大厦——美国橡胶大厦完工。纳尔逊决定，将这次完工作为洛克菲勒中心最大的庆典加以宣传。他安排了演说、组织了游行，并通过全国广播公司的无线电网络，全程向美国播送实况。庆祝的最高潮，就是由中心创始人小洛克菲勒为大厦上完最后一颗铆钉。

在小洛克菲勒走上钢梁，去钉上最后一颗铆钉之前，纳尔逊发表了精彩的演讲，他说道："给洛克菲勒中心上最后一颗铆钉，就像一个故事，讲完最后一个词。这个故事讲述了计划和建筑、进步和挫折、意料之外和预见不到的情况。"

看起来，这是属于小洛克菲勒的一天，他在闪光灯和摄影机的包围中，将铆钉推进了钢梁。但是，当人们看到主席台上沉着的纳尔逊时而与社会名流交头接耳，时而和工会领袖轻松周旋，时而又穿着得体的服装走到麦克风前郑重其事地发表演讲，谁都清楚，这天的庆典真正属于谁。

在公众心目中，洛克菲勒中心的完工，如同一次权力的交接。这些建筑既是小洛克菲勒的杰作，也是纳尔逊付出心血的工程。《财富》杂志如此写道："让洛克菲勒中心格外引人注目的天才，正是纳尔逊·洛克菲勒，约翰·D.小洛克菲勒的次子。请盯着他吧！"

到南美去

1938年，世界已经相当不安宁。每天的新闻仿佛都在暗示，巨大的灾难即将向全人类袭来，乌云也笼罩到美国东海岸。在纽约，政商名流的聚会经常演变成美国如何采取行动的争论，从晚间持续到深夜。纳尔逊也经常参加这样的聚会，但他观察的焦点，还不在西欧和亚洲这些已经点燃战火的地区，眼下他只有一个想法：到南美去。

纳尔逊对南美产生兴趣，首先源于艺术。1933年，他就是被墨西哥画家里维拉和奥罗兹科的作品所吸引，因此奔赴墨西哥，并在那里花了一个月的时间，寻求古代的艺术珍品。

1935年，面对自己分到的大笔信托财产，纳尔逊果断决定将之投资克里奥尔汽油公司，即新泽西标准石油公司在委内瑞拉的分公司。从商业上看，这是相当精明的投资决定，早期对马拉开波湖油田的开发，让委内瑞拉成为世界第二大石油生产国，其出产石油的绝大部分，已经被克里奥尔公司所控制。纳尔逊开始这项投资时，想到的并不是从这里赚到固定的利润，而是为自己进入董事会做好铺垫。为此，他还专门学习了西班牙语，梦想有朝一日能够在广阔的南美大陆纵横游历。

1937年，当纳尔逊牢固掌握大权之后，终于又能在南美重温旧梦。他带着的随行人员中，有下属托德、弟弟文斯洛普、标准石油公司的杰伊·巴克、大通银行的罗文斯基。这个访问团队乘坐包机，从委内瑞拉到巴西，然后到阿根廷，越过安第斯山脉再到智利和秘鲁，最后沿着西海岸北上抵达巴拿马运河。整个旅行持续了两个月。

每到一个国家和城市，洛克菲勒家族访问团都会受到隆重欢迎。政府总督和石油公司的官员到机场迎候，同行的还有当地社会名流。纳尔逊喜欢这

第八章 与世界共舞（1940—1954年）

样的气氛，尤其喜欢南美人的性情，从他们毫无掩饰地流露情感、友好的拍肩和热情拥抱中，他似乎找到了自己的个性。

在南美，纳尔逊积极地寻找艺术品，对自己喜欢的就加以购买和收藏。同时，他还力劝秘鲁总统提供一个永久性场所，由他出资用以保存当地出土的木乃伊。

与此同时，纳尔逊也没有忽视当地社会的阴暗与落后。通过在农村的游历，他看出当地南美人和美国人之间的物质与精神差距。克里奥尔公司营地旁总是有带刺的铁丝网保护，营地自行供电并进口食品，而营地外的公共居住点，既没有学校医院，也没有下水道，甚至没有淡水。如此残酷的对比场景，深深植入纳尔逊的脑海，让他终生难以忘记。

旅行途中，老洛克菲勒去世的消息传来，纳尔逊立刻中止了旅行计划，匆忙回到纽约。参加完祖父的葬礼，他随后就请求在新泽西标准石油公司的年度会议上发言，听众则是从全世界各地聚集到纽约的300多名高级经理。面对他们，纳尔逊侃侃而谈："判断所有制好坏的唯一标准，就是看它是否服务于人民的普遍利益。我们必须认清，公司的社会责任是以资产的所有权来实现人民的利益，否则，人们就会剥夺我们的所有权。"

这样的话语，似乎是某些政客或企业家装点门面的惯用词语，但能从洛克菲勒家族的人口中说出，就值得回味了。

果然，一年之后，委内瑞拉政府开始成倍提高石油行业的税收额度。当资产有可能被没收的警示出现，克里奥尔公司的高层开始着手进行改革，他们要求所有管理人员学习西班牙语，并为周围村民提供医疗帮助，并和政府共同解决村镇的用水、排污、学校和其他基础设施。公司还自行办学，为当地的文盲石油工人和家属进行普及教育。

1939年3月，纳尔逊重返委内瑞拉。这一次，他的出访更像是隆重的政治活动。他来到油田，用已经娴熟的西班牙语和工人们交谈，了解他们的工作和生活情况。由于他平易近人，经常会被工人当成刚走马上任的管理官员。他拜访当地报社时，尽管报纸编辑曾经对纳尔逊做过严厉批评，但他还是笑意盎然地走进办公室："我是纳尔逊·洛克菲勒，我想见你们的编辑。"

由于这些出色的表现，纳尔逊很快成为协调美洲关系的重要人物。当年年末，美国多家石油公司在墨西哥陷入困境，传闻墨西哥要剥夺它们的油井所有权。纳尔逊接到了多家公司的求助，他很快与墨西哥总统拉扎罗·卡尔德纳斯进行了秘密会晤。虽然这次会见没有获得明确的成果，但纳尔逊更进一步地认识了南美，他发现，拉丁美洲所谓的"尊严"，不只涉及个人，还关系整个民族与国家。这样的思想收获，将会在未来的岁月中帮助纳尔逊。

进军华盛顿

对南美洲的了解，仿佛一把钥匙，打开了纳尔逊·洛克菲勒迈向政坛的大门。由于纳尔逊对南美洲有着深刻了解与深厚情感，他和他的智囊团，恰好填补了美国政府因关注欧洲危机、放松南美事宜而产生的政策咨询真空。当南美问题被重新提到议事日程上时，纳尔逊·洛克菲勒无疑是处理相关事务的最佳人选。

毫无疑问，洛克菲勒中心总裁的职位具有强大的吸引力，但对纳尔逊来说，与这项工作有关的挑战，都将成为历史。无论他在这座建筑中心里取得怎样的成就，都逃不出父亲的光环，这是他和所有兄弟都要面对的现实。同时，他在现代艺术博物馆的工作、在南美洲的各种投资和冒险，都只是暂时

第八章　与世界共舞（1940—1954年）

性的，只是在他通往更宏伟目标道路上的台阶。

1938年，纳尔逊的顾问安娜·罗森博格，动用了能够直接打电话给美国总统富兰克林·罗斯福的特权。在电话里，她建议总统认识一下纳尔逊，并保证纳尔逊"富有同情心"，强调他"与家族中其他有些人的观点不大相同"。她告诉罗斯福总统，如果接见这个优秀的年轻人，并不需要谈论任何特殊的事情，只需要就商业和其他事务泛泛而谈即可。罗森博格说，这次会晤的目的，是让纳尔逊领略一下罗斯福的魅力。

罗斯福同意了这个建议。1939年，纳尔逊被带入白宫的椭圆形办公室。这次会见中，纳尔逊邀请总统前往参加现代艺术博物馆的落成典礼，并通过全国电台联网，在开幕式上发表讲话。罗斯福欣然同意。

总统亲自参加开幕式，无疑是纳尔逊和博物馆的巨大成功，但它同时也预示出这个年轻人和总统之间的关系。在博物馆顺利落成后，纳尔逊向总统写信表示感谢说："您发表讲话后，我们收到了许多热情洋溢的信件和评论，我禁不住要拿起笔再次向您表示感激。"

此后，纳尔逊不断抓住机会，强化自己和罗斯福总统之间的联系。同时他很快发现，要想在华盛顿发挥重要影响力，必须要得到时任商务部部长哈利·霍普金斯的认同与支持。

霍普金斯名义上是内阁成员，实际上却是罗斯福总统的心腹智囊。他本人住在白宫，卧室隔着大厅，同总统的卧室相对。虽然纳尔逊曾经通过各种渠道试图接触他，但直到1939年夏天，还是没有获得见面的机会。

1939年9月1日，全世界被来自欧洲的消息震惊了：法西斯德国悍然发动了战争，二战战火迅速在欧洲蔓延。纳尔逊终于得到了新的机会。

短短半年内，整个欧洲都在纳粹铁蹄的践踏下颤抖。1940年5月，英军从敦刻尔克撤退，6月，巴黎沦陷。富兰克林·罗斯福面对着国会中的孤立主义情绪，只能做出谨慎回答。但事实上，正如丘吉尔所说，如果英国得不到美国的支持，欧洲的纳粹力量会比现在更为强大。这让罗斯福不得不考虑做出积极准备，与此同时，他的军事参谋们也指出，希特勒的下一个进攻目标可能是南美洲和加勒比海地区。

在全力支持英国甚至直接参战之前，找到能够稳定美洲后方的人选、做好积极准备，成为罗斯福和霍普金斯最关心的问题。1940年6月，霍普金斯终于表示自己想见见纳尔逊·洛克菲勒，听听这位了解南美洲的年轻人，有什么样的看法。

6月10日，纳尔逊走进了霍普金斯在白宫的卧室，由于常年卧病，他基本上只在这里处理公务。纳尔逊在这里提交了备忘录，其中列出了详细的计划建议：美国应该采取紧急措施，尽量买进拉美的剩余商品；降低或取消关税；商界和政府应联手鼓励向这个区域投资；重新为外债筹集资金，并尽可能将外债转化为国内通货债券；加强在南美洲的外交活动，引入融文化、教育和科技交流为一体的计划。

纳尔逊进一步建议，为了协调这一切，应当由总统亲自任命两个委员会：各部协调小组和由私人组成的小型咨询委员会。

霍普金斯对纳尔逊的建议并没有全盘接受，但他显然欣赏纳尔逊的看法。他说，自己正担心国务院、财政部、农业部和商业部之间会由于计划不同而发生摩擦。他也认为，美国政府应该全盘统筹整个拉丁美洲的开发计划，纳尔逊的计划正是重要的指导工具。

霍普金斯同意，第二天将纳尔逊提交的备忘录递交给罗斯福总统，并建议总统召集内阁成员开会，让他们形成一个综合方案。此外，他要求纳尔逊为私人咨询委员会准备一份推荐名单。

会晤两小时之后，纳尔逊一行走出了霍普金斯的卧室，这次会谈的成果，比他预想的更好。纳尔逊憧憬着，有可能在下个月、下周，甚至明天，他的建议就会成为华盛顿对南美洲新政策的框架。他高兴地返回纽约静候佳音。

很快，罗斯福拿到了纳尔逊的备忘录，在和内阁成员讨论之后，各部门联合拟订的计划交入白宫。计划的中心内容是建立一个美洲内部贸易公司，该公司负责购买和销售整个西半球内部的多余商品，这正是纳尔逊在备忘录中提到的。不过，计划本身远没有纳尔逊所倡导的那样广泛，这多少让他有些气馁。到6月底，罗斯福公布了他执行南美计划的特别助理，此人叫詹姆斯·弗莱斯塔尔，来自华尔街商圈，是充当总统助理的合适人选。这样，纳尔逊备案录中的又一个建议，即任命美洲内部事务的总统助理，也被采纳了。然而，这个助理并不是纳尔逊自己。

8月，正当纳尔逊感到失望时，事情发生了转机。弗莱斯塔尔被任命为海军部副部长，这标志着南美事务即将交给新的人员来接手。8月15日，纳尔逊成为新任的美洲事务协调员。多年以后，纳尔逊对别人说："我像谋求其他工作那样，谋求到了这份职务。我构想出了应该做的事情，然后有人告诉我，好吧，这是你的主意，就由你付诸实施吧。"

在二战的烽火中

从纳尔逊到国务院办公大楼报到开始，他就不只是领取一年一美元象征薪水的官员。虽然美国政府拨给他的预算经费最初只有350万美元，但作为洛克菲勒家族的新核心，他并不为从哪里找到资金而担忧。

为了更好地推进美洲事务，纳尔逊从小洛克菲勒那里取得了一份非同寻常的信用证。这份信用证能够让大通银行向纳尔逊协调员办公室提供贷款，而小洛克菲勒每次志愿担保的金额也只有15万美元。虽然信用证并没有被真正使用过，但它的出现，打开了历史上的先例：第一次，由私人担保来为政府机构筹措资金。

当然，家族优势为纳尔逊提供的便利，并不局限于金钱上，在庞大的家族关系网上，还有着商业、学术、文化、新闻媒体等领域内的多种多样的精英人物。纳尔逊不断从名单中选择优秀者，加入到他的新机构中。一开始，他就说服了大通银行国际业务部的领导约瑟夫·罗文斯基来负责管理协调员办公室的贸易金融部门，又请来著名的广告代理公司前高管詹姆斯·杨来负责通信联络部门。随后，纳尔逊又利用朋友关系，邀请了年轻富翁约翰·惠特尼作为协调员办公室驻好莱坞的特使。

此外，纳尔逊积极挖掘从前的商业关系。他从委内瑞拉开发公司调来最早的助手团队，又邀请与家族关系亲密的商业大亨和名校校长加入自己的"政策咨询委员会"。当然，纳尔逊非常清楚，自己需要的不仅是显赫人物的名字，他还需要聚集一批真正忠于自己的助手，他们唯一的职责就是为协调员办公室竭诚服务。

很快，因循守旧的国务院官僚们发现，纳尔逊·洛克菲勒办公室的气氛令人吃惊。在纳尔逊所能触及的所有领域，包括金融、出口、教育、通讯和文化交流，他的下属四处出击。例如，他们为一家新建的巴西钢铁厂争取到美国进出口银行的贷款；航空专家威廉·哈丁被派遣到南美，考察航空运输状况；他们制订计划举行美洲各国艺术展和文化交流活动；还计划制作并发行反映整个南美洲的新闻纪录片。

纳尔逊抓住一切机会，谈论他的新工作。他充满信心地宣布，对他的任命，代表着"看待拉丁美洲问题的新时期"。他打破官僚的负面形象，从报社到大学，到处宣扬自己的西半球联合主张。他还在罗斯福总统和其他政府高层中，散发、宣传协调员办公室工作的工作报道。

第八章 与世界共舞（1940—1954年）

当时，有许多新人从各地前来加入协调员办公室，纳尔逊热情地邀请他们住进自己在福克斯霍尔路的宅子，直到他们确定了住所。有段时间，纳尔逊家接待了15家宾客。这种做法充分体现了他的追求：有人始终陪伴自己不停地工作。与助手们住在一起，让他几乎从早到晚都能够工作，哪怕是在餐桌上，话题也几乎离不开南美洲。

在纳尔逊的积极努力下，1941年11月21日，他终于能够确定地告知下属："我们正秘密努力，并等待总统批准与经济防御委员会合并。"所谓合并，是指将协调员办公室的商业和财务纳入经济防御委员会中，并改称为美洲部。纳尔逊希望自己的副协调员和密友卡尔·斯巴士能够负责这个部门。

从战略上看，这次合并是纳尔逊的绝妙计策。如果他的部门能够真正和强有力的经济防御委员会联合，就能获得他始终缺乏的政府职能，而斯巴士占据领导岗位，就保证了实际权力依然能够操纵在协调员手中。

11月24日，罗斯福正式批准了合并，纳尔逊也加入了经济防御委员会。此后，他的办公室源源不断地提出各种计划，为经济防御委员会做出积极贡献。

1941年12月7日，日军偷袭珍珠港，美国很快向轴心国宣战。最初，只有9个南美国家和美国一起向轴心国宣战，另外有7个国家宣布和轴心国断交。与此同时，阿根廷和智利受到国内亲纳粹派别影响，拒绝和轴心国断交。巴西也摇摆不定。

面对战争，纳尔逊更加义无反顾地投身于协调员的工作中。在珍珠港事件第三天，他就对办公室的高级职员发表讲话，鼓舞他们的士气。他说，这个办公室就处在防御第一线，美洲国家就是美国的侧翼，同时也是重要的战争物资来源地，他们的工作，就是保证有可靠的同盟生产这些物资，并帮助制造现代化武器装备。

纳尔逊所说和所做的如出一辙，他从不会放过任何机会来为战火中的美国军队服务。1942年11月，当盟军进攻北非时，纳尔逊开始在南美洲加强宣传规模。他的电影制片团队、广播企业和报纸传媒企业，纷纷投入报道盟军战况、解释军事策略的工作中。大量的电报从华盛顿被拍往南美各国美国使馆，指示它们如何在当地宣传正面消息。在此之前的7月，纳尔逊甚至突发奇想，在和罗斯福共进午餐时突然提出，自己愿意现在或将来什么时候就去参军，除非总统希望他继续做现在的工作。

面对这个有些唐突的要求，罗斯福回忆起自己在一战时，正担任海军部长助理，他也向威尔逊总统提出了相同的请求。他引用威尔逊当时的回答："我想让你去部队的时候，我会告诉你的。现在，我希望你待在原地，哪儿也别去，没有第二个人能胜任你现在所做的工作。"

坎坷仕途

纳尔逊在二战中的工作有目共睹，然而，在华盛顿的官僚体系中，他并不受欢迎。到他在任的第四年，他总共花费了1.4亿美元，这也让对他有所成见的人，称他为"头号挥霍者"。

1944年11月，科德尔·赫尔从国务卿职位上辞职，爱德华·小斯特丁纽斯接替了他的职位。在上任之初，小斯特丁纽斯找到纳尔逊，告诉他总统希望他担任负责美洲事务的助理国务卿。纳尔逊反问道："那么，您的意见如何呢？"小斯特丁纽斯态度模糊地说："我服从总统先生的决定。"纳尔逊知道，对方并不欢迎他做助手。

不久之后，由于罗斯福总统的坚定支持，纳尔逊还是成为助理国务卿。

第八章　与世界共舞（1940—1954年）

虽然与上司相处得并不好，但这没有妨碍他的工作。在随后的9个月中，他利用自己的职务，构造出了拉丁美洲战略体系，将来这一体系会发挥重要作用。

1944年末，二战接近尾声。各个主要国家领导者考虑的重点已经不在弹火纷飞的战场，而是如何重新规划战后世界格局。政治家们都清楚，虽然美国和苏联是并肩作战的盟友，但在新的世界格局中，这两个国家的关系很可能有所改变。有些人主张，应该维持和苏联的友谊，但另一些人认为，由于苏联的意识形态和政治体制，如此强大的国家必将成为美国的敌人。纳尔逊同意后一种观点，还加上了自己的看法：中国将会在美苏之争中，占据极为重要的位置。

为了做好开创新世界格局的准备，纳尔逊于1945年2月至3月在墨西哥名城查普尔特佩克堡举行了美洲国际会议。这次会议声势浩大而气派豪华，显然是洛克菲勒大家族的作风。其中，美国代表团是该国曾参加国际会议的团体中最大的一支，除了小斯特丁纽斯和纳尔逊之外，还有33名顾问、6名特别助理和22名技术官员，再加上翻译、报界人士、速记员和办事员，总共有107人。如此大的排场，惹得国务卿小斯特丁纽斯相当不满。

在随后的会议中，各国签订了查普尔特佩克公约，但这个公约却没有获得美国代表团内部的共同支持。在代表团内部，不少人认为这一公约的内容，同未来全世界成立解决争端、维护和平组织的想法相违背。对此纳尔逊评论说："我们现在首先需要的不是原则，而是安全。"他的这种看法，为自己在代表团内部树敌甚多，有人甚至因为反对他的观点而提出辞职。纳尔逊听说以后，也只是耸耸肩，表示难以理解。

在这次会议上，纳尔逊发现，由于一直表现出支持纳粹的倾向，阿根廷的贝隆政府很可能被美洲各国排挤在战胜国之外，甚至无法加入联合国。纳尔逊深信，这样一个南美大国被周围国家所隔离，对美国利益毫无益处。为了一劳永逸地解决问题，纳尔逊想到了罗斯福总统。他知道，现在最需要的是这位伟大人物的批准。会议结束后，他立刻赶回了华盛顿，并约定了3月16日拜见总统。

让纳尔逊吃惊的是，此时坐在椭圆形办公室的罗斯福，面色苍白而憔悴。仅仅两个月不见，他的身体状况就迅速恶化了。罗斯福看起来相当虚弱，只是双眼内还在燃烧着生命之火。

尽管如此，当纳尔逊开始汇报会议中所发生的一切时，罗斯福依然表现出了相当的关注。当他说到阿根廷问题时，罗斯福还表现出了相当大的兴趣。在谈话的最后，纳尔逊拿出有关阿根廷贝隆政府的备忘录，交给罗斯福，罗斯福稍作浏览，就草草签下"同意，罗斯福"。他随后简单地阐述了西半球的重要性，之后就显得筋疲力竭，纳尔逊立即表示了感谢并很快离开。

第二天晚上，纳尔逊夫妇与其他16名宾客在白宫参加了总统夫妇结婚40周年的庆祝典礼。晚会在11点就结束了，罗斯福说，他打算睡到第二天中午。这天晚上，是纳尔逊最后一次见到总统。

虽然纳尔逊蒙受了"趁总统病重骗取同意"的指责，但他依然在此后抵抗住强大的压力，积极奔走于各方，致力于帮助阿根廷贝隆政府获得同盟国的承认，并准这个国家参加联合国会议。他说，自己相信贝隆对轴心国的宣战是真诚的，而并非走走形式。同时，他也说到阿根廷和西半球其他国家将产生新的关系。

4月9日，美国政府终于做出声明，表示将要恢复与阿根廷的正常外交关系。三天后，罗斯福在佐治亚州的温泉城于昏迷中溘然长逝。

与整个美国一样，纳尔逊陷入了悲痛之中。他的痛苦不仅来自于祖国失去了这样伟大的统帅，同时也基于个人情感。罗斯福是他的导师和楷模，在总统身上，纳尔逊学习到了政治家的经验，领略到成功者的魅力。虽然罗斯福和他共度的时光很少，但在纳尔逊的一生中，除了父亲小洛克菲勒，还从

第八章 与世界共舞（1940—1954年）

没有任何人能够像罗斯福这样，对他产生如此深刻的影响。

罗斯福的去世，也让纳尔逊的政治生涯陷入坎坷。新总统杜鲁门并不欣赏纳尔逊，很快否决了他关于阿根廷事务的备忘录。事实上，从今天看来，此时的纳尔逊的确还不够成熟，他过于关注"大美洲"这个抽象概念，为了维护美洲的统一，他宁愿对贝隆政府的所作所为视而不见，并对对方有关合作与改革的承诺毫不保留地加以接受。但在残酷的战争尚未结束之时，美国人很难接受本国所处半球上的独裁统治，这种价值观上的否决力量，却并没有打动纳尔逊，他反而过于执拗。以至于当助手建议他不能做某些事时，纳尔逊当场垂下双目，以冷漠无情的姿态生硬地说道："我不想听你说我不能做这件事，我需要你告诉我如何去做。"

纳尔逊最终为自己的固执和热情付出了代价。8月23日上午，他刚走进新任国务卿詹姆斯·贝尔纳斯办公室大门，对方就直截了当地说："纳尔逊先生，坦白讲，我们不用再谈了。总统将接受你的辞呈。"

纳尔逊愣了一愣，随即有些激动地说道："可是我并没有打算辞职。拉丁美洲对美国的安全和利益都太重要了。我还没有完成我的工作。我要见总统！"

杜鲁门的答复，同贝尔纳斯完全相同。纳尔逊愤愤不平地说："他居然撤了我！"他在华盛顿的第一次政治生涯，就此戛然而止。

第九章
"五骑士"名扬寰球
（1953—1972年）

二次起落

纳尔逊从不轻易承认失败，撤职对他的打击不过只有数小时。第二天，他就在纽约的家中将下属再次聚集起来开会，讨论的结果是，纳尔逊将自行设立一个非营利的基金会，取名为"美洲国际经济和社会发展联合会"。这个联合会将无偿地为委内瑞拉的经济和技术发展提供援助，当然，这些钱实际上来自于石油利润。正如纳尔逊所说："我自己干好了，没有人能挡得住我。"

两年之后，纳尔逊听从了法律顾问的建议，在这个机构下又增设了国际基本经济公司，既谋求商业利润，也从事宣传。通过类似机构，纳尔逊继续在拉丁美洲发挥影响力，这也得益于他担任拉丁美洲事务协调官时，同各国政府建立了紧密的合作关系。因此，即便他此时已经被杜鲁门免职许久，但依然是美国对拉美政策的"关键先生"。

1948年，杜鲁门再次当选为总统。此时，纳尔逊已经走出白宫三年了，他逐渐发现，以民间身份活动虽然自由，但却缺乏充分的权力资源。因此，他始终在寻找机会回到政府。在杜鲁门的就职演说中，纳尔逊高兴地听到了"第四点计划"部分，即向其他国家提供技术和发展援助的计划。虽然他已经有三年半时间没有和总统接触，但他还是向杜鲁门写了长信，盛赞这一计划。他说："最近几十年中，美国政策中最伟大的贡献就是这个计划，仅凭这一点，就能让您名垂史册，因为您为美国的光明前景奠定了最为坚实的基

第九章 "五骑士"名扬寰球（1953—1972年）

础。"据说，杜鲁门读完信，笑着对秘书说："纳尔逊·洛克菲勒看起来耐不住寂寞了，不过白宫不是他想回来就可以回来的。"

两年之后，1950年11月，杜鲁门还是任命了纳尔逊担任国际开发咨询委员会的主席，专门负责为执行"第四点计划"提供建议。纳尔逊非常兴奋，他看到了政治上东山再起的机会。在去白宫面见总统、接受任命的时候，他又抓住机会提出要求，他说，如果援助计划的范围只限于技术领域，而不包括对不发达世界的援助，显然会让计划效果大打折扣。杜鲁门明白，纳尔逊这是在要权，但他也同意这一观点，并答应了他的要求。

5个月之后，国际开发咨询委员会发表了专题报告，强调私人资本对经济发展的关键作用。纳尔逊在其中提出更为明确的建议，即将一切海外经济活动集中在美国海外经济总署中，由署长主持并直接向总统汇报。

但是，这一建议立刻遭到了外交政策权威人士艾夫里尔·哈里曼的反对，因为所谓美国海外经济总署的建立，将会取代他所主持的经济合作署。哈里曼直接对纳尔逊说："我认为，华盛顿装不下这么多五花八门的机构。"他甚至尖刻地说："华盛顿需要的是为美国利益服务的高效办事机构，不能为了某些人想要出人头地，就随便安置些挂名的闲差。"纳尔逊毫不示弱地反击："先生，这并不是什么闲差，美国为了维护自身利益，正需要这个。"

不久之后，纳尔逊听说计划被搁置，对此他并不感到奇怪，而是决定立刻通过其他渠道推销计划。恰好，众议院外交委员会在考虑制定互助安全法案，邀请纳尔逊去作证，他在那里拿出了一份声明，为技术援助提出强有力的论据，并在结束发言时强烈呼吁立即成立海外经济总署以组织私人投资。众议员们当场表示赞成这项计划。

但是，事实再一次无情地打击了纳尔逊。众议院的积极反应，并没有对白宫产生多大推动力，他的计划可谓全盘失败了。面对这一结局，国际开发咨询委员会主席的职位已经没有什么意义，他再一次来到白宫，主动递交辞呈。

当他来到白宫门前时，哈里曼正好走出来。纳尔逊走上前去，有礼貌地同他握手，并审慎地说道："我正要进去，呈递有关咨询委员会主席一职的辞呈。"

哈里曼有些惊讶："啊？不可能辞职吧，这个工作才刚开始啊！"

纳尔逊明白对方的心情，他只是笑了笑，丢下一句："可是它应该结束了。"然后走进了白宫。

如料想的那样，杜鲁门并没有挽留他，纳尔逊的第二次政治生涯结束了。这次，他坦然平静地接受了一切。过往的那些经历已经让他变得更加成熟，纳尔逊知道，为了实现自己所追逐的目标，未来还有更长的路需要面对。

幕后的操纵者

1951年10月，不再与杜鲁门政府有任何牵连的纳尔逊，来到约克·惠特尼在曼哈顿的寓所参加一次重要的会议：艾森豪威尔竞选的筹备会议。

朝鲜战争爆发之后，惠特尼始终以幕后操纵者的身份出现在纽约州共和党政治圈内，资助中间派候选人并鼓励共和党内的激进主义思想。不过，惠特尼的政治支持，就像资本机构的投资，总是有着精密的选择，而一旦认定选择之后，就会持续而有效。

现在，惠特尼正在组织一场重要的政治活动：动员艾森豪威尔将军参选

第九章 "五骑士"名扬寰球（1953—1972年）

总统。他们派出艾森豪威尔曾经的下属去巴黎游说他，艾森豪威尔最终只能表示愿意接受共和党的提名。

此前，纳尔逊在共和党事务中只能扮演无足轻重的角色，除了曾经捐赠过几千美元之外，他对共和党缺乏兴趣。因为作为罗斯福和杜鲁门曾经的手下，他不能和在野党有太多联系，但另一方面，他又不愿意抛弃家族原本的政治根基。但是，现在的局面已经完全逆转了，由于杜鲁门政府在朝鲜泥潭深陷，民主党主宰白宫20年的局面很可能要被打破。

这次筹备会议后，纳尔逊发现自己反击杜鲁门的机会终于到来。不用说，他对杜鲁门随意处置他的"第四点计划"报告依然耿耿于怀。在一次演讲中，他抨击政府将哈里曼"共同安全机构"的军事援助和经济合作联系在一起，将之描述为"灾难性行为"。

受到总统竞选运动的吸引，纳尔逊急于走出幕后，站到前台。然而，由于共和党内部的安排，纳尔逊至少三次试图加入艾森豪威尔竞选团队，每次都被纽约州回绝了。这样的冷遇，让他非常懊恼，脾气也变得很坏，总是郁郁寡欢、情绪不佳。但在参加共和党聚会时，他却一反常态，变得谦卑低调，在熟悉他的人看来，这实在有些反常。

然而，当艾森豪威尔顺利入主白宫后，他还是给纳尔逊发了回函，表明了真诚的谢意。纳尔逊受到了鼓舞，他马上安排智囊团中的经济学家，要求他们围绕新政府所面临的预算问题准备一份备忘录，送给新总统。

1952年11月30日，白宫终于决定了纳尔逊的工作问题。艾森豪威尔任命他担任政府机构委员会主席。委员会内还有艾森豪威尔的弟弟米尔顿、宾夕法尼亚州立大学校长亚瑟·弗莱明顿，他们的工作是研究行政部门的结构和运作情况，并就此提出建议。白宫、内阁和所有附属机构，都在这个委员会的视野和工作范围。

对纳尔逊而言，这样的任命不仅只是安慰，更显现出新的希望。这一职位虽然不是内阁职务，也不是白宫人员，但在组建新政府的过程中却发挥着关键作用，直接接触新总统的机会，也让许多人感到羡慕。他的幕僚阿道夫·波尔立刻向他指出："二等的职位会让你受到太多限制，一等的职位又要被反对派攻击。这个位置才是最好的。"

新闻媒体也嗅出了任命背后的意味。《新闻周刊》评论说："这个位置对于洛克菲勒不是最终目的，只是达到更高点的跳板。"这相当贴近事实，因为在接到正式任命之前，纳尔逊的委员会同僚已经起草了该机构的主要职能：这一委员会将集中各种思想，为总统提供材料并取得国会支持，同时将尤其注意吸取以往教训，时刻避免引人注意。

委员会开始运行之后，纳尔逊得知总统希望在白宫建立一个以总统助理为首的强大军事化指挥机构，他立刻带领委员会规划了相似的蓝图，此后，一个极为强大的白宫办公室主任领导模式建立起来。同时，纳尔逊还想方设法确保卫生、教育和社会安全等领域部门在新政府方案中的优先地位。

最困难的，是如何处理外交事务问题。纳尔逊很清楚，主管外交的约翰·杜勒斯性格火爆、态度防范，他不会同意让人削弱他的外交大权，不过，他也愿意接受能够让他摆脱繁重杂务和公共关系的安排。

很快，纳尔逊就率领委员会成员制订出能够部分满足杜勒斯要求的方案，并巧妙地将杜勒斯的愿望传递给艾森豪威尔总统。纳尔逊对总统说，国务卿希望减轻工作负担以便集中精力制订政策。

此后，两个独立的内部机构诞生了：美国新闻署将接替国务院原有的新闻职能，对外经济工作署则负责美国和世界各国之间的经济和金融关系。在备忘录中，委员会这样写道："当这些变革生效时，我们就能够看到它们减轻国务卿的政务负担，使其能够更好地致力于制订有效而长远的外交政策。"

实际上，纳尔逊的愿望也与杜勒斯的愿望一起实现了。通过对外经济

第九章 "五骑士"名扬寰球（1953—1972年）

工作署，他成功地将曾经被杜鲁门摒弃的计划，推到了新总统政府工作的前面。更为可喜的是，这样的推动获得了杜勒斯的首肯。

1953年1月20日，艾森豪威尔宣誓就任。纳尔逊领导的政府机构委员会，有了新的名称：总统政府机构顾问，并属于总统行政办公室的一部分。纳尔逊在离开白宫7年半之后，再次回到了紧靠白宫的国务院大楼，现在人们称它为行政办公楼。

在新的岗位上，纳尔逊雷厉风行，常常开会，工作迅速，经常能看到他和幕僚们穿着衬衫坐在一起，边吃午餐边讨论问题。在这样的领导节奏下，几乎每个周末，委员会从上到下都在工作。

委员会的工作气氛甚至波及到白宫，2月中旬的一个周日，纳尔逊将总统、副总统、白宫办公室主任和全体内阁成员请来，听他汇报最新的政府机构改组计划。这让喜欢休闲娱乐的艾森豪威尔也受不了，他随后提出建议，应该"避免在周末召开大量内阁成员参加的会议"。

2月18日，委员会办公室更加忙碌，纳尔逊接受了来自国防部的委托，研究该部门总体架构及其同各军兵种的关系。此时的国防部，上下级指挥体系颇为含混不清，发生对抗的一方是国防部部长及其文职下属、各军兵种，另一方则是参谋长联席会议领导下的军事上层建筑。这种内部对抗逐渐演变成微妙的政治竞争，再加上核武器时代下各军兵种之间的竞争，让不少人呼吁进行各军兵种的合并。

纳尔逊深知，艾森豪威尔作为军人，对现行指挥体系的优缺点了如指掌，这让他和下属们产生了巨大压力。为了消除潜在的批评，纳尔逊特意邀请三位军中元老担任改组顾问：陆军上将乔治·马歇尔、前海军作战部长切斯特·尼米兹、前空军参谋长卡尔·思博茨。他相信，有这三位元老的参与，能够最大程度地压制反对声音。

折冲樽俎之后，纳尔逊拿出了稳健的改革方案：确认国防部部长的最高权力，加强三个军中文职部长的权力，取消各军兵种参谋长的指挥权，便于他们集中精力思考战略。不过，委员会也没有明确要求各军兵种合并。

4月，艾森豪威尔听取了纳尔逊的汇报，并表明了满意态度。随后，国会认可了国防部的改组计划。

至此，纳尔逊与其政府机构委员会的工作任务告一段落。但艾森豪威尔并不同意他的离职，而是亲自写信劝他保留现有职位。1953年5月，由于深知纳尔逊不甘寂寞，总统又将他调入卫生教育福利部，担任副部长职位。

纳尔逊一进入新的工作环境，就展现出他的个性特点。他觉得自己的会议室太小，便自己掏钱进行改造，将之改造成多媒体展示中心，转在滚轮架子上的图表，能够从隔壁房间改建的操作区中被随时安装好，然后推到会议中加以展示。这些花费让部里的官员们感到震惊，有人抱怨说，这个部门从来不这样花钱，但纳尔逊只是我行我素。

另一方面，纳尔逊总是亲自挑选工作人员，而且其中很多都是才貌俱佳的女性。当记者直率地问到这一点时，纳尔逊说："我从不喜欢男助手，他们有时会产生嫉妒心理，或者与公司其他员工合谋……我想，一个聪明、年轻、迷人的女性，能够为我做事，而且不会惹是生非。"

新任副部长的工作并不好做，女部长霍比将新老替换这一任务，交给了纳尔逊。由于民主党占据权力中枢已经20年，共和党执政之后，必然要实现从上到下的"大换血"。纳尔逊准确地把握到了问题的关键，在各方犬牙交错的势力矛盾中逐一解决了困难，最终完美地实现了平衡。此外，他在这里工作的第一年中，还说服国会增加了政府对职业再培训的拨款，而他的手段也相当商业化。过去，职业官员们只懂得起草一封公文送到国会，但纳尔逊手下的工作人员，必须花大量时间准备并绘制详细图表，再同国会的小组委员会主席们商讨，最终实现目标。正如该部一位官员所说："他在协调相冲突的观点时真是个天才。"

第九章 "五骑士"名扬寰球（1953—1972年）

作为一名社会事务的战略规划者，纳尔逊虽然才华横溢，但却注定要面对时代带来的挫折和磨难。1954年，他雄心勃勃地提出了全国健康保险计划，但由于既得利益者的反对力量过于强大，他的计划最终失败了。直到2009年，奥巴马总统的医改计划，才在国会真正得到通过。

亚洲公使

当纳尔逊在其政治生涯中起起落落时，小洛克菲勒的其他四个儿子，也在书写着各自的人生传奇。

小洛克菲勒的长子，称约翰·洛克菲勒三世，出生于1906年。从儿时起，他就和全家住在曼哈顿区第54大街的新建楼房里，与祖父的住房毗邻。在这幢9层高的高楼中，6个孩子幸福地度过了少年时代和青春岁月。

作为长子，约翰从小受到的教育相当严厉。小洛克菲勒继承了家族严格教育的传统，从各方面去锻炼他。约翰深知，任何反抗都是不可想象的，既然自己是"皇储"，就只能循规蹈矩，不能考虑职业是否符合利益和兴趣，而是要等着走上早已被规划好的人生道路。

从少年时代开始，约翰就严肃认真、敏感内向，他相当早熟，深知自己承担着姓氏的重担。因此，他学习非常努力，先是进了布朗宁学校，后来又从康涅狄格州的一所卢米思寄宿学校毕业。1929年，他从普林斯顿大学毕业，1932年，他和布兰奇特·胡克结婚，布兰奇特的母亲是费里种子公司的产权继承人，父亲则是著名工程师，曾经担任胡克电子化学公司总经理。

大学毕业后，约翰曾经作为父亲的代表，去日本参加了太平洋关系学会的会议。随后,他又做了一次环球旅行。回国后,他进入父亲的公司,想要找到可以充分发挥长处的工作领域。

然而,小洛克菲勒早已断定,这位非常听话的长子,最适合继承他的慈善事业。到1931年,约翰已经成为洛克菲勒基金会、普通教育委员会、洛克菲勒学会、中国医学会和其他总共33个不同理事会或委员会的理事。

二战爆发后,约翰终于有机会在他的人生中第一次摆脱父亲的控制。1942年,他踌躇满志地加入海军,直到1946年才回到家族事务中。在这段时间内,他开始将远东看作能在平衡世界力量中起重要作用的地区。因此,他最初在海军人事局工作,后来又被调入协调海军部、陆军部和国务院事务的委员会工作,此后,又成为海军部副部长的远东事务特别助理。

1949年,随着苏联核试验与中国革命即将成功,美国政府开始调整其亚洲政策,将日本作为亚洲政策的战略重心,试图孤立和包围新中国。为此,美日两国即将签订和平条约。国务卿艾奇逊任命约翰·杜勒斯作为谈判使者前往日本,杜勒斯则邀请约翰和他一道前往。

杜勒斯与约翰是老朋友,杜勒斯喜欢约翰,但不太信任他的弟弟纳尔逊。这很可能是因为约翰自律严格、个性严谨,而后者天生好斗又锋芒毕露。更重要的是,杜勒斯认为,约翰这样的人具有极大潜力,他能够将文化事业和慈善事业的优势,充分运用在谈判过程中。

1951年,约翰被派往日本。在日本,约翰组织了自己的工作团队,并花了几周时间,和日本全国的政治文化精英们进行交流。回到美国后,他同国务院的一个专家团队共同草拟出报告,在这份长达88页的文件中,约翰建议架设两国的文化桥梁:交换大学生和教授;设立美日文化中心;两国高层不断互访;等等。

提交报告后不久,约翰被邀请出任美日协会的新任会长。这个协会是美国民间组织中最大的对日交流机构,成立于1907年,战时曾中止活动,此时

第九章 "五骑士"名扬寰球（1953—1972年）

又东山再起。出任美日协会会长后，在此后的20年内，约翰为美日关系做了大量工作，包括接待外事访问活动、与赴美的日本工商界精英和政界人士积极交流。

与此同时，基于对亚洲的了解，约翰认定不发达国家的稳定和经济发展，必须有赖于婴儿的出生率。他进一步认为，美国对人口问题的研究必须加强，使之能成为向外输出的科学技术。

1952年11月，在约翰的领导下，成立了一家名为"人口协会"的新组织。约翰亲自担任理事长，并为第一年预算捐助了25万美元。在随后的几年中，人口协会向大学和研究会捐献助学金，并将少数几个学者的研究工作扩大为正规的学术性学科。到第一个十年之后，人口问题成为美国外交政策的组成部分，此时，协会的全年预算已经从首年增长至60倍，这1500万美元的预算来自洛克菲勒基金会、福特基金会和美国政府。毫无疑问，约翰·洛克菲勒三世，成为当代节育运动的核心人物，《纽约人》杂志也因此为他起了个赞美性绰号：亚洲先生。

1953年，约翰47岁。艾森豪威尔的白宫办公室主任谢尔曼·亚当斯打电话给他，请他出任美国驻印度尼西亚的大使。与弟弟纳尔逊不同，他婉拒了政府的邀请，他笃信父亲小洛克菲勒的准则：洛克菲勒家的人，理应是超越党派、公职和政治的。

尽管并没有接受公职，但约翰对自己的任务始终抱有热情。他几乎每年都会去远东旅行，还会在几个月内走访几十个国家。曾经随他出行的记者回忆起旅途劳顿时，也感叹说那段经历是非常锻炼人的考验。

在20世纪50年代接近尾声时，约翰已经完全从家族事务的束缚中摆脱出来，致力于他眼中为人类谋求福祉的重要工作。

致力于环境保护

劳伦斯·洛克菲勒出生于1910年。从个性上看，他介于长兄约翰和次兄纳尔逊之间。他做事很有条理，喜欢冒险的同时又爱好钻研，牢记小洛克菲勒有关等待和忍耐的教诲。

成年后，劳伦斯和纳尔逊最为投缘，他们关系密切。在继约翰进入普林斯顿大学之后，劳伦斯也被这所学校录取，主修哲学。劳伦斯在校时，总是不断充实自己。毕业之后，他眼看着两位兄长都已在事业上有所成就，自己也感受到内心激情的召唤。

1934年，劳伦斯和同学的妹妹结婚，两个人定居纽约，劳伦斯进入家族位于广播大厦5600室的洛克菲勒中心工作。在大通银行学习了几个月的业务后，他加入了洛克菲勒中心的董事会。这段时间内，他明确了自己未来的事业应该避免与家族事业发生竞争，以免个人和家族的利益发生冲突。

从1937年到1939年，劳伦斯开创了自己的事业。他先是与朋友创办了家具进口与销售公司，随后又加入了美国东方航空公司，并最终成为其最大股东，还加入了麦克唐纳喷气式战斗机公司，并帮助这家公司和政府签订了购销合同。

二战中，劳伦斯被任命为海军上尉，驻扎在圣路易斯。战争时期，他代表航空局，不断视察西海岸的巡逻机装配线。利用这一优势地位，他给麦克唐纳公司一类的企业提供了应有的便利。

1958年，艾森豪威尔任命劳伦斯为"户外游乐资源和考察委员会"主席。劳伦斯意识到，通过这个职务，自己可以从企业家转型为自然资源保护者，甚至能够成为更高层次的社会活动家。他在华盛顿花了不少时间结识议会领袖、自然环境保护者、各界名人、企业巨头，这样，委员会的工作就和

第九章 "五骑士"名扬寰球（1953—1972年）

他的人脉圈子相辅相成、共同发展。

在三年的工作中，劳伦斯从自己的两家资源保护组织中抽调人员，协助该委员会的工作。到1962年，他向肯尼迪总统呈交了厚厚的报告。

通过在该委员会的工作，劳伦斯成为兼顾企业利益和环境保护的人物。他宣扬关心自然资源的观点，并积极消除企业巨头的顾虑。工商界领袖们接受了他的观点，认为他既是洛克菲勒家族的人，又是保护自然资源方面的公共利益的代言人。新总统林登·约翰逊上任后，也任命劳伦斯为保护风景区的专家团队成员，随后，劳伦斯成为白宫有关环境事务的顾问。

从此开始，劳伦斯步步高升，成为约翰逊总统在环保方面的私人顾问，并进入了可以影响国家政策的上层圈子，还曾一度被提名为未来内政部长的候选人。

对于环保，劳伦斯坚持平衡的观点。在他看来，环保与发展犹如数学方程式的两端，一端关系着人类与自然和谐共处，另一端则是就业、生产增长、经济发展和企业利润。他为自己确定的任务目标，就是努力让两端保持平衡。

1957年，劳伦斯决定捐献土地，成立维尔京群岛国家公园。劳伦斯和弟弟戴维在维尔京群岛中的圣克鲁耶斯岛上拥有4000英亩的共同财产。这块土地的价值需要被开发，而劳伦斯想将之与环境保护结合起来。在维尔京群岛国家公园成立的同时，他所开发的卡尼尔湾游览风景区也于同一天开放。这块土地的价值通过环保和旅游事业，得到了总体增值。

在波多黎各，劳伦斯开发了多拉多海滨别墅区，其中每幢别墅占地一英亩，共同朝向富丽堂皇的高尔夫球场。此外，劳伦斯还新建了海滨饭店，那里赌场林立，夜生活纸醉金迷，吸引了许多富人前来度假。

到了1965年，劳伦斯除了在维尔京群岛和波多黎各持有地产之外，还是英属维尔京群岛疗养地的老板，在黄石公园还有两座大旅馆，在莫纳克亚山，他还有一幢海滩饭店。

1966年，劳伦斯筹建了诺克旅游公司，负责经营管理他所有的旅游事业。通过这家公司，劳伦斯促使旗下的旅游事业不断现代化，收获了丰厚的利润，并继续将其中部分投入到环保事业中。1968年，在尼克松竞选总统运动中，劳伦斯果断提供了一大笔捐赠，新政府上台后，他被任命为联邦政府环境质量使命咨询委员会主席，这个委员会就是原"户外游乐资源和考察委员会"的翻版，只不过改变了名称。

在尼克松当政期间，劳伦斯·洛克菲勒享有盛誉，这也是他在政坛上最风光的时刻。从20世纪70年代起，美国环境保护主义论被广泛接受，生态学成为美国公众关注的主题，环保团队在美国如同雨后春笋，不断出现。此时，劳伦斯显得进退两难，他无法和那些走上街头的环保斗士站在一起大声疾呼，只能退居环保二线，全力支持核能的运用。

从20世纪60年代开始，劳伦斯就联合洛克菲勒家族其他成员，以及包括现代艺术馆在内的部分家族机构，成立了专门从事风险投资的凡诺克风险投资公司。劳伦斯数十年的从商经验，保证了他灵活的头脑、与时俱进的态度，在他的领导下，凡诺克风险投资公司支持了近三百家创业公司，其中包括苹果公司和全美最大的芯片公司英特尔集团。

逆势而行的兄弟

文斯洛普，是小洛克菲勒家的第四个儿子。他出生于1912年，童年时期，他显得相当老实，经常受到纳尔逊和劳伦斯的欺负。两个兄长经常二对

第九章 "五骑士"名扬寰球（1953—1972年）

一地将他打翻在地，惹得他大发脾气。

文斯洛普的家庭地位相当尴尬，他的小弟弟戴维聪明伶俐，深得父母喜爱，他的三个兄长相当早熟，又事业有成。因此，他在家庭中应得的地位，全都被排挤掉了。这种不利的情况逐渐演变成恶性循环：家里人越是无视他，他的处境就越困难，进而就越是失去家族地位。这导致他始终将自己看成局外人，终其一生，他并没有成为真正意义上的"洛克菲勒"。

虽然在家庭中和兄弟们关系不佳，但文斯洛普在林肯学校却与其他孩子关系良好，他彬彬有礼、和蔼可亲，只是学习成绩很差。小洛克菲勒认为这个儿子需要更严格的管教环境，于是将他送到卢米思寄宿学校去。文斯洛普在那里读完了高中最后一年，这让母亲艾比多少感到安慰。

在家庭教师的辅导下和一个暑假的艰苦努力后（更重要的是父亲的关系），文斯洛普居然进入了耶鲁大学。然而，当他远离了家庭的监督，又开始放任自流，例如，他接连几个星期都不记账，而这是家族中每个人都从祖父那里秉承的传统。到大学二年级时，他发现需要让父亲审核账本才能领取生活费用，才感到恐慌不已。有一次，他甚至萌生邪念，企图偷室友的钱去平衡收支。最终，他哀求大姐艾比的支援，借了一笔钱来应付父亲的盘查。这笔钱他后来足足攒了三年才还清。

由于成绩太差，文斯洛普在耶鲁大学留了一级，后来，家里终于认清他无法继续读下去的现实。1936年，小洛克菲勒失望之余，决定让文斯洛普去标准石油在得克萨斯州一家规模极大的子公司——亨布尔炼油公司工作。就这样，文斯洛普成为家族中的第一个"平民"。

刚进公司时，文斯洛普担任油井实习工。工人们怀疑，这个洛克菲勒家族的四公子是上面专门派来监视他们的，于是，有人排挤他，有人甚至威胁要他的命。小洛克菲勒听说后心急如焚，想要给他雇个保镖，文斯洛普却安之若素。他向同事们解释说，石油公司可不会派姓洛克菲勒的人来当密探，同时，他又花费一美元，从警察局领取了私人佩枪许可证。工人们虽然慢慢地不再怀疑他，但还是找机会捉弄他，想尽办法考验他的耐心。幸运的是，文斯洛普有着充分的忍耐力，他通过了同事们的考验，在工作中有着良好表现。在油田工作的一年中，他做过地球物理勘探工、炼油工、石油精炼工和油管安装工。到一年结束时，他几乎在石油生产的不同岗位都实习了一遍，同事们也从接受他到喜欢和尊敬他，亲昵地称他为"洛克"。

在油田，文斯洛普获得了充足的自信心，因为在这里，没有人会根据家族的实力评价一个人，所有的尊重都来自个人的工作成果。文斯洛普体验到了前所未有的乐趣，因此也将这一年看成是生命中最美好、最难忘的黄金时段。

不过，做一名优秀的石油工人，绝不可能是洛克菲勒家族成员的终身大事。一年工作届满之后，文斯洛普被小洛克菲勒召回纽约，随即被安排进入大通银行做实习生。在另一家石油公司，已有职位在等着他。

1937年，文斯洛普在随同纳尔逊等人考察委内瑞拉油田归来后，在索可尼真空石油公司的外贸部门任职，还担任了大纽约基金会的副主席，并因此在洛克菲勒家族的慈善事业中承担了自己的义务。他努力让自己融入周围环境，但想要获得精英们的尊敬并不容易，尤其是他在油田里沾染上了酗酒的恶习，引得不少记者追踪报道，这让他的父亲感到烦恼。

1941年，文斯洛普为自己找到了更好的环境。他选择加入美军，成为陆军二等兵。文斯洛普天生喜欢军队里的民主精神，他凭借个人能力，从二等兵被逐级提拔为中士、中尉。他参加了太平洋战役，带领步兵在关岛、莱特岛和冲绳岛的丛林中作战。在冲绳，他还负了轻伤。战后，他以陆军中校军衔退役，获得了国防部颁发的紫绶铜心勋章。

文斯洛普经历了战火洗礼，终于变得成熟起来。他决心忘记自己是家族中的"异类"，去走新的道路，去做一番事业。

第九章 "五骑士"名扬寰球（1953—1972年）

1955年，文斯洛普被阿肯色州州长奥瓦尔·福布斯任命为该州工业发展委员会主席。福布特希望他能够为自己的执政服务，文斯洛普也有机会为解决该州的失业问题而大显身手。当时，棉花种植的机械化让大批农业工人失业，该州仅有的一些工业，例如服装、伐木和家具制造业，又相当不发达，过低的员工工薪导致熟练劳动力缺乏，整体人口也在外流。除了密西西比州外，它是全国按州人口算，平均收入最低的地区。

文斯洛普非常喜欢他的新事业，其中最重要的原因在于，这不是父亲或家族强加给他的责任，而且这里的环境也不会产生什么固定的标准来衡量其业绩。相反，由于州财政紧张，无法拨出多少经费给工业发展委员会，文斯洛普便需要自掏腰包。为了聘请劳伦斯·洛克菲勒推荐的经理人员，文斯洛普自己拿出8000美元，补足他们的薪金。而这两位企业经营专家果然表现出色，第一年内，他们就在阿肯色州新建了73家工厂，增加了七千多个新的工作岗位。与此同时，文斯洛普建立了文洛克企业公司，这家投资公司拥有数百万美元的股本，经营农业、制造塑料管并兴建居民住宅，其中的示范性项目主要是为了吸引外来投资，体现阿肯色州优惠的赋税政策。

正是在这一年，文斯洛普成立了文洛克基金会以从事慈善事业。与纽约州的情况完全不同，在阿肯色这个相对闭塞的地区，即便只是投入几笔相对较小的资金，也很容易产生巨大的社会影响和经济效益。例如，文斯洛普通过基金会捐赠了150万美元，就筹建了一所优秀的学校，这所学校坐落在接近文洛克的莫里尔顿小城中，很快成为州里最好的学校之一。文斯洛普还资助了佩里县的医疗门诊部，设立了一系列大学研究员基金，筹款100万美元用来协助建立州艺术中心。

对文斯洛普而言，虽然纽约州的繁华、华盛顿的庄严他无法触及，但在阿肯色州这样的广阔天地中，他确实能够任意驰骋而大有作为。随着他的努力工作，这位曾经不被看好的"洛克菲勒"，俨然成为州长候选人的最佳提名者。他领导工业发展委员会取得的成绩有目共睹,而基金会所主导的慈善事业更是口碑甚佳。因此,州长这个位置与他也只有一步之遥。

1961年,文斯洛普顺利当选为共和党全国委员会委员,他就此踏上新的政治征途。为了竞选州长,他开始在全州四处旅行、宣传、做活动。尽管阿肯色州的民主党势力强大,但他还是像当年在太平洋战场上那样发起了冲击。

面对自己一手提拔的洛克菲勒家族四公子,老州长福布斯知道文斯洛普对整个州的经济发展做出了积极贡献,但他开始利用文斯洛普的出身和民权问题大做文章。他说,文斯洛普曾经在全国有色人种学会发表过演讲,而且拥有众多黑人朋友。这其实是在向民众做出暗示,表示他这样的人如果从政,是靠不住、不值得信赖的。

第一次州长竞选的结果表明,尽管文斯洛普失败了,但他获得了43%的选票。这个战绩对于初入政坛者而言,已经相当不错。文斯洛普的支持团队放下心来,他们确定,文斯洛普完全能够投入到下一届的竞选中并取得胜利。

1966年,文斯洛普·洛克菲勒终于得偿所愿,他以57%的选票,击败了咄咄逼人的詹姆斯·约翰逊,成为南北战争之后阿肯色州的第一任共和党人州长。对此,文斯洛普感到很兴奋,在他看来,这不仅仅是政治上的一次突破,同时也是其个人毕生事业的重要胜利。

然而,想要在阿肯色州政坛上取得稳固地位,并非赢得选票就可以,必须要推行锐意进取的立法计划。但在135名州议员中,共和党人只有3名,再加上文斯洛普设想的立法计划过于理想化而总是脱离实际,导致他提出的所有想法都难以打动议员、形成实际变革。

1969年,虽然文斯洛普再次成为阿肯色州州长,但他所获得的选票已经大为下降。在州议会中,共和党的势力并没有什么增长,周围人也对他产生

第九章 "五骑士"名扬寰球(1953—1972年)

了不佳印象,认为他只在乎被选为州长,而不是真正踏实地做好服务。那些曾经困扰他的酗酒传闻,又开始在媒体上悄然出现。不过,文斯洛普也确实缺乏政治家的闯劲,他平时很少去议会大厦二楼的州长办公室,而是待在文洛克,日上三竿时起床,然后在办公室工作到深夜。兴之所至,他还会登上私人飞机,五分钟后抵达州政府所在的小石城,然后由警卫驾驶林肯大轿车,将他送到自己在小石城建起的摩天大楼里,那里有他专属的办公房间。

在这样的工作中,文斯洛普重新感受到失败的滋味。在他的一生中,似乎总是有种无形的力量,在阻碍他获取理想中的成功。在第二次州长任上,每逢提出的法案遭到议会的反对或否决,又或者碰到令人棘手的难题时,他就会蓦然从幸福美梦中惊醒,整个人陷入无边无际的沮丧中。

由于追逐政治成功而不可得,文斯洛普的情绪愈来愈不安,他和妻子的关系日渐紧张。1969年,两人离婚。

尽管家庭生活出现裂痕,政治事业又每况愈下,文斯洛普还是执意要加入1971年的州长选举,冲击他的第三任期。对此,阿肯色州民主党派推出了年轻的温和派候选人戴尔·邦布斯。邦布斯和之前那些带有种族歧视观点的保守分子不同,他懂得如何获取选民和新闻媒体的喜爱。同时,文斯洛普对酒精的依赖已经不再是传言,当他参加公众活动或出现在电视屏幕中时,人们看到的是蹒跚步态,听见的是模糊话语。毫无悬念,当年的选举,以代表共和党的文斯洛普惨败而告终,他不得不向州长位置告别,退居到自己的文洛克小镇。

1972年夏,不甘寂寞的文斯洛普以代表身份,参加了共和党全国代表大会。几周之后,他回到阿肯色州,帮助理查德·尼克松成为历史上第二个在该州获胜的共和党总统候选人。

然而,文斯洛普终于还是命运不佳。这年岁末,医生发现了他腋下的囊肿，而切片检查结果显示，那是个恶性肿瘤。1973年2月22日，文斯洛普·洛克菲勒成为洛氏五兄弟中第一个离开人世的，享年仅61岁。

合并大通

戴维·洛克菲勒，作为小洛克菲勒的第五个儿子，可谓是最受命运宠爱的天选之子。他的人生道路犹如一道美妙弧线，从出生开始就青云直上，始终引起周围人的关注与羡慕。

戴维出生时，小洛克菲勒已人到中年、事业有成，戴维从懂事开始就能感觉到家族的辉煌成就，也意识到自己与生俱来的特殊身份。这让他从小就产生了强烈的自信心，随着他的成长，这份自信变成了他那无法被撼动的强势性格。

戴维少年时，就体现出聪明自信的特点。他从不犹豫不决，而且相当幸运，获得了四位兄长所带来的优厚环境。上中学时，他就得以在黄石公园内的森林四处奔跑，搬开巨石，去寻找下面的叶片和甲虫做标本，此时他对昆虫学所产生的兴趣，来自于在林肯学校五年级时的一位教师的引导，而他终其一生对自然学科的热爱，也正是从此时形成的。当他进入哈佛大学时，他已热衷于研究甲虫，而且成绩不错。在大学一年级时，他就获得了特许，选修研究生的昆虫学课程。大二时，他参加了美国最优秀的昆虫学家福茨博士的考察队，去研究西部大峡谷的昆虫的生活。实际上，他花费在其他学科上的精力远不如昆虫学，在大学中取得的唯一优等成绩也正是这门课。后来他成为受人尊重的大通曼哈顿银行首脑时，他也会偶尔表现出令人诧异的举

第九章 "五骑士"名扬寰球(1953—1972年)

动:当他和下属正在谈话的兴头上时,会突然心不在焉地将双眼从对方脸上移到地面,同时徐徐将手探入西装内袋,悄无声息地摸出小瓶,随即扑向地面上一只正在爬行的小虫,逮住后迅速塞进瓶内,再小心翼翼地将瓶子放进口袋,然后若无其事地继续刚才的话题。

终其一生,戴维所搜集的甲虫标本从数量和质量上都达到了世界级水平,并被列入了美国自然历史博物馆目录。作为回报,他大力资助了设立在亚利桑那州的研究站,该研究站专门采集美国西南各州的昆虫标本,他们还用洛克菲勒姓氏命名了其中两个稀有品种。

戴维喜欢昆虫,并不太擅长和人们打交道。在学校时,人们都喜欢他的兄长,但却不喜欢他。他喜欢夸耀自己去过的地方多,又经常炫富,在大学女生看来,他是相当令人讨厌的。

1936年,戴维从哈佛大学毕业。同年秋,他被父亲送到伦敦经济学院进修。在那里,他经常参加由外交官和政府高级官员举办的鸡尾酒会,并有幸会见了约瑟夫·肯尼迪大使全家,还和他的女儿凯瑟琳·肯尼迪有过约会。此外,他还每周在大通银行伦敦分行实习,借以熟悉业务。

从伦敦经济学院毕业后,戴维回到美国,进入芝加哥大学攻读。1938年,他获得了博士学位。在他的博士论文中,他引用了曾祖母伊莱扎·洛克菲勒的祖训:"恣意的浪费必将导致可悲的贫乏。"

1940年,戴维与玛格丽特·麦格拉斯小姐成婚。当时,人们都认为戴维是洛氏家族中最有政治前途的人。他为人沉着冷静,有着强大的分析能力,并喜欢公开议论国家大事。于是,博士毕业后,他获得了当时内政部长的推荐,成为纽约市长拉瓜迪亚的市长助理。他很喜欢这份工作,但他的个性却显然不适合官场。每次接电话时,他都喜欢突出自己的姓氏:"这是市政厅,洛克菲勒。"为此,市长只能亲自制止他的口头禅。

这段实习期结束后,戴维对政治的热情冷却了。他发现,政治离不开唇枪舌剑的辩论、针锋相对的竞争,这让他感到厌倦。他与纳尔逊最大的不同在于,他希望获得一种经得起考验的权力(不是依赖选民投票的那种)。后来,他对此解释说:"政治领域的危险,在于它会将你的全部时间都消耗在竞选上。"

从此时开始,戴维将个人精力转移到了经济领域。他决心全力登上金钱大厦的顶端,因为他意识到,巨大的财富必然赋予掌管者应有的权力,这种权力与政治舞台上朝夕变幻的大王旗相比,显得更为持久和可靠。

二战结束之后,戴维找到了通向财富大厦的最佳路径:大通银行。

大通银行此时已然是国际银行中的翘楚,它同政府的经济政策方针、海外投资有着紧密联系,而大通银行和洛氏家族的利益也早已息息相关。因此,获得大通银行的领导权,戴维就能同时影响到家国两方的重要决策,或许这种寻找关键地位的决定,正能体现出他对于权势的理解。

洛克菲勒家族利益和大通银行企业利益之间,存在着种种联系,其主要渠道在于银行为各家标准石油公司提供的金融服务。大通银行的分析专家队伍,为洛克菲勒家族办事处的财务人员提供多方面的服务。此外,大通银行和纽约其他各家大银行的董事们以及高级职员,经常来往于华尔街与华盛顿之间,他们向政府积极提出建议,尤其注意通过影响高层决策来维护金融界的利益。为此,他们专门成立了对外关系委员会,地点是普拉特大厦,而那幢楼正是几年前小洛克菲勒买来捐赠给该委员会的。

1947年,戴维被推选成为该委员会成员。在该委员会中,还有洛克菲勒家族内外的亲信成员,更少不了大哥约翰和二哥纳尔逊。不过,与两位兄长只出席主要会议不同,戴维对委员会的工作相当重视,并以不同的身份参加活动,他既是委员会的发起人、管理人,也是委员会的委员。1953年,他通过委员会捐献了2.3万美元,作为关税研究特别委员会的经费。1954年,他又加入了核武器和外交政策专门小组。

第九章 "五骑士"名扬寰球（1953—1972年）

除了积极参加委员会的工作外，戴维对大通银行的发展最为投入。二战之后，伴随布雷顿森林体系的建立，美元成为主要国际货币，由于大通银行的业务主要集中在企业和海外，在争取美元存款的竞争中显然处于不利地位。

1951年，新的任务落在戴维肩上，他需要带领大通银行的小组进行国内业务的计划和发展工作。大通银行有28家分行，但只有两家设立在曼哈顿，这对吸收存款相当不利。

鉴于不利局势，舅舅文斯洛普·奥尔德里奇看中了曼哈顿公司银行，并为此专门设立了吞并计划。由于曼哈顿公司银行在全美国银行中只能排到第15位，所以这次收购似乎有点不划算。但戴维很快明白了奥尔德里奇的意思：和曼哈顿公司银行合并，是最为省时省力的方法，曼哈顿公司银行有着完善的分支机构网络，广泛经营零售业务，这正是大通急缺的优势资源。

曼哈顿公司银行历史悠久，其1799年制定的章程规定，如果没有银行全体股东的一致批准，曼哈顿公司银行不能并入其他公司。这条章程锁死了合并行为，直到1953年，新任大通银行董事长约翰·麦克罗伊才想出了应对方法：无法将曼哈顿并入大通，那就让大通并入曼哈顿！

随后，在戴维的直接领导下，收购最终完成了。1955年，有16亿美元资产的曼哈顿公司银行，吸收了有60亿美元资产的大通银行。新成立的大通曼哈顿银行立刻成为全美最大银行。

在新成立的机构中，戴维任职副总经理，主管银行的发展部门。这个职位不算高，但他很满意。在发展部门，他带领为数不多的下属，对整个银行的业务设置和组织机构中的种种问题进行了深入研究，并提出整改计划、进行改革。

在此过程中，戴维没有如外界传言的那样表现出野心，而是低调努力地工作。他旺盛的精力让人们惊叹，有时候，他一天竟然会工作18个小时。

洛克菲勒家族虽然是大通曼哈顿银行的大股东，但他们实际上也只持有总股票数额的5%。因此，他们并没有企业发展的决定权，而董事会其他成员，也都具有相当的实力与名气，在这样的企业中，股东只会看重领导者的才干，而不是他们的血统。如果戴维在他的工作中哪怕出现一次错误或失败，都很可能遭到无情打压。换言之，家族虽然让他站上了舞台中心位置，但想要保住位置，还需要他奋力拼搏。或许正是基于这一点，他才坚持将自己称为"白手起家者"。

随着地位日趋稳定，戴维提出了迁址计划。由于业务发展迅速，原先的银行大楼已经容纳不下所需人员，所有行政部门只能分散在8栋大厦中，造成了经营上的种种不便。董事会接受了戴维的建议，做出搬迁决定，却没有选定最佳地址。因为大通曼哈顿银行如果离开华尔街，很可能会造成其自身投资的损失，也会导致华尔街地价的波动。

面对可能的双输局面，戴维力促董事会做出决定，在华尔街紧邻街区的自由大街和拿骚大街角，建立了一幢新的总部大楼。但银行最终决定留在华尔街，这一决定产生了深远的意义，有人将之评论为"维护供自由世界的资本主义学习的心脏"。

1969年，戴维·洛克菲勒终于登上自己渴望已久的宝座，成为大通曼哈顿银行的董事长兼首席执行官。

第十章
政商关系
（1954—1973年）

在冷战中

1954年秋天，纳尔逊·洛克菲勒在卫生教育福利部的仕途达到顶峰。他渴望更进一步，成为部长，加入内阁。然而，他的顶头上司并不愿意失去他的帮助，纳尔逊最终决定离开。

1954年11月，纳尔逊被艾森豪威尔任命为总统助理。虽然白宫内外对此有不少反对的声音，但纳尔逊非常高兴，他毕竟得到了自己想做的工作。

成为总统助理后，纳尔逊并没有在白宫内的办公室办公，反而回到了国务院大楼，在那里，他得到了原国务卿办公室旁的豪华办公室，白宫南草坪和华盛顿纪念碑可以尽收眼底。他又一次建立了图表室，并以私人财产支付房间改造费、印刷费和其他费用。

此时，世界局势已经发生重大变化。冷战开始，美国的对外政策在艾森豪威尔和杜勒斯的带领下，正变得越来越强硬。从台湾海峡到越南，再到东西欧，美国到处在下赌注，试图能够主宰世界。因此，纳尔逊清楚，自己所要从事的工作内容有许多层面，他不仅应该注重经济和外交发展，还要加强心理战争和情报活动。

1954年12月，纳尔逊上任之后，开始了同中央情报局的密切合作。早在担任美洲事务协调员时，他就对情报工作相当感兴趣。事实上，他知道这个部门能够让心理战争和秘密活动之间相互配合，这无疑能增加他的影响力。1955年3月，艾森豪威尔决定建立一个计划协调小组，从公开层面来看，该

第十章 政商关系（1954—1973年）

小组围绕推出全国安全政策进行工作，而实际上，它将同中央情报局紧密合作，并成为赞同相关情报计划的渠道。简单而言，该小组是中央情报局在白宫内的监察机构。

纳尔逊根据总统的意思，提交了关于这一小组的备忘录，并成为计划协调小组的领导者。随后的几周内，不少陌生面孔开始出现在他的办公室，这些人不是之前那些熟悉的经济学家、律师、文员等，而是有军方和情报背景的神秘人物。他们的出现，足以说明纳尔逊这位特别助理，除了"增进合作和理解"之外，还有更加重要的任务：利用其家族的财富和影响力，发动宣传机构和公共关系，推动美国在东西方各个国家精神层面的战争。因此，在纳尔逊成为总统助理的最初一段时间，他表现得相当强硬，他试图告诉人们，他将不折不扣地表现出对冷战政策的支持态度。

因此，当艾森豪威尔接到农业部长的将大部分国内剩余小麦送给由于歉收而食物短缺的苏联的提议时，纳尔逊积极主张废除这一想法。虽然他过去表现得相当关心世界的饥饿问题，但此时，政治方面的考虑占据了上风。纳尔逊向总统建议说，美国如果直接提供农业商品，会缓解苏联政府的困境，因为农业产品短缺显然能够导致苏联国内的不满，这就会增强而不是削减美国的优势。艾森豪威尔同意了他的建议，否决了这一提议。

和他的前任一样，纳尔逊对共产主义阵营的流亡者既讨厌又同情。但无论个人情感如何，他始终将他们看作美国用来丑化苏联的棋子。为此，他还专门建立了"自由流亡大学"，以便培养那些年轻的东欧叛逃者，让他们拥有将来能够接管国家的能力。从五角大楼、中情局到国务院，都参与了这一计划，但随着参与者的增多，计划反而没有什么进展。纳尔逊就此征询了国务卿杜勒斯的看法，两人一致同意，需要隐藏这一计划的政治性。于是纳尔逊找到弟弟戴维，打算成立国际自由基金会来资助该计划，他们还统一了看法，觉得应该建议福特基金会也加入该计划，只是到了最后时刻，纳尔逊出于种种顾虑放弃了这个政治上的博弈项目。

纳尔逊积极参加冷战的行动，不仅表现在其总统助理的工作内容中，也体现在所谓的"慈善活动"中。过去政治经历中发挥了重要作用的概念，包括国际基础经济公司、美国国际协会和第四点计划等，始终植根于纳尔逊的脑海中，他从来都不怀疑"西方制度反击共产主义阵营最好的武器就是经济"这一论断。在他的推动下，艾森豪威尔在亚非万隆会议之前，向东南亚国家承诺给以巨额援助。在其发表的谈话中，艾森豪威尔直接引用了纳尔逊的言论，他说，援助是用以"摧毁集权主义滋生的条件——贫穷、文盲、饥饿和疾病"。

然而，"美丽"的话语并不能兑现纳尔逊的承诺。总统虽然发表了谈话，但是政府给东南亚经济支援的承诺却没有兑现。纳尔逊只好退而求其次，打算从美国进出口银行获得经济支援，但时任财政部部长乔治·汉弗莱却并不愿意给出实际支持，这让纳尔逊感到情绪低落。

在中东事务上，纳尔逊也感到问题复杂棘手。三年前，纳赛尔通过军事政变推翻了埃及国王，成为新埃及的领导者，此时他急于在中东地区扮演关键性的角色。纳赛尔的行为和态度表明，如果西方世界不能满足他的要求，他就会寻求苏联的支持。

纳赛尔向华盛顿提出，如果美国不给予埃及应有的援助，他就会投向苏联。纳尔逊认为，应该抓住机会，及时向埃及提供经济和军事上的支援，但国务卿杜勒斯对此不置可否。1955年9月，纳尔逊的担心变成了现实：纳赛尔开始从东欧国家购买军火。

这次，杜勒斯终于相信了纳尔逊，美国开始资助埃及的阿斯旺大坝建造工程。这个建设在尼罗河上的水坝工程，有潜力成为世界上最大的水坝工程。

然而，和纳尔逊在东南亚的计划所遭遇的命运一样，杜勒斯刚伸出援助

第十章 政商关系（1954—1973年）

之手就停下了。国会的反对声音让他在1956年6月决定撤回援助，纳赛尔对此非常愤怒，他宣布苏伊士运河国有化，随后引发一场危机。

无论是在东南亚还是埃及，纳尔逊的冷战思维并没有让他获得多少政治成果，更谈不上给家族和个人带来收益。与此同时，戴维·洛克菲勒却选择了另一条道路。

在克里姆林宫

当纳尔逊正积极参与到冷战决策中并屡屡失意时，戴维·洛克菲勒却清楚地看出，想要成为全球金融领袖，让大通在国际扩张道路上走得更为顺畅，就要学会与那些意识形态不同、价值取向相异的国家政府打交道。

1962年10月底，戴维在马萨诸塞州安多佛参加了一个美苏公民会议，这个会议致力于通过面对面的会议和对话，改善两个超级大国之间的关系。正是在该会议上，戴维和女儿内瓦见到了时任苏共第一书记的赫鲁晓夫，并产生了访问苏联的强烈冲动。

1964年7月，戴维和女儿来到列宁格勒（今圣彼得堡），参加第二届美苏公民会议。虽然在此前没收到任何通知，但在他们抵达的当天，克里姆林宫就发来消息，通知他们第二天去莫斯科会谈。为了及时赶到那里，父女两人行色匆匆地乘上了夜间火车。

这是洛克菲勒家族的人第一次来到莫斯科。那时，莫斯科是个有着巨大反差的城市，一方面，城市有着高耸的大楼，却欠缺粉刷和修缮；街道上停着为高级官员们专门制造的豪华轿车，百货商店的货架上却几乎空无一物。

在戴维眼中，这一切如此陌生，而又令他感到不适。

多年以来，苏联的宣传媒介始终将洛克菲勒家族形容为操纵美国对外政策的小集团，认为他们是肮脏堕落的资本家，甚至觉得他们才是美国总统背后的主宰者。苏联的官员们经常告知戴维"让你的总统赋予我们最惠国贸易地位"，即便戴维试图对此加以解释，对方却不相信他的话。

1964年7月29日下午3时许，一辆苏联制造的菲亚特汽车将戴维父女接到了克里姆林宫高高的红墙内。他们走进列宁曾经使用过的办公室，办公室内相当简朴，没有什么家具。

参加会见的只有戴维父女、赫鲁晓夫和翻译维克托。四个人围坐在宽大的橡木桌旁。寒暄已毕，脾气火爆的赫鲁晓夫开门见山地发起指责，他说，纳尔逊·洛克菲勒通过基金会发表《世纪中叶的美国》一文，号召大幅度提高美国国防开支，以防御苏联的军事威胁，这说明他如果当选总统，也会继续奉行冷战政策。随后，赫鲁晓夫又抱怨美国总是干涉苏联的内部事务。

之后，双方认真地交谈起来。两个人时而相互争论，时而表示认同。在谈话激烈的时候，容易激动的赫鲁晓夫还不时拿起桌上的镇纸，一次次敲打坚硬的橡木桌。

在谈话的最后，赫鲁晓夫声明了双方社会和经济制度的差异，但也表明希望这两种制度能够和平共处。他说："如果你想做贸易，很好；如果不想，也无所谓。没有贸易，我们照样可以生活得很好。"

戴维在谈话中始终冷静如常，他回答说："我同意你关于世界和平必要性的说法。这就是我来这里的原因……的确，如你所说，我们双方都能够摧毁对方。唯一的解决办法，是要找到更多的接触渠道，避免不必要的、不负责任的、可能会导致灾难的冲突。"

赫鲁晓夫同意了戴维的说法，谈话在和谐气氛中进入尾声。最后，赫鲁晓夫高兴地说,自己最欣赏戴维的地方,在于他拥有那么多资产,竟然能够理解和平的必要性。

后来,戴维回忆起这次不同寻常的会谈时,依然感慨万千。他在自传中写道,这是一次不同寻常的会谈,他从来没有感觉到赫鲁晓夫对他个人有什么仇恨。相反,他离开的时候,还带着对赫鲁晓夫深深的敬意,并得到了对方的回应。

在克里姆林宫里短短的两个小时的会谈,让戴维凭借银行家的直觉,感到苏联高级领导人并非如纳尔逊眼中那样好战、专制、独裁,他们同样希望扩大与世界的金融、商务关系。虽然这次会见并没有改变冷战历史的进程,但它无疑启发了洛克菲勒家族面对世界形势时的新思路。这次会谈后,戴维愈发相信并传播这样的观点:无论是美国人还是其他国家(地区)的人,都应该了解对方的信仰、动机和志向,并走出狭窄的意识形态领域的限制,打破冷战思维,拥抱新的思维模式。

这种思维模式,很快就要在古老而崭新的北京实践成功。

重返北京

1971年10月25日,中华人民共和国恢复了在联合国的席位。随后,外交官黄华率代表团驻扎在纽约联合国总部。

一直以来,戴维都不愿放过前景广阔的中国市场,此时,他敏锐地找到了机会,将联络中国人的重担交给了大通银行副总裁里奥·皮埃尔。皮埃尔四处探听,了解到中国代表团的行踪,并设法联系上了黄华。在乔治·布什卸任美国驻联合国代表的告别晚宴上，戴维"碰巧"遇上了黄华，这是一次愉快的巧合，戴维趁机提出了想要访问中国的愿望。

几个月后，戴维邀请中国代表团参观纽约现代艺术博物馆。逛完之后，所有人来到他的宅邸共进午餐，宾主共品开胃酒的时候，黄华不经意地说，戴维夫妇已经获得许可，列入了巴基斯坦飞往北京的首航名单，那正是数月前基辛格秘密访华的航线。

戴维非常兴奋，为了熟悉中国国情，他特地找到学界专家恶补相关知识，其中一位是著名的历史学家费正清，另一位则是哥伦比亚大学国际关系教授米希尔·奥克森伯格。后者给戴维的建议，是让他同周恩来总理进行会谈。

1973年，洛克菲勒代表团来到中国，成为第一个到访新中国的美国财团。那时，北京的路上还有马车、牛车，让这些外国来宾感到十分新奇。但戴维却心事重重，由于这次拜访是非官方性质的，虽然飞机、住宿等服务安排周密，但无法确保他能会见政府高级官员。

为了摆脱困扰，戴维还专门去了当年祖父一手创建的协和医院。那时，协和医院设备落伍，缺乏必要的手术器材和药物，却依然是中国最好的医院。此后，戴维见到了中国银行主管对外财经的主任，通过他，戴维了解到中国银行可以和大通银行建立有限的代理关系。虽然这样的结论算不上多大的成果，但还是让戴维感到了一丝安慰。

行程最后一天的晚上9点，戴维在收拾行装，一位官员走进房间，告诉他们立即准备动身去见周恩来总理。

当戴维坐车来到人民大会堂时，周总理亲自站在台阶上迎接了他。这是相当特殊的礼遇，无论是基辛格还是尼克松都没有获得过如此待遇。会谈中，周恩来回顾了自己当年在欧洲勤工俭学时，所亲眼看到的德国物价失控现象，又批评尼克松和基辛格都不关心经济学。随后，他请戴维将国际货币

第十章 政商关系（1954—1973年）

体系完整地介绍一遍。

戴维有些吃惊，他事先并没有准备，便表示可能需要花费不少时间。此时，已经接近午夜，美方随行人员几乎都要睡着了，但周恩来却精力充沛，示意他说下去。于是戴维从布雷顿森林体系、马歇尔计划一直谈到了尼克松放弃金本位。在两个多小时的会谈后，周恩来最终显得相当满意。

当然，双方并不是没有观点对立的时候。当说到美国经济下滑的原因时，戴维认为是尼克松的错误决策而导致的，但周恩来却认为是资本主义本身的无可救药。但是，儒雅的总理出于礼貌，搁置了争议，这与当年粗暴的赫鲁晓夫相比迥然不同，给戴维留下了深刻印象。

第二天，戴维离开了北京。当他坐在飞机上远眺巍峨的长城时，他意识到，他的此行将意味着整个洛克菲勒家族对古老中国的再次回归。此后的15年内，戴维访问中国五次，大通银行成为中国银行在海外的第一家代理合作伙伴，并在很多方面成为中美经济业务的入口，戴维的努力终于在那时得到了丰厚的回报。

1988年5月，戴维最后一次访问中国，与邓小平见面。邓小平表示，中国在改革开放中已经取得相当的成就，只有走改革的道路，才能克服发展中的困难。值得一提的是，这次的会见地点放在了极少对外开放的中南海紫光阁，显示出邓小平对洛克菲勒集团的重视。

无论曾经如何，洛克菲勒家族和中国的故事，终于在新时代由戴维续写了下去，并将持续更新。

平衡中东

洛克菲勒家族兴起于石油行业,这让他们如宿命般地同中东地区紧密联系在一起。而大通银行和美国大型石油公司之间长期深入的合作,也加深了这一联系。

1947年,当时主管大通的文斯洛普·奥尔德里奇在中东金融重城贝鲁特开设了分支机构,那时,由于遭遇到英法两国大型海外银行的压制,洛克菲勒家族只派出大通银行的詹姆斯·梅杰负责黎巴嫩之外的所有中东业务。他每年到中东一次,也开发不出多少有意义的新业务。

1953年,戴维第一次陪詹姆斯到中东。那时,他已经接手了银行的国内事务。中东的风土人情让戴维忘记了充满现代气息的曼哈顿,他感觉像是回到了上个世纪。

当然,戴维并不是来游玩的,他了解到大通的竞争对手花旗银行由于早先一步开设分支机构,在石油产量迅速增长的沙特地区,已占据了巨大的竞争优势。因此,1961年,当戴维成为大通曼哈顿银行的总裁之后,他就将中东列为国际扩张计划中不可分割的一部分。1962年2月和3月,他利用旅行全球的机会,分别拜访了黎巴嫩、科威特、沙特阿拉伯、巴林和伊朗的政治领导人与金融界官员。毫无疑问,戴维希望能够更为显著有效地展示大通的形象,但他却发现洛克菲勒在这里已是姗姗来迟:严格的法律限制外国银行在波斯湾开设分支机构,而宗教思想浓厚的埃及、伊拉克、叙利亚和利比亚政府甚至敌视外国投资与银行。在这里求发展,将会十分艰难。

不过,机遇总是与挑战并存的。戴维发现,中东最大的问题在于阿拉伯人和以色列人之间的冲突,但对大通而言,这却是寻求突破的一种渠道。

戴维决定明确自己的角色,于是从一名来自美国的投资者,变身为平衡

第十章 政商关系（1954—1973年）

中东地区关系的使节。

起初，大通和以色列之间的交易相当有限，它和以色列中央银行以及为数不多的私人银行建立了代理关系。其中具有重大意义的生意，是1951年以色列政府挑选大通为以色列债券的美国金融代理。这些债券的销售产生了巨大收益，帮助以色列迅速地发展其经济。大通负责债券的利息偿付业务，并提供其他有偿监管服务，这些业务获得了可观的利润，并有效加强了大通和在美犹太机构之间的关系。

20世纪60年代之后，大通和以色列、阿拉伯各国政府以及大型石油公司的生意大幅度增长。当大通试图在该地区扮演中立者角色时，却受到了阿拉伯世界的埋怨。

1964年5月，大通收到了阿拉伯联盟抵制以色列办公室的一封信，信中说，大通曼哈顿银行显然在支持以色列的经济。几周之后，13个阿盟国家联合投票，共同决定从1965年1月1日起，禁止和大通交易。

如果阿拉伯国家真的实施了这一禁令，大通银行将不得不关闭贝鲁特分行，为此将会有大约2.5亿美元的存款被提取。更严重的是，多家石油公司也会因此停止与大通的生意来往，大通最终的损失将高达数千万美元。

幸运的是，沙特阿拉伯和埃及在此时站了出来。它们游说其他国家，认为大通银行在向以色列提供服务时，只是在履行中立而不参与政治的金融责任。同时，美国政府也对此事表现强硬，阿盟最终撤销了禁令。

虽然危机得以成功度过，但戴维却思考得更远。他认为，如果大通想要避免可能的危机，自己作为洛克菲勒家族金融业务在中东的形象代表，就应与阿拉伯世界领导人建立更稳固的关系。

1967年，第三次中东战争结束后，面对恶化的形势和中东各国对美国的指责，戴维作为一名美国银行家，不得不思考战争带给该地区人民的影响。这一年，他主导设立了近东紧急慈善捐献会，并邀请前总统艾森豪威尔担任名誉主席，同时也取得了一些著名犹太精英的支持。这些工作表现了捐献会有着广泛的社会来源，并不掺杂意识形态和民族斗争色彩。

在短短4个月的时间内，这个机构募集了将近800万美元，其中大部分来自美国大型石油公司。戴维一个人捐献了25万美元，而洛克菲勒基金会也代表家族其他成员捐献了25万美元。

1968年年初，戴维参观了约旦的难民营，他目睹了那里恶劣的生活条件，也看到那些难民身上所透露出的愤怒、绝望和恨意。

怀着复杂的心情，戴维在贝鲁特举行的捐赠仪式上放下了事先准备的演讲稿，说道："难民的苦难，是在谴责这个世界无法找到并实施公平解决他们的问题的办法。我相信，在这个问题得以解决之前，中东不可能很快实现和平。"

此后，从20世纪60年代后期到整个20世纪70年代，戴维频繁往来于中东各国。每次动身之前，他都会拜访美国政府官员，了解美国对中东方面的政策变化。而在中东耳闻目睹后，他又会和这些高级官员见面，分享自己的所见所闻。

虽然戴维奔走在中东，但他的努力经常被误解。1969年他访问埃及和沙特，分别会见了最高领导者纳赛尔和费萨尔。他了解到的信息是，这两个中东大国都认定美国的政策是与阿拉伯人为敌的，而苏联在该地区的渗透，就是这种政策引起的直接后果。相反，如果美国改变坚决支持以色列的立场，两国似乎都愿意做出让步。

戴维将他们的意见通过基辛格传递给了尼克松总统。他和其他石油巨头的态度，影响了白宫的政策。不久之后，国务卿威廉·罗杰斯发表讲话，宣布将要敦促以色列从1967年战争中占领的领土上撤退，还建议耶路撒冷成为一座统一城市，向所有信仰它的人开放。

罗杰斯的讲话产生的反响不佳。许多报刊反对中东政策的变化，以色列政府则表示拒绝。随着消息的传播，媒体将矛头指向戴维，认定他是为了经济上的利益，而督促白宫采取"亲阿拉伯"的立场。在一片批评声中，很少真正有人注意到，戴维以及其他石油企业家，并没有打算让以色列任凭阿拉伯人摆布，而是想要追求真正的平衡局势。

潮水般的信件和电话涌向戴维的办公室，抗议他并不存在的"反以"倾向。有些犹太企业家组织了抵制活动，而另一些重要客户则注销了在大通银行的户头，甚至连当时担任纽约州州长的纳尔逊，也迅速与他保持距离，并要求尼克松政府就以色列政策的变化做出解释。

面对汹涌而来的声浪，戴维感到自己陷入了圈套。他不得不在1970年1月初发表了公开声明。他说："我相信，我一贯相信，美国必须尽一切可能保卫以色列的安全和主权。我唯一的兴趣，是看到敌对局势的终结、和平的实现。"

声明的发布虽然减缓了批评的力度，但也造成了政府的动摇。1970年1月，尼克松放弃了国务卿的建议，中东地区的暴力与混乱程度随之上升，让中东地区重新回到均衡状态的希望，变得越来越渺茫。

四任纽约州长

1955年岁末，不断遭遇挫折的纳尔逊感到自己再担任总统特别助理，也没有什么意义了。由于艾森豪威尔身边的老牌政客太多，无论他提出什么建议和看法，都会被这样的顽固力量加以排挤，在白宫，他已经看不到什么希望。

这年的最后一天，洛克菲勒主动结束了自己在华盛顿的第三次任职。

经过三起三落，纳尔逊多少感到有些失意，但此时四位兄弟却并没有放弃对他的信心和支持，劳伦斯更是直言相告："寄人篱下不是你的方式，纳尔逊，如果你能独自面对选民，效果会好得多。"

确实，纳尔逊和官场上的幕僚注定不一样。以他身上的"洛克菲勒性格"而言，他更适合自己独当一面，而不是始终看高层的脸色行事。于是，纳尔逊决定参加纽约州州长的竞选，从侧翼向梦想中的白宫进军。

1958年的竞选年中，纳尔逊成立了阵容强大的竞选委员会，其中包括他以前的众多得力下属。政坛没有多少人对纳尔逊抱有信心，曾经三次连任州长的共和党人杜威直言不讳地说，纽约州没有人知道纳尔逊的名字，他倒是可以通过被任命为邮政局局长的方式进入国会，再往后或许还有竞选的机会。纳尔逊虽然内心对这种反对的声音不屑一顾，但还是礼貌地否决了这一建议。

几天之后，纳尔逊站在美国广播公司大厦5600室家族事务总部、老洛克菲勒半身铜像旁，对着摄影机正式宣布参加竞选。他说："我们需要的是要增加政治勇气，以便抓住一切，更好地把握一些人的思想情况。这些人有信心、有创造力，而且最主要的是，拥有对未来的坚定信心。"

在铿锵有力的竞选宣言发布之后，纳尔逊坐上别克牌轿车，开始了环州旅行。他要让所有选民和议员清楚，他不但能说出这样的话，更是这样的人。

纳尔逊的家族在纽约苦心经营了三代，从平民百姓到达官富豪，其朋友遍布各个阶层。此时，为了竞选，纳尔逊更是到处活动，他有时候出现在犹太人区的小饭馆，有时候在下曼哈顿的意大利餐馆吃意大利馅饼，又在集会上用西班牙语向波多黎各移民讲话。

于是，出乎政客们的预料，纳尔逊毫不费力地在纽约州赢得了共和党内

第十章 政商关系（1954—1973年）

部提名，当他在共和党州会议上的讲话结束后，在场的上万名共和党员欢呼喝彩，有人高兴得直跺脚。

随后，纳尔逊的竞争对手转为现任州长哈里曼。哈里曼形象拘谨，而且总是带着贵族气派出现在公众面前。与之相比，纳尔逊的家族虽然名声在外，但他却显得更为亲民。

恰好，哈里曼之前在该州民主党参议院候选人的问题上，和纽约市政客卡敏·德萨皮沃发生争执，最终接受了对方推荐的候选人。纳尔逊抓住机会，打出这样的竞选口号："勇气对投降，你选择哪一边？"结果，民意在短期内迅速呈现一边倒的格局。

11月5日晚，竞选结果揭晓。现任州长连任失败，而纳尔逊和他的团队则在庆祝胜利。小洛克菲勒此时已经84岁，身体虚弱，不能到场庆祝，但他还是在房间里蹒跚地跳起快步舞，嘴里不停地念叨说："要是他的祖父还活着，看到这一切该是多么高兴啊！"

纽约州是联邦中最复杂的一个州，汇聚着经济、文化、司法、教育等各路精英，普通民众中也有着来自世界各地、憧憬实现美国梦的移民。不过，多年组织政府工作的经历，让纳尔逊对治理手段非常熟悉，遑论洛克菲勒家族在纽约州根深叶茂的人脉关系。纳尔逊组织起智囊团，研究纽约州所面临的种种问题，他很快发现，过去的州政府如同管家，将基础建设、税收和公共资金等任务分配给不同地区去经营。然而，地方政府的能力受到其规模和权力的限制，无法做好大事。在纳尔逊的指示下，州政府直接介入到解决大问题的工作中，他设计出一系列的计划，恢复纽约州经济活力、扩充教育设施、放宽公民权利、改善交通、增加农业研究等。当然，为了做好这些，他也果断实行了加税政策。但与下属所料想的不同，由于民众生活水平的改善，加税政策不仅没有遭遇预想中的抵制，反而让州政府的工作更有活力。

在此后的连续四次州长竞选中，纳尔逊·洛克菲勒都宣布参选。不过，由于个人再婚令形象受损,加上竞争对手的崛起,后来的竞选压力变得越来越大。在1966年第三次州长竞选时,他的吸引力已经下降到只能在民意调查中赢得25%的支持率。

戴维听到这个消息后,找到兄长说:"聪明的人,不仅知道如何前进,而且会懂得什么时候应该后退。"

纳尔逊却坚决地说道:"我活着一天,就要前进一天,这才是我的方式。"

随后,纳尔逊投入巨额资金为捍卫州长宝座而斗争。电视屏幕上如同潮水般频繁出现他的商业广告,推销现任州长的成就与计划。在竞选阶段的最后几周,洛克菲勒州长几乎霸占了纽约州所有的电视屏幕。面对如此强大的资金投入,他的对手无力反抗,最后终于以微弱的劣势败在纳尔逊的金钱攻势下。

凭借金钱优势,纳尔逊·洛克菲勒在纽约州州长的位置上连任四届。然而,他的雄心壮志不止于此,在其漫长的州长任期内,他一次次向总统宝座发起了不懈冲击。

冲击总统宝座

1958年,初次当选为州长的纳尔逊,就想到百尺竿头更进一步,要冲向梦寐以求的总统办公室。但他知道,自己必须先获得共和党人的支持,成为党内提名的总统候选人。

就这样,时任副总统尼克松成了纳尔逊的头号对手。他甚至从不掩饰对

第十章 政商关系（1954—1973年）

尼克松的蔑视，并对劳伦斯说："天哪，只要听别人说起他，我就浑身不舒服。"然而，纳尔逊自己也没有想到，在通向白宫的道路上，他将会被尼克松压制十年之久。

在艾森豪威尔任职的6年中，尼克松代表总统，孜孜不倦地为州和地方选举活动奔波。而当他想要竞选总统时，全国曾从其手中获益的资本家都感到，是时候给以回报了。更重要的是，在主导政坛的财阀看来，纳尔逊更加独立，他显赫的身世、富豪的背景，会让他难以受到控制；而尼克松则如同一张白纸，他们随时都能在其上写下本方利益。

经过深思熟虑，1959年，纳尔逊不得不宣布退出总统竞选。不过，他从来不是那种会放弃的人。1960年5月，由于U-2间谍飞机事件，美苏两国关系陷入僵局，纳尔逊又开始向尼克松发起新的攻势。他向新闻界发布了九点宣言，并用一句话概括其主旨："我最为关心的是，那些现在控制共和党的人，并未说清党的前进方向，也未能说清楚这个党想引导国家走向哪里。"毫无疑问，这种宣言不仅在针对白宫和尼克松，甚至是对共和党本身的宣战书。

深谙政治手段的尼克松，在表面上选择了让步。他按照纳尔逊颇显无理的提议，亲自到对方寓所与其开会讨论，形成了一份共同协议。纳尔逊对此颇为高兴。但实际上，尼克松却由此获得了更大赢面：短期看，他得到了纳尔逊的支持，为自己的竞选出力；长期看，他给外界留下了忍辱负重、为了维护党内团结而牺牲自己的良好印象。

随后的选举中，民主党的肯尼迪最终入主白宫，共和党铩羽而归。与此同时，1962年，纳尔逊二次当选纽约州州长，尼克松却在加州州长的竞选中一败涂地。许多人看好1964年共和党总统候选人将是纳尔逊，然而，由于情感纠葛和再婚风波，他再次惜别总统竞选的战场。

又是四年过去了，1968年，约翰逊总统宣布退出竞选，约翰·肯尼迪的弟弟罗伯特·肯尼迪在参选过程中遇刺身亡，纳尔逊似乎又见到了希望。然而，在共和党内的初选中，年富力强的尼克松在第一轮就获得了最高票数692票，而纳尔逊只有277票。在飞回纽约的途中，纳尔逊在飞机中来回走动，安慰着他的手下："对不起，我让你们失望了……可是我已竭尽全力。"

1972年，尼克松再次当选总统。纳尔逊希望自己能够被任命为副总统，但尼克松无法尽释前嫌，选择了杰拉尔德·福特。尼克松并没有想到，这一举动很大程度上断送了他的政治生涯。

1974年8月8日，被"水门事件"逼到绝路的尼克松不得不向全国发表演说，宣布辞去总统职务，成为美国历史上第一位也是迄今唯一因丑闻而中途下台的总统。此时，纳尔逊已从州长位置上退下。一个周四的晚上，白宫办公厅给他打来电话，表示继任的总统福特想要和他谈一谈。

第二天，纳尔逊接受了福特的邀请，担任副总统职位。虽然他曾经高傲地表示，自己不愿意做"备胎"。但今非昔比，现在时光已去，他最好的从政年龄已经过去，这是他唯一能抓住的希望。

1974年9月23日，纳尔逊身着做工精细但并不奢华的深蓝色细条西装，走进参议院，递交了长达72页的履历，其中详细开列其全部资产。至此，历史上关于洛克菲勒家族的财产之谜被揭开了：小洛克菲勒从父亲手中继承了4.65亿美元，他从中提出2.4亿美元存入大通银行作为信托基金留给后代。而纳尔逊个人的份额有1.16亿美元，加上他的私人收藏，财产总计1.79亿美元。

随后的调查证明，84名洛克菲勒家族成员的资产总额将近13亿美元，还不到传说中数目的25%。而且，洛克菲勒祖孙三代将数十亿美元捐献给了庞大的慈善法人团体。

这些数字说明了真相：洛克菲勒家族并不像传说中那样巨富，更不可能掌握美国经济的所有权。当然，他们通过不断地捐赠，也拥有了其他财团所无法触及的权力。

第十章 政商关系（1954—1973年）

  1976年时，纳尔逊终于失去了追逐总统的欲望。他主动通知福特，自己不需要提名，而是替福特组织竞选。这一次，他站在纽约街头，不是宣传自己，而是在为别人拉选票。人们似乎再也找不到过去的纳尔逊，直到一位反对者无休止的提问惹得他直接伸出了中指，此时，人们才知道，纳尔逊并没有消失，即便在政治生涯的最后时刻，他也要让所有人知道，自己不欠任何人，也没有谁能控制他。

  1979年1月26日，纳尔逊在其纽约市中心第54街的私人住所猝然辞世。由于去世前他与美丽的单身女助手共处一室、共同工作，他的死因也被蒙上了一层令人忧伤而好奇的诡秘色调。无论如何，在美国国内卓越人物辈出的这个年代，纳尔逊都是其中一个兼优秀与个性特点于一身的杰出者。

第十一章
共克时艰
(1974—1995年)

最后的家族君王

当兄长或隐退政坛、或离开人世，戴维开始稳定地坐到家族核心的宝座上，虽然已经退休，但没有任何人会质疑他的影响力。

与哥哥纳尔逊不同，戴维并不喜欢政治，他从来不会被动地出现在前台，导致一举一动都要被公众的眼睛观察。相反，他喜欢待在幕后，通过强大的事业和家族网络，悄无声息地发挥着影响，许多人都能感觉到戴维施加在自己身上的影响，却又无法清楚地分辨它到底来自何方。

纳尔逊为弟弟戴维的成就感到自豪，但同时又有些不理解，他问戴维："亲爱的戴维，你是不是有什么魔法？为什么许多国外政府官员和外交家，见到我们总是沉着脸，而对你却彬彬有礼而殷勤周到？"

戴维神情轻松愉悦地说："亲爱的哥哥，这里有一个很简单的秘诀。他们是外交家，而我是银行家兼外交家。没有谁会对我的金钱板起面孔。"

戴维相信金钱财富的力量，他也正是依靠这一力量，成为洛克菲勒家族在20世纪70年代中后期最重要的人物。在家族层面之外，他也秉承着同样的原则处理个人的事业选择。1974年，他拒绝了政府的财政部部长这一职位邀请，因为在他看来，只要能够积极发挥个人价值，是否担任财政部部长，并没有多少区别。这种态度也影响外界了对他的评论和描述，有位别出心裁的出版商炒红了一本关于他的传记书籍，成为当时的畅销书，该书的广告语中有这样一段话："对戴维·洛克菲勒而言，做美国总统才是降级。"

第十一章　共克时艰（1974—1995年）

树大招风，与祖父和父亲一样，事业越是成功、地位越是升高，戴维个人所背负的谣言也越来越多。对此，戴维总是能泰然处之，但他的子女们有时候却忍受不了。

一次，儿子不解地询问道："爸爸，你处理银行事务时总是轻松自如，那些与银行事务有关的消息，也逃不过你的耳朵。可对那些诽谤你个人的话，你为什么置若罔闻？难道就应该让那些人胡说八道，败坏你的名声？"

戴维哈哈大笑，随即说道："孩子，不要这么激动。如果那些制造谣言的人知道你会被气成这样子，那他们就太得意了。明天，他们就会编造出十倍于此的谣言，而且他们会以与洛克菲勒打官司为荣的。你只要不理睬他们就行了，这是最好的办法。至于别人，爱信什么就信什么吧。"

这样的态度，让人们仿佛在戴维身上看到了祖父留下的影子，戴维的事业和家庭经历，也因此由一个接着一个的胜利连接起来。正如他后来在回忆中说的那样："在我成长的过程中，只遭受过几次战术性的挫折，但没有战略性的失败。"

不过，人非圣贤孰能无过，当戴维在一连串的海外活动中获得成功时，当他在家族内的影响力越来越大时，在自己原本的银行业阵地上，他却差点遭遇了重大挫折。

向萧条宣战

20世纪70年代初期，通货膨胀和萧条成为全球经济的显著特征，各国之间偿付关系失调、国际金融体制逐渐崩溃，再加上石油输出国组织提高原油价格，导致能源成本大幅度上升，让二战后原本稳定增长的经济遭到了沉重打击。充满风险和不确定性的时代由此到来。

戴维作为此时洛克菲勒家族中的核心人物，最先迎来了这一时代。

1976年2月1日，《纽约时报》商务版首页，登出一则夺人眼球的新闻，其标题是《大通和戴维·洛克菲勒：银行及其董事长的问题》。戴维粗浅浏览一番，就知道这份在国内颇有地位的报纸，正在其每周最热门的版面上暗示自己可能被炒鱿鱼。

戴维自己并不能接受这样的报道，但从某种程度上说，它的内容又有其合理性。从进入20世纪70年代开始，大通曼哈顿银行就面临着艰难时刻，各种问题层出不穷，从而导致人们开始怀疑他的能力。

问题最初出现在经营管理系统上，银行中心部位的文件处理与记账功能几乎瘫痪，导致服务质量恶化；随后是银行对债券账户估价过高，造成3300万美元的损失，结果被迫重新编制盈亏表；不久之后，房地产业务又惨遭灾难性亏损，导致大通曼哈顿按揭与地产信托公司的破产。

陆续传来的坏消息，让大通在总资产和收益方面都输给了主要对手花旗银行。其中收益方面从1974年的1.82亿美元跌到1976年的1.05亿美元，跌幅超过42%，大通和戴维被媒体炒作负面新闻也就不足为怪了。

1975年7月16日，在大通董事会会议上，关于房地产贷款的问题始终商议不出结果，戴维被迫做出决定，于24日召开特别董事会会议。第二天，亲信迪克·迪尔沃思向他通报说，在昨天的董事会会议上，几个主要董事都表现出对他的不信任。对其中几个人的反对，戴维并不吃惊，但当他知道大都市人寿保险公司董事长理查德·西恩也抱有批评态度时，戴维感到了震惊。

最后，迪克明确说道，特别董事会会议将决定戴维在董事长职位的去留问题。戴维知道，自己只有不到一周时间进行决战准备了。

戴维知道，自己必须要说服董事们相信形势在掌控之中。他立刻调整了

第十一章 共克时艰（1974—1995年）

整个房地产部门的指挥结构，组织了一个小工作团队负责计算和提出方案，其中执行副总裁约翰·黑利和高级副总裁理查德·博伊尔是主要力量。

通过这个团队的工作，戴维了解到最坏的可能：如果房地产贷款业务问题被放大，法律诉讼所产生的费用、债权人的索赔，将会造成大通银行股票价格的崩盘，并最终导致大通破产。虽然这一结果的可能性不大，但却是相当致命的可能。

虽然内心痛苦，但戴维还是决定，向董事会坦诚摊牌，并接受最坏的可能结果。

7月24日早晨，戴维在格雷西大厦与纽约市市长亚伯拉罕·比姆会谈。比姆拒绝承认纽约市赤字正在加剧，也不答应采取重要措施进行解决。等戴维到达大通总部，下属告诉他，审计师认为不得不放弃原定的评估程序。戴维惊讶地得知，自己必须放弃精心准备的演示步骤。

会议开始后，约翰·黑利首先对银行的房地产借贷历史加以总结，包括银行发放出去的贷款，并大概介绍了大通面临的形势。理查德·博伊尔进一步介绍了资产亏损运营的情况。

随后，博伊尔解释了应对战略，他站在黑板前，向整个董事会进行了详细介绍：大通银行收购的贷款将不再属于最高质量的品种，但至少能够将风险降低到可控制的比例。

董事会成员们专注地听完了所有讲解，偶尔会有人提出问题，虽然并没有人表示什么，但会议室中释然的气氛逐渐取代了先前的紧张焦虑。戴维知道，这并不是因为他准备的内容有多么乐观，而是因为董事们终于彻底了解了情况。对这些见惯了大风大浪的企业家们来说，只要掌握全部情况，就能竭力稳定局势、找到应对之策。更何况，看见戴维与管理团队的表现，董事们也相信，大通银行的管理方确实能够驾驭和控制局面。

会议结束后，迪克悄声告诉戴维，董事会的看法改变了。他说："我的感觉是,他们比上周兴奋了许多,但他们还是在观望。我觉得,你会有大概一年的时间来扭转局面。"

戴维没有什么表情,只是坚定地望着会议室。他的内心如同绷紧的弓弦,准备面临更大的挑战。

雄心勃勃的三年计划

到1977年中期,戴维带领大通管理团队花费了大量时间和精力,纠正经营问题、整合新的计算机系统、治理房地产业务方面的弊端。虽然大通曾经丢失了宝贵的机会,在1974到1976年之间输给其他许多同行,但戴维相信,自己完全可以再用3年扭转局面。

想到这里,戴维蓦然惊觉,距离法定的65岁退休年龄,自己也只剩3年时间。

在1976年11月的董事会特别会议上,戴维提出了这份三年计划,计划目标是到1979年年底,银行的收益将会达到大约3.1亿美元,是1976年预计收益的近三倍。这是一个雄心勃勃的目标,许多董事流露出怀疑的神色。

戴维有着洛克菲勒家族的血性,这份血性无论是在当年老洛克菲勒身上,还是今天的大通曼哈顿银行首席执行官身上,始终存在着。戴维此时并没有在意他人的眼光,而是着手从改变大通的企业结构和文化开始。

戴维专门请来了富有经验的外部专业人员,负责银行人力资源、规划、公司内部交流、系统搭建的工作,对银行进行了重组,使之能够以更加高效的方式进行运转。其中,有两位通用电气的前经理人员起到了关键作用:艾

第十一章 共克时艰（1974—1995年）

伦·拉弗里作为人力资源经理，对大通银行的招募、培训和薪酬政策加以修订，并加强了银行内各个层次的交流；加拉尔德·维斯则重新设置了计划程序，纠正了银行现有的计划方式。

三年计划的另一重要内容，是通过大幅度的产品改革，来重新定义银行业务。自大通成立以来，大部分时间都扮演着大型信贷提供商的角色，先是面对美国最大的公司企业，后来又服务于世界各地的公司。1955年与曼哈顿公司银行合并后，大通曼哈顿在纽约市的零售分行金融领域也变得十分强大。

然而，在三年计划提出之前，为大型企业提供贷款这一业务，已经无法带来像过去那样的盈利成绩。大通面临着来自欧洲和日本银行的激烈竞争，更重要的是，竞争对手开发了许多新的金融工具用以占领市场。

戴维决定，大通必须走向多元化，寻找能够产生利润的其他盈利产品和市场，从而实现收益目标的提升。为此，他带领下属在以下三个领域加强工作：

贷款业务上，寻求扩大资本市场和投资金融业务。大通开始在香港拓展业务，到1979年，大通曼哈顿亚洲有限公司成长起来，每年的贷款业务达到100亿美元。

加强零售产品销售，例如信用卡和住宅按揭抵押贷款。虽然这项业务的扩张偏离了原有的主营业务，但却很快成为大通可靠且增长迅速的收入来源。

重新重点开展私营部门金融业务，为高价值个人客户提供信托和监管服务以及投资咨询，同时开辟其他机构的投资服务项目。大通成立了投资人管理公司，从银行外引进经验丰富的人才进行管理。不久，私营部门金融业务、投资管理和监管服务成为大通的强势部门。

1979年年底到来了，计划完美实现，大通的收益达到了3.11亿美元，比之前的预期还要好。《财富》杂志以这样一句话总结这三年的计划："大通雄起,洛克菲勒超越目标。"

戴维这时才感到了真正的轻松,他松了一口气:计划奏效了,银行再次振兴,自己和家族并没有丢脸。

1980年,戴维带着满足和轻松,从大通曼哈顿银行首席执行官的位置上退休。

在纽约的天际下

戴维·洛克菲勒在纽约这座城市成长。他耳濡目染父亲对这座城市的贡献,了解到小洛克菲勒如何积极参加城市教育、健康、住房、区域规划和公园建设的工作,并因此受到感染。

成年之后,随着事业的发展,戴维开始逐步投身到纽约市的公共规划和建设中,期待着为这座城市涂抹上新的色彩。

1969年,当大通曼哈顿银行的新总部大厦逐层堆高之时,戴维计划在曼哈顿中心区域建立"世界贸易中心"。在曼哈顿地价最高的区域,他计划建起两座110层高的摩天大楼。此时,纳尔逊已经成了纽约州州长,在兄弟二人的积极合作下,1973年,巍峨的世贸中心屹立在了纽约的天际下。直到2001年的"9·11"事件之前,双子塔都是纽约市重要的城市地标建筑。

但戴维对纽约的贡献远不止于此。

1951年10月,戴维主持了晨边花园项目计划,在纽约打造了6栋合作式综合公寓楼,可以容纳将近1000个中等收入家庭。虽然这一项目经历了波折,

第十一章 共克时艰（1974—1995年）

但最终还是成功了，通过这个项目，戴维学到了很多重要的东西：良好的组织机构和规划的必要性、公司合作的不可或缺、将职权下放给员工的关键作用等。而这些都将在他以后的事业生涯中发挥重要的作用。

1968年，为了在下曼哈顿建设大通新总部，戴维找到市政府，希望他们能够动迁或关闭希达街中的一个狭长街区。虽然主管城市规划的官员同意了这一请求，但同时也提出，华尔街的许多企业已经搬家或者撤离，如果之后这一趋势正式确立，大通坚持留在华尔街就会被看成是错误的决定。

那时的华尔街地区和今天的不同。金融区在下午5点之后就没什么人了，且显得狭窄、肮脏。大通新总部建设起来之后，华尔街所处的下曼哈顿确实有所改观，但如果基础设施和公共服务得不到大幅度改善，企业外流现象就会越来越严重，最终影响到大通银行自身的利益。

戴维接受了对方的建议，领头组建了下曼哈顿市中心协会，并聘请了富有影响力的市中心上层领袖人物，包括AT&T、摩根公司、国民花旗银行、美国钢铁公司、纽交所的董事长或高管，以及其他类似地位的人物，戴维则担任理事长。通过这一协会的有效工作，下曼哈顿区域得到了有效改造：清除了坍塌的桥墩和堤岸，兴建公园、直升机停机场和船坞；对街道进行拓宽，从而有效改善公共交通；建设下曼哈顿快速通道，从而缓解交通拥堵；清理了东区被废弃的仓库和老式公寓区，建立扩大的金融服务业……

此外，理事会还向政府提出，要求其投入5亿多美元的公共资金用以重建华尔街，这一计划给纽约市的预算带来了新增压力，但在戴维的积极奔走下，这一计划终于获得了批准。就这样，华尔街乃至整个下曼哈顿区，都得到了复兴。

对于戴维的工作，媒体表现出非常欣赏的态度。《纽约晚报》在一篇头版的文章中，将他称为"十亿美元的设计师"。

引领"国际主义"旗帜

退休之后,戴维·洛克菲勒有了更多时间参与到美国的对外经济、文化交流中,他找到了最佳的工作舞台:美国外交协会。

美国外交协会成立于一战之后的1921年,最初创建该协会的目的并不是为了提高美国在国际联盟中的地位,而是"为了持久地讨论影响美国的国际问题",因此,协会从一开始就避免在任何事务中采取特定立场。

从1949年开始,戴维就被推选进入协会的理事会,那时他只有34岁,是该协会中最年轻的理事,并且在之后的15年内始终是最年轻的那一个。从20世纪70年代开始,他对协会的领导结构进行了重大改革,聘用了斯坦福大学法学院院长贝里斯·曼宁担任总裁,在贝里斯和其接班人温斯顿·罗德的协助下,戴维的领导工作变得更为高效。

从退休开始,戴维就意识到,美国外交协会正面临着来自研究机构、大学设施和智囊团体的激烈竞争。同时,电视的普及也拓展了大多数美国人的视野。如果协会想要继续运行,就必须变得高瞻远瞩、反应迅速。为了应对挑战,在戴维的领导下,协会启动了20世纪80年代项目,即努力去辨别能够主宰未来国际事务的各个问题。随后,协会更多地关注了地区冲突、军备控制和军事均衡等传统国际事务领域,并围绕人权与环境恶化、开发经济学和国际贸易方面的棘手问题讨论解决方案。

1985年,戴维从美国外交协会理事长的位置上退休,他的接班人是前商务部部长彼得·彼得森。彼得森促使协会制定了定期到国外考察的政策,这种考察是为了通过实地访问来进行探索,从而对世界上战略性地区的形势进行评估。

在所有的访问对象中,以色列和古巴是让戴维印象最深的两个。

第十一章　共克时艰（1974—1995年）

1999年，戴维和协会人员从耶路撒冷驱车去往加沙，与巴解组织领导人阿拉法特进行午餐会谈。戴维对阿拉法特的评价是个子矮小但聪颖机智，并且很有魅力。在谈话中，阿拉法特坚持表示以色列必须从西岸撤出。回到耶路撒冷后，戴维又和以色列总理巴拉克进行了会谈。两次会谈所传递的信息，让戴维觉得要实现中东和平，还有漫长的道路要走。

2001年，戴维在古巴政府的邀请下，经过美国国务院批准，访问了哈瓦那。作为一直与美国关系非正常化的国家，古巴给戴维留下的印象还停留在20世纪50年代，而这次访问，他所留下的最深刻的记忆，还是关于卡斯特罗的。从访问当天晚上11时开始，戴维和卡斯特罗举行了长达6小时的晚餐会谈，那个夜晚，卡斯特罗的讲话从未停止。

戴维之所以喜欢接触这些美国保守派眼中的"敌对分子"，在于他信奉的国际主义和建设性参与原则。他说，早在二战期间，作为一名情报官员，他就懂得了自己的工作效益取决于是否拥有可靠的情报和有影响力的人际网络。

戴维相信，多结识各国政商朋友，与他们建立持久的友谊关系，有助于实现事业目标，甚至还能让个人生活得以充实丰富。为此，戴维建立了个人的档案库，用小卡片记录了从20世纪40年代起遇到的大多数人，这些卡片后来被电子化，里面的信息总共超过了10万条，里面记载了戴维与对方的第一次见面以及此后的见面，这样一来，他不用再看见当事人，就能回忆起与对方的关系。

通过这种方式，戴维以自己为中心，构建起了环绕地球的强大人脉关系网。他因此而自豪，并认定自己是一名当之无愧的国际主义者。

向艺术致敬

纽约现代艺术博物馆,坐落在纽约市曼哈顿第53街,是当今世界最重要的现当代美术博物馆之一。最初,该博物馆主要展示绘画作品,后来展品范围扩大到雕塑、版画、摄影、印刷品、商业设计、电影、建筑、家具和装置艺术等。

今天,在川流不息前来欣赏艺术的人们眼中,这座博物馆充满了艺术的灵动之美,也流淌着全世界人类的创新追求,但很少有人知道,这座博物馆同洛克菲勒家族有着不解之缘。

1929年,小洛克菲勒的妻子艾比与其好友玛丽·苏丽文、莉莉·布丽斯,共同投资建造了这座博物馆,收藏品的管理也主要由小洛克菲勒提供财务支持。20世纪40年代后,纳尔逊开始负责这座博物馆的相关事务,他亲切地将之称为"妈妈的博物馆"。

纳尔逊对现代和当代艺术品充满热情。他对这类在当时具有争议的艺术形式倾心不已,主要购买和收藏的也是这类艺术品。在其一生的大部分业余时间里,他最喜欢的消遣内容就是研究拍卖目录并细致地找到竞标目标。

纳尔逊为纽约现代艺术博物馆聘请的主任是勒内·德哈农柯尔特。勒内在20世纪20年代移民到墨西哥,并成为研究南美洲艺术的专家。他受过良好的教育,相当有魅力。在勒内的领导下,他们搜集了大量非洲、大洋洲和中南美洲的早期艺术品,并在现代艺术博物馆西部建立了早期艺术博物馆,以展出这些艺术品。

纳尔逊对博物馆工作的热情,改变了现代艺术博物馆的面貌,使其更加贴近普通大众,并走上了崭新的道路。

1948年,艾比去世后,纳尔逊邀请戴维进入博物馆董事会。戴维感到有

第十一章 共克时艰(1974—1995年)

些缺乏自信,因为在1932年之前,除了偶尔参观展览,他和博物馆并没有什么联系。随着参与现代艺术博物馆的管理,戴维夫妇开始收藏现代艺术品。他们购买的第一件作品是皮埃尔·博纳尔的花卉绘画作品,此后又开始收藏马蒂斯的静物作品。1951年,他们用5万美元买下了雷诺阿的《镜中的加布里埃尔》,这件作品原本属于巴黎的伯恩海姆家族,二战期间始终保存在博物馆中。买下这件作品后,戴维夫妇将其置于纽约家的客厅里,妻子佩吉的少数亲戚还对其裸体妇女的绘画主题十分反感。到晚年,他们又将这件作品移到了哈德孙松林大宅的壁炉架上。

此后,戴维夫妇对印象派以及同期的法国艺术家产生了浓厚兴趣,莫奈、塞尚、库尔贝、德拉克洛瓦等人的作品,逐渐进入了他们的收藏序列。塞尚著名的《穿红背心的男孩》,就被戴维买下,随后被捐赠给纽约现代艺术博物馆。

值得一提的是,莫奈最为著名的睡莲作品,在当时并不受重视。戴维在专家的推荐下,意识到这些作品与抽象艺术的联系,于是他接连买下了三张。虽然这些作品尺寸庞大,但戴维还是在哈德孙松林大宅的楼梯口,为它们找到了合适的悬挂位置。

其实,洛克菲勒家族对艺术的钟爱,还是始于小洛克菲勒。他的收藏趣味非常保守,只喜欢古典作品,尤其是挂毯、文艺复兴时期的作品以及中国瓷器。而在艺术收藏方面,戴维的母亲艾比名气更大,她钟爱亚洲艺术品,更喜欢佛教艺术,在她和小洛克菲勒的房间中,有一个专门的"佛堂",里面有许多佛像与观音像,灯光被调得很暗,整个屋子弥漫着浓郁的梵香味道。艾比的妹妹露西,更是喜欢周游世界,她到过北京和上海,在中国旅行的时候还遭遇过举世震惊的临城火车大劫案。获救之后,她最难以忘怀的,却是绑匪身上携带的一件玉佩。

1958年,纳尔逊辞去了现代艺术博物馆的职务,以便竞选纽约州州长,戴维成为该馆的最高管理者。不过半年之后,戴维的嫂子布兰切特接任了董事长。直到1962年,戴维再次出任该博物馆的董事长。1968年,过分的放权导致博物馆在购藏和展览计划方面出现管理混乱的问题。为此,戴维创造性地解决了资金造血问题。1979年,博物馆将这部分房产和开发权以1700万美元的价格转让给信托机构,信托机构再将房产和权利出售给专门的私人公司——博物馆大厦公司。在若干年里,该信托机构将摊销博物馆新扩建项目的成本,博物馆反过来再从信托机构里租用大楼,每年租金1美元,租期99年。

1987年,戴维第三次执掌博物馆大权,此前他面临的最大问题是博物馆空间不足。直到他卸任三年后,博物馆买下了旁边的多赛特饭店,空间问题才最终得以解决。

在戴维的生命中,除了他服务一生的大通银行,艺术也是他难以割舍的事业。100岁时,他还参加了博物馆的年会。在离世之前,他还表示不希望其一生所创造的艺术宝库会因为老一辈的离去而逐渐黯淡。

尾声
恒久豪门
（1995—2017年）

洛克菲勒家族经历了三世，整个家族中出现两位州长、一位副总统，还有许多知名企业家、社会活动家和艺术投资人。他们不为家族名声所累，在各自领域奋勇搏击，为整个家族在不同时期谱写出一曲曲荡气回肠的赞歌。

不过，世界上没有永远伟大的王朝，当帝国霸业传到了第四代儿孙时，时代发生了变化，情况也有所不同了。

洛克菲勒第四代共有5对父母，他们总共孕育了21个堂兄弟姐妹，其中三分之一是男性。令人遗憾的是，这21位传人中，并没有任何人在5600办公室为他们的家族工作，没有人想要成为小洛克菲勒、纳尔逊或者戴维那样的家族核心，对他们来说，无论是经营洛克菲勒中心，还是在基金会任职，都是过于沉重的负担。相反，他们有着各自的爱好和事业，希望以私人身份走各自的道路，而不是以家族或机构代言人的形象出现在公众面前。

在第四代子孙中，并没有一个人能像曾祖、祖父和父辈那样，创造出几乎一统天下的托拉斯企业，或者投入十几亿美元在慈善事业中；也没有人能建起像洛克菲勒中心、现代艺术博物馆、林肯艺术表演中心、世贸大厦或者新华尔街这样宏大的建筑项目。

不仅如此，在第四代传人中，甚至有不少人走上了反抗的道路，他们将家族拥有巨额的财富看作是羞耻的，认同社会的批评观点，而选择和家庭传统彻底决裂。

劳伦斯·洛克菲勒的次女马丽恩，就是其中的典型。受社会激进思潮的影响，她与家庭决裂，有一整个夏天，她都在一节破旧不堪的废弃车厢里生活。她嫁给了普通的哲学硕士毕业生，从事普通的劳动，在20世纪70年

尾声 恒久豪门（1995—2017年）

代初，他们一家四口一年的生活费用控制在700美元上下，这是一个世纪以来，第一个洛克菲勒家族的人，过着低于全国平均水平的生活。为了贴补家用，她帮助别人看孩子，做手工活，在屋后的园地上种雏菊来出售赚钱。在邻居们眼中，她只是普通的农妇，谁又能想到她的家族拥有上千万美元的信托基金？

那些没有如此激进的家族后裔，也选择了某种程度上的脱离。许多女性深感这个姓氏成为负担，纷纷选择脱离。约翰三世的长女桑德拉率先公开宣布，自己放弃洛克菲勒的姓氏，也放弃属于她的继承财产。戴维的女儿佩吉也放弃了这一姓氏。家族里更多的女性则是通过结婚来改变姓氏。她们所选择的婚姻不是豪门眼中门当户对的婚姻，她们希望借此摆脱原有的生活。不过，结婚虽然让她们通过"爱上穷小子"摆脱了贵族公主的阴影，却也让她们付出了情感上的代价。20世纪60年代中期，家族第四代中结婚的7对夫妇，就有5对选择了离异。

相比来看，堂兄弟们摆脱家族负担的道路更为艰难。从上学开始，他们几乎就能看到未来的工作，从大通银行、洛克菲勒中心，到洛克菲勒大学、河边教堂、现代艺术博物馆，这些家族投资的产业，都等待着他们未来去服务。然而，他们却最终走上了不同的道路。

纳尔逊·洛克菲勒的长子罗德曼，是第四代中最年长的男性，他具有经营商业的才能，也对充当家族领导人颇有兴趣。然而，父辈们经过商讨，认为无论是他的个性，还是他的领导能力，都无法保证他能够胜任这个职位。最终，罗德曼只是进入国际经济合作银行，成为房地产主任，后来成为公司总经理。

戴维·洛克菲勒的长子小戴维，一开始也被社会看作是戴维的继承人，但他的愿望却并非如此。从哈佛大学毕业之后，他担任波士顿交响乐团的协理，负责乐团营业和宣传工作，成功地把进入家族事务的时间节点拖后了六年。辞去这一职务后，他抓住大通银行业绩不佳的借口，对进入企业百般推脱，最终成功地远离了这一风暴中心。

总体上看，洛克菲勒家族的第四代成员面对厚望与责任，大多数人采取的都是拖延、观望的态度。从心理学上分析，这也不难理解：如果一个人含着金汤匙出生，其父辈一般并不会要求他去面对外来强加的责任，他们反而会更加注重孩子的个性与喜好，让其追求平等、自由。因此，第四代的兄弟姐妹们经常不约而同地在上学或毕业之后，专门抽出时间去默默地混迹在穷苦阶层，从而更好地体验人世间的喜怒哀乐。

值得一提的是，这种选择并非是第四代洛克菲勒家族成员的逃避，而是另一种角度的进取，是为了寻求自我而付出的努力。如果从这个角度解读，迈克尔·洛克菲勒的命运更加令人唏嘘。

迈克尔是纳尔逊的儿子，当他完成哈佛大学的毕业荣誉论文之后，他决定参加人类学科考队，前往东南亚荷属新几内亚的河谷考察。出发之前，迈克尔就知道，他已经被父辈看中，内定为最适合担任下一代家族领导的角色。然而，当他知道父母决定离婚的消息后，选择了参加科考队。

不幸的是，迈克尔和他的同伴在新几内亚附近遇险。巨浪淹过他们的双体船，引擎熄灭了。两人在快要浸没的船中度过了一宿。第二天，迈克尔决心游过11英里的海面去求救，同伴劝他不要这样做，告诉他这里经常有鲨鱼出没。迈克尔却毫不在乎地说："我想我是能够做到的。"说完，就纵身跃入海中，从此再也没有出现。

堂兄弟姐们是能够理解迈克尔的一群人，他们决定共同出资，在哈佛设立基金，以表示对迈克尔的追悼。在宗旨说明书中，第四代洛克菲勒成员表明了共同的心声：本基金设立的主要目的，是为了个人能通过与不同于自己民族的另外一种文化的民族交往，来发展他对自己和自己世界的理解。这与其说是基金会的宗旨，不如说是第四代洛克菲勒成员的心声。

尾声 恒久豪门（1995—2017年）

虽然第四代选择了逃离家族责任，但他们没有背弃家族信条。在洛克菲勒所有的后代中，没有出现过一位浪荡子弟，而过去热衷艺术、喜爱慈善的家族优点，仍在发扬光大。

戴维的女儿佩吉，与父亲共同创建了全球慈善家总会，其成员来自世界22个国家中68个最富有的家族，其中许多家庭成员都是世界各地最富裕的人。如今，这个富豪俱乐部的成员每年要交25000美元会费。每年夏天，这些富豪会员都会在蒙大拿州佩吉家的大牧场进行为期一周的聚会，主要是在野外进行为期三天的露营。参加者或者禁食，或者只能吃一些水果和坚果，以此来完成慈善募捐。

除定期会议之外，俱乐部的成员要自费去拜访各国政要与豪门，他们可能和查尔斯王子共进午餐，或者去喜马拉雅山麓和不丹王室家族商讨项目，也可能和墨西哥亿万富翁卡洛斯共同欣赏他的私人艺术博物馆的馆藏，这些活动都是富豪们自愿自费的，最终目的是打造更大的慈善影响力。

与此同时，垂垂老矣的戴维也没有停止慈善的脚步。2010年，股神巴菲特和微软创始人比尔·盖茨联合进行了"巴比计划"：两人将捐出自己大多数财富给慈善基金会，还要亲自劝说400名美国亿万富翁，要求他们发起慈善捐赠。听说这个活动后，时年92岁的戴维·洛克菲勒也参与其中，这让所有参与者感到了光荣，也让巴菲特和盖茨兴奋不已。作为洛克菲勒第三代仅存于世的代表者，戴维的言行继往开来，具有深远的历史意义。

当时间进入21世纪，随着第五代和第六代洛克菲勒的登场，第三代老辈终于唱出了最后的离别咏叹。

2004年7月11日，劳伦斯·洛克菲勒在睡梦中与世长辞，享年94岁。

2017年3月20日晚，戴维·洛克菲勒在美国纽约州的家中于睡梦里逝世，享年101岁。他完成了曾祖父的心愿，活过了100岁，就此成为人类历史上最长寿的亿万富豪。

此时，洛克菲勒中心早已几度易手，与这个家族不再有丝毫关系。拥有30亿美元资产的洛克菲勒投资管理公司，依然在中心的5600室运作，但以实力而论，在今天的全美投资机构中，它已无法排到前列。然而，仅凭洛克菲勒的大名，这个家族所经历、所见证、所创造过的一切，都将被永恒地铭刻于人类的记忆之中。

参 考 文 献

[1][美]约翰·洛克菲勒.洛克菲勒自传：不认输，就不会输[M].徐建萍，译.北京：华文出版社，2018.

[2][美]威廉·曼彻斯特.洛克菲勒家族[M].王晋，译.北京：中信出版社，2016.

[3][美]彼得·B.多伦.洛克菲勒的陨落：石油帝国的繁荣和失落[M].朱桂兰，译.北京：机械工业出版社，2017.

[4][美]荣·切尔诺.洛克菲勒传：全球首富的创富秘诀[M].王恩冕，译.上海：华东师范大学出版社，2013.

[5][美]凯里·赖克.征服世界：洛克菲勒传[M].赵文学，等译.长春：时代文艺出版社，1997.

[6][美]约翰·戴维森·洛克菲勒，小约翰·戴维森·洛克菲勒.洛克菲勒书信集：我就是不想让人们叫你"富二代"[M].许芳芳，译.北京：新世界出版社，2013.

[7][美]约翰·T.弗林.上帝的金子：洛克菲勒和他那个时代的故事[M].陈军，译.杭州：浙江文艺出版社，2012.

[8][美]戴维·洛克菲勒.洛克菲勒回忆录[M].曹彦博，译.北京：中信出版社，2004.

[9][美]阿尔文·莫斯考.洛克菲勒家史(全二册)[M].齐蜀夫,译.北京:新华出版社,1980.

[10][美]玛丽·布朗·布洛克.油王:洛克菲勒在中国[M].韩邦凯,魏柯玲,译.北京:商务印书馆,2014.